2015
中国新闻出版
统计资料汇编

国家新闻出版广电总局规划发展司　编

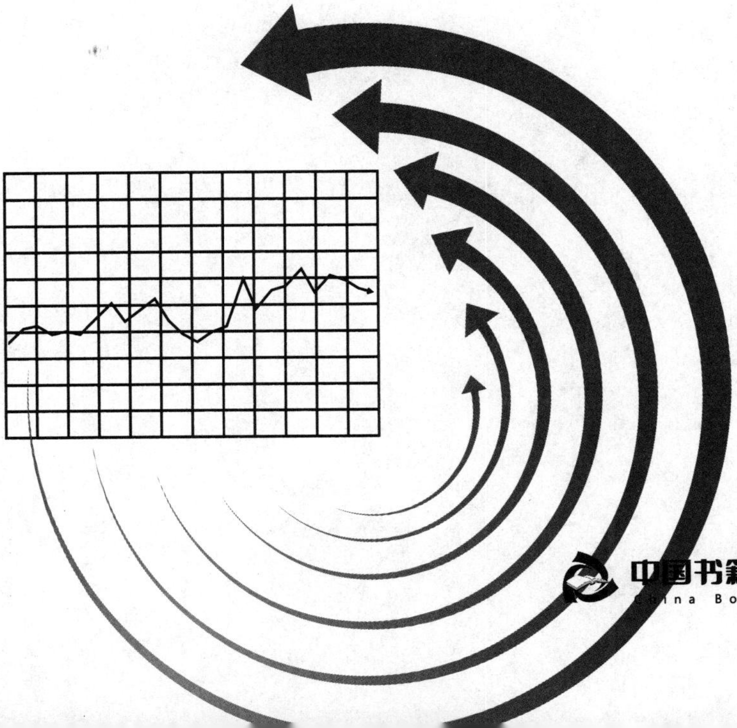

中国书籍出版社
China Book Press

目　录

二、期刊出版

三、报纸出版

四、音像、电子出版物出版

五、出版物发行

六、出版物印刷

七、出版物进出口

二〇一四年全国新闻出版业基本情况

2014年全国出版图书、期刊、报纸总印张为2810.13亿印张，折合用纸量650.13万吨，与上年相比用纸量降低6.49%，其中：书籍用纸量占总量的15.50%，课本用纸占总量的9.90%，图片用纸占总量0.01%，附录用纸占总量0.05%，期刊用纸占总量6.54%，报纸用纸占总量68.01%。

图　　书

截至2014年年底，全国共有出版社583家（包括副牌社33家），其中中央级出版社221家（包括副牌社13家），地方出版社362家（包括副牌社20家）。

一、图书出版总量

2014年，全国共出版图书448431种（初版255890种，重版、重印192541种），总印数81.85亿册（张），总印张704.25亿印张，折合用纸量165.51万吨，定价总金额1363.47亿元。与上年相比，图书品种增长0.90%（初版下降0.04%，重版、重印增长2.17%），总印数下降1.51%，总印张下降1.17%，定价总金额增长5.75%。其中：

1. 书籍355611种（初版221470种，重版、重印134141种），总印数46.55亿册（张），总印张428.87亿印张，折合用纸量100.78万吨，定价总金额989.38亿元。与上年相比，种数下降0.14%（初版下降1.58%，重版、重印增长2.33%），总印数下降3.62%，总印张下降3.00%，定价总金额增长6.47%。

2. 课本92370种（初版34147种，重版、重印58223种），总印数34.99亿册（张），总印张273.99亿印张，折合用纸量64.39万吨，定价总金额367.62亿元。与上年相比，种数增长5.55%（初版增长12.38%，重版、重印增长1.92%），总印数增长1.43%，总印张增长1.84%，定价总金额增长3.92%。

3. 图片450种（初版273种，重版、重印177种），总印数0.05亿册（张），总印张0.11亿印张，折合用纸量0.04万吨，定价总金额0.54亿元。与上年相比，种数下降43.47%（初版下降51.77%，重版、重印下降23.04%），总印数下降41.35%，总印张下降32.85%，定价总金额下降39.58%。

4. 附录总印数0.25亿册（张），总印张1.28亿印张，折合用纸量0.30万吨，定价总金额5.93亿元。

二、各类图书出版情况

在使用中国标准书号的22类出版物中：

1. 马列主义、毛泽东思想类780种（初版522种）、1918万册（张）、320387千印张、总定价57248万元，占总品种0.17%（初版占0.20%）、总印数0.23%、总印张0.45%、总定价0.42%。

与上年相比，种数增长16.07%（初版增长6.75%），总印数增长39.39%，总印张增长23.80%，总定价增长52.98%。

2. 哲学类8472种（初版5788种）、5387万册（张）、825733千印张、总定价221174万元，占总品种1.89%（初版占2.26%）、总印数0.66%、总印张1.17%、总定价1.62%。与上年相比，种数增长3.38%（初版增长1.85%），总印数增长12.25%，总印张增长16.70%，总定价增长31.17%。

3. 社会科学总论类5610种（初版3670种）、2675万册（张）、454661千印张、总定价108428万元，占总品种1.25%（初版占1.43%）、总印数0.33%、总印张0.65%、总定价0.80%。与上年相比，种数增长6.74%（初版增长8.13%），总印数下降4.97%，总印张下降4.33%，总定价下降0.56%。

4. 政治、法律类18005种（初版13418种）、17712万册（张）、2058240千印张、总定价493466万元，占总品种4.02%（初版占5.24%）、总印数2.16%、总印张2.92%、总定价3.62%。与上年相比，种数增长3.00%（初版下降0.81%），总印数增长7.75%，总印张下降5.45%，总定价增长6.44%。

5. 军事类1408种（初版1107种）、772万册（张）、112755千印张、总定价29625万元，占总品种0.31%（初版占0.43%）、总印数0.09%、总印张0.16%、总定价0.22%。与上年相比，种数下降9.45%（初版下降9.04%），总印数下降22.72%，总印张下降17.20%，总定价下降22.04%。

6. 经济类31627种（初版19973种）、14784万册（张）、2546362千印张、总定价633753万元，占总品种7.05%（初版占7.81%）、总印数1.81%、总印张3.62%、总定价4.65%。与上年相比，种数增长4.92%（初版增长4.40%），总印数增长2.35%，总印张增长3.01%，总定价增长10.23%。

7. 文化、科学、教育、体育类173825种（初版79800种）、624367万册（张）、45167213千印张、总定价6870132万元，占总品种38.76%（初版占31.19%）、总印数76.29%、总印张64.14%、总定价50.39%。与上年相比，种数下降1.34%（初版下降6.17%），总印数下降0.28%，总印张增长0.84%，总定价增长4.21%。

8. 语言、文字类21057种（初版10758种）、19741万册（张）、3205227千印张、总定价643744万元，占总品种4.70%（初版占4.20%）、总印数2.41%、总印张4.55%、总定价4.72%。与上年相比，种数下降1.98%（初版下降1.08%），总印数下降34.87%，总印张下降27.58%，总定价下降21.22%。

9. 文学类46897种（初版33584种）、50864万册（张）、5627829千印张、总定价1412382万元，占总品种10.46%（初版占13.12%）、总印数6.21%、总印张7.99%、总定价10.36%。与上年相比，种数增长0.03%（初版增长1.36%），总印数增长1.21%，总印张增长0.50%，总定价增长15.26%。

10. 艺术类26797种（初版19234种）、18477万册（张）、1405244千印张、总定价691071万元，占总品种5.98%（初版占7.52%）、总印数2.26%、总印张2.00%、总定价5.07%。与上年相比，种数增长3.94%（初版增长6.84%），总印数下降1.09%，总印张增长0.65%，总定价增长18.71%。

11. 历史、地理类16995种（初版12594种）、12703万册（张）、1565599千印张、总定价590412万元，占总品种3.79%（初版占4.92%）、总印数1.55%、总印张2.22%、总定价4.33%。

与上年相比，种数增长4.07%（初版增长2.76%），总印数下降0.31%，总印张增长3.66%，总定价增长23.30%。

12. 自然科学总论类834种（初版463种）、559万册（张）、62296千印张、总定价18073万元，占总品种0.19%（初版占0.18%）、总印数0.07%、总印张0.09%、总定价0.13%。与上年相比，种数下降8.85%（初版下降19.76%），总印数下降1.06%，总印张增长2.21%，总定价增长13.65%。

13. 数理科学、化学类7964种（初版3286种）、3863万册（张）、621737千印张、总定价118414万元，占总品种1.78%（初版占1.28%）、总印数0.47%、总印张0.88%、总定价0.87%。与上年相比，种数增长1.47%（初版增长2.98%），总印数下降8.72%，总印张下降5.41%，总定价下降1.13%。

14. 天文学、地球科学类2583种（初版1782种）、1158万册（张）、122051千印张、总定价42827万元，占总品种0.58%（初版占0.70%）、总印数0.14%、总印张0.17%、总定价0.31%。与上年相比，种数增长0.86%（初版下降0.61%），总印数增长4.99%，总印张下降3.44%，总定价增长8.04%。

15. 生物科学类2690种（初版1609种）、1630万册（张）、179205千印张、总定价48431万元，占总品种0.60%（初版占0.63%）、总印数0.20%、总印张0.25%、总定价0.36%。与上年相比，种数下降8.75%（初版下降14.60%），总印数下降5.94%，总印张下降13.30%，总定价下降12.19%。

16. 医药、卫生类18951种（初版12083种）、11340万册（张）、1732933千印张、总定价449215万元，占总品种4.23%（初版占4.72%）、总印数1.39%、总印张2.46%、总定价3.29%。与上年相比，种数增长2.89%（初版增长3.26%），总印数下降10.66%，总印张下降2.35%，总定价增长7.00%。

17. 农业科学类5082种（初版3258种）、2350万册（张）、227529千印张、总定价62443万元，占总品种1.13%（初版占1.27%）、总印数0.29%、总印张0.32%、总定价0.46%。与上年相比，种数增长0.24%（初版增长5.85%），总印数增长2.35%，总印张下降4.31%，总定价下降4.47%。

18. 工业技术类47024种（初版25315种）、18764万册（张）、3197352千印张、总定价790517万元，占总品种10.49%（初版占9.89%）、总印数2.29%、总印张4.54%、总定价5.80%。与上年相比，种数增长4.10%（初版增长7.38%），总印数下降5.03%，总印张下降2.55%，总定价增长1.54%。

19. 交通运输类5297种（初版2747种）、3111万册（张）、417394千印张、总定价115041万元，占总品种1.18%（初版占1.07%）、总印数0.38%、总印张0.59%、总定价0.84%。与上年相比，种数增长8.08%（初版增长5.94%），总印数下降1.05%，总印张下降0.59%，总定价增长1.24%。

20. 航空、航天类468种（初版330种）、165万册（张）、22545千印张、总定价7876万元，占总品种0.10%（初版占0.13%）、总印数0.02%、总印张0.03%、总定价0.06%。与上年相比，种数增长1.08%（初版下降5.71%），总印数下降4.62%，总印张下降3.48%，总定价增长3.24%。

21. 环境科学类2067种（初版1530种）、849万册（张）、88900千印张、总定价26087万元，占总品种0.46%（初版占0.60%）、总印数0.10%、总印张0.13%、总定价0.19%。与上年相比，种数增长7.49%（初版增长11.03%），总印数下降11.01%，总印张下降10.10%，总定价下降1.94%。

22. 综合性图书类3548种（初版2766种）、2275万册（张）、324059千印张、总定价139606万元，占总品种0.79%（初版占1.08%）、总印数0.28%、总印张0.46%、总定价1.02%。与上年相比，种数增长3.11%（初版增长9.16%），总印数下降6.15%，总印张增长17.31%，总定价增长39.14%。

三、各类课本出版情况

1. 大专及以上课本59215种（初版23578种）、33218万册（张）、5866909千印张、总定价1112414万元。与上年相比，种数增长6.10%（初版增长11.54%），总印数增长2.45%，总印张增长2.37%，总定价增长5.79%。

2. 中专、技校课本7768种（初版2651种）、7579万册（张）、950631千印张、总定价170837万元。与上年相比，种数增长18.18%（初版增长43.22%），总印数下降0.08%，总印张增长0.45%，总定价增长5.01%。

3. 中学课本8829种（初版2162种）、167384万册（张）、12530288千印张、总定价1323130万元。与上年相比，种数增长8.20%（初版增长16.74%），总印数增长0.23%，总印张增长1.26%，总定价增长1.09%。

4. 小学课本6783种（初版1741种）、134540万册（张）、7017374千印张、总定价827637万元。与上年相比，种数增长4.98%（初版增长25.16%），总印数增长3.99%，总印张增长5.15%，总定价增长8.88%。

5. 业余教育课本5199种（初版2567种）、4053万册（张）、641981千印张、总定价157319万元。与上年相比，种数增长4.57%（初版增长2.89%），总印数增长11.56%，总印张增长8.09%，总定价增长11.03%。

6. 扫盲课本4种（初版0种）、21万册（张）、705千印张、总定价92万元。

7. 教学用书4572种（初版1448种）、3154万册（张）、390643千印张、总定价84746万元。与上年相比，种数下降17.28%（初版下降12.35%），总印数下降36.74%，总印张下降33.04%，总定价下降24.83%。

四、少年儿童读物出版情况

2014年，全国共出版少年儿童读物32712种（初版19896种）、49693万册（张）、3091760千印张、总定价945425万元。与上年相比，种数增长0.96%（初版下降0.36%），总印数增长8.77%，总印张增长9.80%，总定价增长9.04%。

期　　刊

一、期刊出版总量

2014年，全国共出版期刊9966种，平均期印数15661万册，总印数30.95亿册，总印张183.58亿印张，定价总金额249.38亿元。与上年相比，种数增长0.90%，平均期印数下降4.81%，总印数下降5.44%，总印张下降5.71%，定价总金额下降1.57%。

二、各类期刊出版情况

1. 综合类期刊365种，平均期印数1103万册，总印数22893万册，总印张1205355千印张；占期刊总品种3.66%，总印数7.40%，总印张6.57%。与上年相比，种数下降0.82%，平均期印数下降2.50%，总印数下降4.59%，总印张下降6.31%。

2. 哲学、社会科学类期刊2618种，平均期印数7264万册，总印数137315万册，总印张7270172千印张；占期刊总品种26.27%，总印数44.37%，总印张39.60%。与上年相比，种数增长1.59%，平均期印数下降2.78%，总印数下降4.17%，总印张下降3.47%。

3. 自然科学、技术类期刊4974种，平均期印数2852万册，总印数42587万册，总印张3441932千印张；占期刊总品种49.91%，总印数13.76%，总印张18.75%。与上年相比，种数增长0.61%，平均期印数下降8.40%，总印数下降8.11%，总印张下降9.28%。

4. 文化、教育类期刊1363种，平均期印数3120万册，总印数71349万册，总印张4316538千印张；占期刊总品种13.68%，总印数23.06%，总印张23.51%。与上年相比，种数增长0.74%，平均期印数下降5.27%，总印数下降5.65%，总印张下降5.47%。

5. 文学、艺术类期刊646种，平均期印数1323万册，总印数35309万册，总印张2123936千印张；占期刊总品种6.48%，总印数11.41%，总印张11.57%。与上年相比，种数增长1.73%，平均期印数下降8.39%，总印数下降7.05%，总印张下降7.27%。

三、少年儿童期刊出版情况

2014年全国共出版少年儿童期刊209种，平均期印数1795万册，总印数51983万册，总印张1994850千印张；占期刊总品种2.10%，总印数16.80%，总印张10.87%。与上年相比，种数增长45.14%，平均期印数增长13.40%，总印数增长27.08%，总印张增长79.38%。

四、画刊出版情况

2014年，全国共出版画刊（不含面向少年儿童的画刊）61种，平均期印数72万册，总印数1182万册，总印张108847千印张；占期刊种品种0.61%，总印数0.38%，总印张0.59%。与上年相比，种数与上年持平，平均期印数下降4.32%，总印数下降7.05%，总印张下降9.71%。

五、动漫期刊出版情况

2014年，全国共出版动漫期刊32种，平均期印数359万册，总印数12914万册，总印张879642千印张；占期刊种品种0.32%，总印数4.17%，总印张4.79%。与上年相比，种数增长18.52%，平均期印数增长2.77%，总印数增长2.51%，总印张增长0.41%。

报　纸

一、报纸出版总量

2014年，全国共出版报纸1912种，平均期印数22265.00万份，总印数463.90亿份，总印张1922.30亿印张，定价总金额443.66亿元，折合用纸量442.13万吨。与上年相比，种数降低

0. 16%，平均期印数下降 6. 04%，总印数下降 3. 84%，总印张下降 8. 37%，定价总金额增长 0. 75%。

二、各级报纸出版情况

1. 全国性和省级报纸 1013 种，平均期印数 16588. 81 万份，总印数 312. 82 亿份，总印张 1264. 73 亿印张。占报纸总品种 52. 98%，总印数 67. 43%，总印张 65. 79%。与上年相比种数下降 0. 49%，平均期印数下降 6. 60%，总印数下降 4. 08%，总印张下降 8. 22%。其中：

全国性报纸 221 种，平均期印数 3206. 58 万份，总印数 80. 43 亿份，总印张 235. 24 亿印张；占报纸总品种 11. 56%，总印数 17. 34%，总印张 12. 24%。与上年相比种数增长 0. 91%，平均期印数下降 3. 75%，总印数下降 0. 48%，总印张增长 1. 83%。

省级报纸 792 种，平均期印数 13382. 23 万份，总印数 232. 39 亿份，总印张 1029. 49 亿印张；占报纸总品种 41. 42%，总印数 50. 09%，总印张 53. 55%。与上年相比种数下降 0. 88%，平均期印数下降 7. 26%，总印数下降 5. 27%，总印张下降 10. 24%。

2. 地、市级报纸 880 种，平均期印数 5645. 52 万份，总印数 150. 26 亿份，总印张 655. 98 亿印张；占报纸总品种 46. 03%，总印数 32. 39%，总印张 34. 12%。与上年相比种数增长 0. 23%，平均期印数下降 4. 37%，总印数下降 3. 35%，总印张下降 8. 67%。

3. 县级报纸 19 种，平均期印数 30. 67 万份，总印数 0. 83 亿份，总印张 1. 59 亿印张；占报纸总品种 0. 99%，总印数 0. 18%，总印张 0. 08%。与上年相比种数持平，平均期印数下降 1. 57%，总印数下降 0. 34%，总印张下降 2. 59%。

三、各类报纸出版情况

1. 综合报纸 823 种，平均期印数 9122. 95 万份，总印数 311. 03 亿份，总印张 1585. 46 亿印张；占报纸总品种 43. 04%，总印数 67. 05%，总印张 82. 48%。与上年相比，种数增长 0. 24%，平均期印数下降 2. 96%，总印数下降 2. 61%，总印张下降 7. 85%。

2. 专业报纸 1089 种，平均期印数 13142. 05 万份，总印数 152. 87 亿份，总印张 336. 84 亿印张；占报纸总品种 56. 96%，总印数 32. 95%，总印张 17. 52%。与上年相比，种数下降 0. 46%，平均期印数下降 8. 06%，总印数下降 6. 23%，总印张下降 10. 72%。

音像制品与电子出版物

截至 2014 年年底，全国共有音像制品出版单位 371 家，电子出版物出版单位 285 家。

一、录音制品出版情况

2014 年，全国共出版录音制品 9505 种，出版数量 2. 24 亿盒（张），发行数量 2. 82 亿盒（张），发行总金额 12. 46 亿元。与上年相比，品种下降 0. 74%，出版数量下降 6. 28%，发行数量增长 17. 99%，发行总金额上升 22. 28%。

各类录音制品的出版数量及占总量的比重如下：

1. 录音带（AT）2108 种，15957. 17 万盒（新出 827 种、4578. 66 万盒，再版 1281 种、11378. 51 万盒）。与上年相比，品种下降 7. 58%，数量下降 10. 97%。少年儿童录音带 197 种、数量

127.18 万盒。

2. 激光唱盘（CD）5693 种，4823.24 万张（新出 2816 种、2571.71 万张，再版 2877 种、2251.53 万张）。与上年相比，品种增长 6.29%，数量增长 11.61%。少年儿童激光唱盘（CD）467 种、数量 382.61 万张。

3. 高密度激光唱盘及其他载体 1704 种，1604.69 万张（新出 900 种、521.41 万张，再版 804 种、1083.28 万张）。与上年相比，品种下降 12.12%，数量下降 4.20%。少年儿童高密度激光唱盘及其他载体 45 种、数量 16.75 万张。

二、录像制品出版情况

2014 年，全国共出版录像制品 5850 种，出版数量 1.05 亿盒（张），发行数量 0.79 亿盒（张），发行总金额 7.68 亿元。与上年相比，品种下降 20.90%，出版数量下降 37.13%，发行数量下降 24.76%，发行总金额上升 11.14%。

各类录像制品的出版数量及占总量的比重如下：

1. 录像带（VT）及其他 130 种，65.98 万盒（新出 126 种、64.68 万盒）。与上年相比，品种下降 31.94%，数量下降 18.86%。少年儿童节目 6 种、0.56 万盒。

2. 数码激光视盘（VCD）1066 种，1838.96 万张（新出 433 种、895.19 万张，再版 633 种、943.77 万张）。与上年相比，品种下降 42.44%，数量下降 44.26%。少年儿童数码激光视盘（VCD）163 种，数量 713.35 万张。

3. 高密度激光视盘（DVD-V）4654 种，8548.90 万张（新出 3417 种、7087.41 万张，再版 1237 种、1461.49 万张）。与上年相比，品种下降 13.06%，数量下降 35.74%。少年儿童高密度激光视盘（DVD-V）486 种，数量 440.4 万张。

三、电子出版物出版情况

2014 年，全国共出版电子出版物 11823 种、35048.82 万张。与上年相比，品种上升 0.98%，数量下降 0.49%。其中：只读光盘（CD-ROM）6766 种、30187.53 万张，与上年相比，品种下降 7.05%，数量增长 2.00%。高密度只读光盘（DVD-ROM）3587 种、2637.68 万张，与上年相比，品种上升 9.33%，数量下降 34.09%。交互式光盘（CD-I）及其他 1470 种、2223.61 万张，与上年相比，品种增长 28.05%，数量增长 37.08%。

出版物发行

一、发行网点与从业人员情况

2014 年，全国共有出版物发行网点 169619 处，与上年相比下降 1.64%。其中新华书店及其发行网点 8922 处，与上年相比下降 3.60%；供销社发行网点 700 处，与上年相比下降 16.57%；出版社自办发行网点 444 处，与上年相比下降 0.67%；文化、教育、广电、邮政系统发行网点 37785 处，与上年相比下降 0.73%；上述系统外批发网点 8462 处，与上年相比增长 5.99%；集个体零售网点 112582 处，与上年相比下降 2.21%。

2014 年，全国出版物发行业从业人员 71.93 万人，与上年相比下降 0.81%。其中新华书店及其发行网点从业人员 13.05 万人，与上年相比下降 6.12%；文化、教育、广电、邮政系统发行从业人员 9. 30 万人，与上年相比下降 9. 27%；上述系统外批发点从业人员 16. 56 万人，与上年相比增长 3. 18%；集个体零售网点从业人员 32. 01 万人，与上年相比下降 1. 20%。

二、出版物购进情况

2014 年，全国新华书店系统、出版社自办发行单位出版物总购进 199. 86 亿册（张、份、盒）、2447. 86 亿元，与上年相比数量下降 2. 67%，金额增长 1. 23%。其中：新华书店系统购进 131. 35 亿册（张、份、盒），比上年下降 4. 95%，购进金额 1353. 99 亿元，比上年下降 0. 48%。

三、出版物销售情况

（一）总销售情况

2014 年全国新华书店系统、出版社自办发行单位出版物总销售 199. 05 亿册（张、份、盒）、2415. 52 亿元，与上年相比数量下降 0. 14%，金额增长 2. 96%。其中：新华书店系统销售 132. 09 亿册（张、份、盒）、1348. 63 亿元，与上年相比数量增长 0. 03%，金额增长 2. 59%。其中：

1. 居民和社会团体零售总额 717. 88 亿元，比上年增长 4. 35%。其中城市零售 595. 87 亿元，农村零售 122. 01 亿元，城乡零售比为 4. 88:1。

2. 出版物批发销售总额 1695. 24 亿元，比上年增长 2. 41%，批零比为 2. 36:1。其中：批给市、县批发、零售出版物发行企业 1637. 53 亿元，比上年增长 1. 68%；批给县以下单位或个人 23. 27 亿元，比上年下降 3. 28%；其他批发 34. 45 亿元，比上年增长 66. 51%。

3. 出口总额 2. 40 亿元，比上年下降 18. 37%。

（二）纯销售情况

2014 年，全国新华书店系统、出版社自办发行单位纯销售 69. 86 亿册（张、份、盒）、777. 99 亿元，与上年相比数量增长 2. 61%，金额增长 5. 76%。

（三）各类出版物零售情况

2014 年，全国新华书店系统、出版社自办发行单位，各类出版物的零售数量和金额、所占零售总量的比重如下：

1. 图书 63. 93 亿册、684. 48 亿元，占零售数量 98. 36%、零售金额 95. 35%。其中：

（1）哲学、社会科学类图书 2. 44 亿册、44. 31 亿元，占零售数量 3. 75%、零售金额 6. 17%。

（2）文化、教育类图书 53. 22 亿册、516. 24 亿元，占零售数量 81. 91%、零售金额 71. 91%。其中，中小学课本及教参 28. 63 亿册、227. 40 亿元，占零售数量 44. 06%、零售金额 31. 68%；教辅读物 16. 34 亿册，166. 56 亿元，占零售数量 25. 14%、零售金额 23. 20%。

（3）文学、艺术类图书 2. 33 亿册、40. 31 亿元，占零售数量 3. 59%、零售金额 5. 61%。

（4）自然科学、技术类图书 1. 51 亿册、27. 96 亿元，占零售数量 2. 33%、零售金额 3. 89%。

（5）综合类图书 4. 42 亿册、55. 66 亿元，占零售数量 6. 80%、零售金额 7. 75%。

此外，少年儿童读物图书 1. 90 亿册、24. 16 亿元，占零售数量 2. 93%、零售金额 3. 37%；大中专教材、业余教育及教参 0. 97 亿册、20. 38 亿元，占零售数量 1. 49%、零售金额 2. 84%。

2. 期刊 0. 18 亿册、10. 07 亿元，占零售数量 0. 28%、零售金额 1. 40%。

3. 报纸 0. 21 亿份、2. 15 亿元，占零售数量 0. 32%、零售金额 0. 30%。

4. 音像制品 0. 55 亿盒张、9. 15 亿元，占零售数量 0. 85%、零售金额 1. 27%。

5. 电子出版物 0. 11 亿张、8. 36 亿元，占零售数量 0. 18%、零售金额 1. 16%。

6. 数字出版物（电子书等，不包含电子阅读器等硬件）3. 67 亿元，占零售金额 0. 51%。

四、出版物库存情况

全国新华书店系统、出版社自办发行单位年末库存 66. 39 亿册（张、份、盒）、1010. 11 亿元，与上年相比数量增长 1. 83%，金额增长 4. 74%。

五、非出版物商品销售

非出版物商品销售金额 178. 72 亿元（不含在销售总额之内）。

印刷复制

一、印刷复制总体情况

2014 年，印刷复制（包括出版物印刷、包装装潢印刷、其他印刷品印刷、专项印刷、打字复印、复制和印刷物资供销）实现营业收入 11740. 16 亿元，增长 5. 82%；增加值 3079. 22 亿元，增加 6. 71%；利润总额 814. 66 亿元，增长 5. 01%。

二、出版物印刷（含专项印刷）

2014 年，全国出版物印刷企业（含专项印刷）9079 家，职工年末平均人数 48. 85 万人，与上年相比降低 5. 48%，职工工资总额 184. 89 亿元，与上年相比降低 7. 94%，人均年工资 3. 78 万元，与上年相比降低 2. 83%。

（一）出版物印刷厂产值产量（含专项印刷）

1. 工业销售产值 1504. 72 亿元，比上年增长 5. 46%。

2. 图书、报纸、其他出版物黑白印刷产量 31936. 28 万令，比上年下降 2. 06%。彩色印刷产量 252658. 60 万对开色令，比上年下降 1. 18%。

3. 装订产量 31965. 32 万令，比上年下降 11. 98%。

4. 印刷用纸量 65406. 06 万令（包含平版纸和卷筒纸），比上年下降 23. 61%。

（二）出版物印刷厂主要经济指标（含专项印刷）

1. 资产合计年末数 2116. 05 亿元，比上年下降 0. 36%。

2. 年末负债合计 1112. 93 亿元，比上年增长 1. 84%。

3. 所有者权益合计年末数 1003. 12 亿元，比上年下降 2. 69%。

4. 主营业务收入 1514. 29 亿元，比上年增长 1. 34%。

5. 利润总额 130. 57 亿元，比上年增长 4. 46%。

6. 增加值 512. 20 亿元，比上年下降 3. 33%。

三、包装装潢印刷厂主要经济指标

1. 营业收入 8764. 62 亿元，比上年增长 7. 53%。

2. 增加值 2113. 31 亿元，比上年增长 10. 93%。

3. 利润总额 531. 34 亿元，比上年增长 7. 53%。

四、其他印刷品印刷厂主要经济指标

1. 营业收入1077.96亿元，比上年下降2.72%。

2. 增加值349.39亿元，比上年下降0.11%。

3. 利润总额108.12亿元，比上年下降8.23%。

出版物进出口

一、图书、报纸、期刊出口

2014年，全国累计出口①图书、报纸、期刊2137.87万册（份）、7830.44万美元，与上年相比，数量下降10.00%，金额下降3.51%。其中，全国出版物进出口经营单位累计出口1689.42万册（份）、5649.66万美元，与上年相比，数量下降15.23%，金额下降6.03%。全国出版物进出口经营单位累计出口构成如下：

1. 图书出口1465.75万册、5060.59万美元，数量下降15.64%，金额下降2.99%。

2. 期刊出口188.07万册、544.35万美元，数量下降12.80%，金额下降26.92%。

3. 报纸出口35.60万份、44.73万美元，数量下降10.08%，金额下降12.58%。

全国出版物进出口经营单位各类图书出口的数量、金额及所占全国出版物进出口经营单位图书出口总量的比重如下：

1. 哲学、社会科学类111.65万册、1677.83万美元，占图书出口数量7.62%、金额33.15%。

2. 文化、教育类216.22万册、940.68万美元，占图书出口数量14.75%、金额18.59%。

3. 文学、艺术类143.87万册、918.84万美元，占图书出口数量9.82%、金额18.16%。

4. 自然、科学技术类41.53万册、302.77万美元，占图书出口数量2.83%、金额5.98%。

5. 少儿读物类807.08万册、547.68万美元，占图书出口数量55.06%、金额10.82%。

6. 综合类145.40万册、672.78万美元，占图书出口数量9.92%、金额13.29%。

二、图书、报纸、期刊进口

2014年，全国出版物进出口经营单位累计进口图书、报纸、期刊2538.85万册（份）、28381.57万美元，与上年相比，数量增长7.51%，金额增长1.19%。其中：

1. 图书进口977.81万册、12588.38万美元，数量增长13.98%，金额增长4.43%。

2. 期刊进口396.68万册、14232.07万美元，数量下降0.11%，金额下降2.65%。

3. 报纸进口1164.36万份、1561.13万美元，数量增长5.23%，金额增长13.63%。

各类图书进口的数量、金额及所占图书进口总量的比重如下：

1. 哲学、社会科学类69.09万册、1937.54万美元，占图书进口数量7.07%、金额15.39%。

2. 文化、教育类202.70万册、2211.28万美元，占图书进口数量20.73%、金额17.57%。

3. 文学、艺术类127.67万册、1431.67万美元，占图书进口数量13.06%、金额11.37%。

4. 自然、科学技术类47.12万册、2716.90万美元，占图书进口数量4.82%、金额21.58%。

5. 少儿读物类172.45万册、689.53万美元，占图书进口数量17.64%、金额5.48%。

---

① 包括全国出版物进出口经营单位的出口和部分出版单位、发行单位的出口，系不完全统计。后同。

6. 综合类 358. 78 万册、3601. 45 万美元，占图书进口数量 36. 69% 、金额 28. 61% 。

三、音像制品、电子出版物与数字出版物出口

2014 年，全国累计出口音像制品、电子出版物与数字出版物 9. 58 万盒（张）、2214. 41 万美元，与上年相比，数量下降 20. 99% ，金额下降 5. 65% 。其中：全国出版物进出口经营单位累计出口 2. 07 万盒（张）、156. 46 万美元，与上年相比，数量下降 39. 38% ，金额增长 27. 8% 。全国出版物进出口经营单位累计出口构成如下：

1. 激光唱片（CD）937 盒、0. 09 万美元，占出口数量 4. 53% 、金额 0. 06% 。

2. 高密度激光视盘（DVD-V）19755 张、27. 62 万美元，占出口数量 95. 47% 、金额 17. 65% 。

3. 数字出版物 128. 75 万美元，占出口金额 82. 29% 。

四、音像制品、电子出版物与数字出版物进口

2014 年，全国出版物进出口经营单位累计进口音像制品、电子出版物与数字出版物 13. 44 万盒（张）、21000. 13 万美元，与上年相比，数量下降 52. 86% ，金额增长 4. 88% 。其中：

1. 激光唱盘（CD）130769 张、99. 32 万美元，占进口数量 97. 31% 、金额 0. 47% 。与上年相比，数量下降 20. 59% ，金额下降 22. 97% 。

2. 高密度激光视盘（DVD-V）3611 张、5. 22 万美元，占进口数量 2. 69% 、金额 0. 02% 。与上年相比，数量下降 78. 48% ，金额下降 60. 63% 。

3. 数字出版物 20895. 59 万美元，占进口金额 99. 50% 。

版权管理与版权贸易

一、版权管理

（一）受理、查处案件

2014 年，全国各级版权行政管理机关共检查经营单位 1063061 家，取缔违法经营单位 8686 家，查获地下窝点 482 个，行政处罚 4728 起，移送司法机关案件 366 件。

（二）收缴盗版品

2014 年，全国各地方版权行政管理机关共收缴各类盗版品 1666. 59 万件，其中查缴的盗版书刊 611. 80 万册，盗版音像制品 922. 47 万盒（张），盗版电子出版物 33. 39 万张，盗版软件 67. 32 万张，其他各类盗版品 31. 61 万件。

（三）版权合同登记

2014 年，全国版权合同登记 17376 份，其中图书 16214 份，期刊 148 份，音像制品 130 份，电子出版物 194 份，软件 276 份，电影 0 份，电视节目 10 份，其他 404 份。

（四）作品自愿登记

2014 年，全国作品自愿登记 997350 份，其中文字作品 349885 份，口述作品 0 份，音乐作品 6094 份，曲艺 73 份，舞蹈 19 份，杂技 26 份，美术作品 187408 份，摄影作品 424449 份，建筑 116 份，影视 11222 份，设计图 4116 份，地图 101 份，模型 59 份，其他 13782 份。

二、版权贸易

（一）版权引进

1. 总体情况。

2014 年，全国共引进版权 16695 种，其中图书 15542 种，录音制品 208 种，录像制品 451 种，电子出版物 120 种。

版权引进地情况如下：

美国 5451 种，英国 2842 种，德国 841 种，法国 779 种，俄罗斯 98 种，加拿大 165 种，新加坡 213 种，日本 1783 种，韩国 1216 种，香港地区 229 种，澳门地区 8 种，台湾地区 1270 种，其他地区 1800 种。

2. 出版物版权引进情况。

2014 年，全国共引进图书、音像制品和电子出版物版权 16321 种。其中，图书版权引进地情况如下：

美国 4840 种，英国 2655 种，德国 807 种，法国 754 种，俄罗斯 97 种，加拿大 160 种，新加坡 211 种，日本 1736 种，韩国 1160 种，香港地区 181 种，澳门地区 8 种，台湾地区 1171 种，其他地区 1762 种。

（二）版权输出

1. 总体情况。

2014 年，全国共输出版权 10293 种，其中图书 8088 种，录音制品 139 种，录像制品 73 种，电子出版物 433 种。

版权输出地情况如下：

美国 1216 种，英国 507 种，德国 408 种，法国 371 种，俄罗斯 226 种，加拿大 129 种，新加坡 416 种，日本 388 种，韩国 642 种，香港地区 437 种，澳门地区 107 种，台湾地区 2412 种，其他地区 3034 种。

2. 出版物版权输出情况。

2014 年，全国共输出图书、音像制品和电子出版物版权 8733 种。其中，图书版权输出地情况如下：

美国 734 种，英国 410 种，德国 304 种，法国 313 种，俄罗斯 177 种，加拿大 67 种，新加坡 248 种，日本 346 种，韩国 623 种，香港地区 277 种，澳门地区 13 种，台湾地区 2284 种，其他地区 2292 种。

（说明：统计数据未包含香港、澳门、台湾地区有关统计机构数据。）

一、图书出版

全国各类图书出版数量及与上年相比增减百分比

（一）种　数

	本版图书种数（种）			与上年相比增减%			租型图书种数（种）	与上年相比增减%
	合计	初版	重印	合计	初版	重印		
图书总计	**448431**	**255890**	**192541**	**0.90**	**-0.04**	**2.17**	**10307**	**5.32**
（一）使用《中国标准书号》部分合计	447981	255617	192364	0.98	0.08	2.20	10307	5.32
A 马克思主义、列宁主义、毛泽东思想	780	522	258	16.07	6.75	40.98	2	-33.33
B 哲学	8472	5788	2684	3.38	1.85	6.85	7	
C 社会科学总论	5610	3670	1940	6.74	8.13	4.19	1	-50.00
D 政治、法律	18005	13418	4587	3.00	-0.81	16.01	4	-85.19
E 军事	1408	1107	301	-9.45	-9.04	-10.95		
F 经济	31627	19973	11654	4.92	4.40	5.83	3	-86.96
G 文化、科学、教育、体育	173825	79800	94025	-1.34	-6.17	3.17	10231	5.71
H 语言、文字	21057	10758	10299	-1.98	-1.08	-2.89	5	-54.55
I 文学	46897	33584	13313	0.03	1.36	-3.19	13	-13.33
J 艺术	26797	19234	7563	3.94	6.84	-2.78	8	100.00
K 历史、地理	16995	12594	4401	4.07	2.76	8.03	7	16.67
N 自然科学总论	834	463	371	-8.85	-19.76	9.76	1	-83.33
O 数理科学、化学	7964	3286	4678	1.47	2.98	0.43	5	
P 天文学、地球科学	2583	1782	801	0.86	-0.61	4.30		
Q 生物科学	2690	1609	1081	-8.75	-14.60	1.60	2	
R 医药、卫生	18951	12083	6868	2.89	3.26	2.25	10	42.86
S 农业科学	5082	3258	1824	0.24	5.85	-8.43	4	300.00
T 工业技术	47024	25315	21709	4.10	7.38	0.52	3	
U 交通运输	5297	2747	2550	8.08	5.94	10.49		
V 航空、航天	468	330	138	1.08	-5.71	22.12		
X 环境科学	2067	1530	537	7.49	11.03	-1.47		
Z 综合性图书	3548	2766	782	3.11	9.16	-13.78	1	
（二）不使用《中国标准书号》部分合计	450	273	177	-43.47	-51.77	-23.04		
1. 图片	450	273	177	-43.47	-51.77	-23.04		
2. 国标(GB)、部标(BB)等标准类文件印品								
3. 活页文选、活页歌篇、小件印品等								

全国各类图书出版数量及与上年相比增减百分比（续表1）

（二）总印数

	本年图书总印数（万册、张）				与上年相比增减%	
	合计	初版	重印	租型	合计	租型
图书总计	**818465**	**259206**	**412760**	**146499**	**-1.51**	**-0.63**
（一）使用《中国标准书号》部分合计	815464	256830	412135	146499	-1.52	-0.63
A 马克思主义、列宁主义、毛泽东思想	1918	1370	548		39.39	-100.00
B 哲学	5387	3073	2283	31	12.25	
C 社会科学总论	2675	1385	1290		-4.97	-100.00
D 政治、法律	17712	12754	4934	24	7.75	-91.18
E 军事	772	534	238		-22.72	
F 经济	14784	8384	6398	2	2.35	-66.67
G 文化、科学、教育、体育	624367	148032	329947	146388	-0.28	-0.37
H 语言、文字	19741	7913	11820	8	-34.87	-91.84
I 文学	50864	30858	19988	18	1.21	-83.02
J 艺术	18477	11145	7324	8	-1.09	166.67
K 历史、地理	12703	7980	4720	3	-0.31	50.00
N 自然科学总论	559	268	291		-1.06	-100.00
O 数理科学、化学	3863	1378	2480	5	-8.72	
P 天文学、地球科学	1158	686	472		4.99	
Q 生物科学	1630	1062	567	1	-5.94	
R 医药、卫生	11340	5880	5452	8	-10.66	300.00
S 农业科学	2350	1391	957	2	2.35	100.00
T 工业技术	18764	9419	9344	1	-5.03	
U 交通运输	3111	1139	1972		-1.05	
V 航空、航天	165	95	70		-4.62	
X 环境科学	849	582	267		-11.01	
Z 综合性图书	2275	1502	773		-6.15	
（二）不使用《中国标准书号》部分合计	3001	2376	625		-0.83	
1. 图片	461	335	126		-41.35	
2. 国标(GB)、部标(BB)等标准类文件印品	2193	1762	431		15.42	
3. 活页文选、活页歌篇、小件印品等	347	279	68		2.06	

全国各类图书出版数量及与上年相比增减百分比（续表2）

（三）总印张

	本年图书总印张（千印张）				与上年相比增减%	
	合计	初版	重印	租型	合计	租型
图书总计	**70424999**	**26151290**	**33811207**	**10462502**	**-1.17**	**-0.41**
（一）使用《中国标准书号》部分合计	70285251	26037766	33784983	10462502	-1.17	-0.41
A 马克思主义、列宁主义、毛泽东思想	320387	227909	92398	80	23.80	-90.94
B 哲学	825733	470270	352023	3440	16.70	
C 社会科学总论	454661	241286	213314	61	-4.33	-72.15
D 政治、法律	2058240	1511567	545758	915	-5.45	-95.78
E 军事	112755	81549	31206		-17.20	
F 经济	2546362	1467501	1078602	259	3.01	-76.62
G 文化、科学、教育、体育	45167213	11994368	22720584	10452261	0.84	-0.02
H 语言、文字	3205227	1100127	2104047	1053	-27.58	-94.43
I 文学	5627829	3474616	2151653	1560	0.50	-75.84
J 艺术	1405244	879467	525031	746	0.65	566.07
K 历史、地理	1565599	1050465	514804	330	3.66	-9.84
N 自然科学总论	62296	28125	34170	1	2.21	-99.73
O 数理科学、化学	621737	211153	410368	216	-5.41	
P 天文学、地球科学	122051	69284	52767		-3.44	
Q 生物科学	179205	93325	85811	69	-13.30	
R 医药、卫生	1732933	977908	753997	1028	-2.35	162.92
S 农业科学	227529	128946	98338	245	-4.31	255.07
T 工业技术	3197352	1583601	1613528	223	-2.55	67.67
U 交通运输	417394	149861	267533		-0.59	
V 航空、航天	22545	13406	9139		-3.48	
X 环境科学	88900	57368	31532		-10.10	
Z 综合性图书	324059	225664	98380	15	17.31	
（二）不使用《中国标准书号》部分合计	139748	113524	26224		-2.35	
1. 图片	11293	5628	5665		-32.85	
2. 国标(GB)、部标(BB)等标准类文件印品	102474	84477	17997		-4.49	
3. 活页文选、活页歌篇、小件印品等	25981	23419	2562		36.79	

全国各类图书出版数量及与上年相比增减百分比（续表3）

（四）图书总定价

	图书总定价（万元）				
	合计	增减%	初版	重印	租型
图书总计	**13634684**	**5.75**	**6724141**	**5809572**	**1100971**
（一）使用《中国标准书号》部分合计	13569965	5.77	6671951	5797043	1100971
A 马克思主义、列宁主义、毛泽东思想	57248	52.98	42400	14835	13
B 哲学	221174	31.17	148364	72185	625
C 社会科学总论	108428	-0.56	67269	41143	16
D 政治、法律	493466	6.44	383616	109685	165
E 军事	29625	-22.04	23837	5788	
F 经济	633753	10.23	414940	218758	55
G 文化、科学、教育、体育	6870132	4.21	2251439	3519876	1098817
H 语言、文字	643744	-21.22	253631	389848	265
I 文学	1412382	15.26	979577	432484	321
J 艺术	691071	18.71	543038	147808	225
K 历史、地理	590412	23.30	461538	128820	54
N 自然科学总论	18073	13.65	9216	8857	
O 数理科学、化学	118414	-1.13	46576	71775	63
P 天文学、地球科学	42827	8.04	30053	12774	
Q 生物科学	48431	-12.19	30740	17678	13
R 医药、卫生	449215	7.00	294313	154660	242
S 农业科学	62443	-4.47	42744	19651	48
T 工业技术	790517	1.54	470585	319888	44
U 交通运输	115041	1.24	44145	70896	
V 航空、航天	7876	3.24	5429	2447	
X 环境科学	26087	-1.94	19034	7053	
Z 综合性图书	139606	39.14	109467	30134	5
（二）不使用《中国标准书号》部分合计	64719	3.03	52190	12529	
1. 图片	5440	-39.58	3271	2169	
2. 国标(GB)、部标(BB)等标准类文件印品	52943	5.09	43240	9703	
3. 活页文选、活页歌篇、小件印品等	6336	84.67	5679	657	

中央出版单位各类图书出版数量及与上年相比增减百分比

（一）种　数

	本版图书种数（种）			与上年相比增减%			租型图书种数（种）	与上年相比增减%
	合计	初版	重印	合计	初版	重印		
图书总计	**183457**	**107131**	**76326**	**0.63**	**0.88**	**0.28**	**61**	**-3.17**
（一）使用《中国标准书号》部分合计	183387	107091	76296	0.64	0.92	0.26	61	-3.17
A 马克思主义、列宁主义、毛泽东思想	510	317	193	21.43	8.19	51.97		
B 哲学	4534	2997	1537	-7.66	-11.80	1.65		
C 社会科学总论	3374	2104	1270	6.33	8.96	2.25		-100.00
D 政治、法律	13338	9812	3526	2.26	-2.06	16.56		-100.00
E 军事	946	788	158	-0.53	1.94	-11.24		
F 经济	21697	13427	8270	3.04	1.66	5.38		-100.00
G 文化、科学、教育、体育	32354	16406	15948	-2.30	1.40	-5.83	61	84.85
H 语言、文字	11414	5384	6030	-7.11	-5.64	-8.39		-100.00
I 文学	14085	10712	3373	1.28	-0.61	7.80		-100.00
J 艺术	8185	5654	2531	9.67	11.72	5.37		
K 历史、地理	8174	5827	2347	2.95	2.43	4.26		-100.00
N 自然科学总论	305	192	113	-13.60	-20.66	1.80		
O 数理科学、化学	5181	1899	3282	-1.95	-4.24	-0.58		
P 天文学、地球科学	1497	1056	441	-2.28	-3.74	1.38		
Q 生物科学	1468	781	687	-3.10	-8.55	3.93		
R 医药、卫生	11205	6319	4886	-1.89	-3.54	0.33		-100.00
S 农业科学	3304	2024	1280	2.10	6.02	-3.54		
T 工业技术	35037	17465	17572	2.23	4.18	0.36		-100.00
U 交通运输	4000	1883	2117	3.25	-4.32	11.07		
V 航空、航天	309	232	77	4.75	0.87	18.46		
X 环境科学	1410	1009	401	11.82	18.85	-2.67		
Z 综合性图书	1060	803	257	17.00	26.66	-5.51		
（二）不使用《中国标准书号》部分合计	70	40	30	-22.22	-47.37	114.29		
1. 图片	70	40	30	-22.22	-47.37	114.29		
2. 国标(GB)、部标(BB)等标准类文件印品								
3. 活页文选、活页歌篇、小件印品等								

中央出版单位各类图书出版数量及与上年相比增减百分比（续表1）

（二）总印数

	本年图书总印数（万册、张）				与上年相比增减%	
	合计	初版	重印	租型	合计	租型
图书总计	**218886**	**88192**	**130259**	**435**	**-3.70**	**10.97**
（一）使用《中国标准书号》部分合计	216419	86181	129803	435	-3.92	10.97
A 马克思主义、列宁主义、毛泽东思想	1733	1237	496		47.99	
B 哲学	3084	1608	1476		3.66	
C 社会科学总论	1690	782	908		-5.00	
D 政治、法律	14803	10782	4021		10.16	-100.00
E 军事	426	340	86		-16.80	
F 经济	10602	6016	4586		-0.26	-100.00
G 文化、科学、教育、体育	117951	31212	86304	435	-0.08	12.69
H 语言、文字	11318	3854	7464		-46.16	
I 文学	12482	8357	4125		0.30	
J 艺术	5003	3279	1724		10.76	
K 历史、地理	7775	4731	3044		-5.85	
N 自然科学总论	148	81	67		-28.16	
O 数理科学、化学	2554	840	1714		-11.81	
P 天文学、地球科学	532	302	230		17.96	
Q 生物科学	643	358	285		-8.27	
R 医药、卫生	6444	3449	2995		-5.87	
S 农业科学	1278	695	583		-0.85	
T 工业技术	13973	6554	7419		-3.25	
U 交通运输	2561	782	1779		-0.58	
V 航空、航天	77	56	21		-17.20	
X 环境科学	464	309	155		6.91	
Z 综合性图书	878	557	321		68.85	
（二）不使用《中国标准书号》部分合计	2467	2011	456		21.17	
1. 图片	184	172	12		61.40	
2. 国标(GB)、部标(BB)等标准类文件印品	2128	1706	422		16.60	
3. 活页文选、活页歌篇、小件印品等	155	133	22		59.79	

中央出版单位各类图书出版数量及与上年相比增减百分比（续表2）

（三）总印张

	本年图书总印张（千印张）				与上年相比增减%	
	合计	初版	重印	租型	合计	租型
图书总计	**24324889**	**10854864**	**13437720**	**32305**	**-5.03**	**31.58**
（一）使用《中国标准书号》部分合计	24210972	10759925	13418742	32305	-5.04	31.58
A 马克思主义、列宁主义、毛泽东思想	295870	210366	85504		28.08	
B 哲学	456778	233645	223133		1.89	
C 社会科学总论	291355	138518	152837		-8.54	-100.00
D 政治、法律	1683448	1253173	430275		-7.33	-100.00
E 军事	67235	53375	13860		-11.39	
F 经济	1842086	1061010	781076		-0.97	-100.00
G 文化、科学、教育、体育	9554530	3016908	6505317	32305	2.40	38.71
H 语言、文字	2051396	562748	1488648		-35.21	-100.00
I 文学	1554087	1008775	545312		-6.82	-100.00
J 艺术	466667	292568	174099		8.27	
K 历史、地理	890803	579019	311784		-1.15	-100.00
N 自然科学总论	22171	11080	11091		-8.80	
O 数理科学、化学	460217	142501	317716		-5.13	
P 天文学、地球科学	61915	35662	26253		-3.44	
Q 生物科学	97095	39561	57534		-12.31	
R 医药、卫生	1220224	628749	591475		-6.54	-100.00
S 农业科学	141553	74799	66754		-10.58	
T 工业技术	2500102	1176880	1323222		-3.63	
U 交通运输	349594	106810	242784		-0.15	
V 航空、航天	12846	9241	3605		-10.79	
X 环境科学	58257	36351	21906		-3.27	
Z 综合性图书	132743	88186	44557		61.31	
（二）不使用《中国标准书号》部分合计	113917	94939	18978		-1.48	
1. 图片	2863	2577	286		82.71	
2. 国标(GB)、部标(BB)等标准类文件印品	98540	80780	17760		-5.89	
3. 活页文选、活页歌篇、小件印品等	12514	11582	932		33.75	

中央出版单位各类图书出版数量及与上年相比增减百分比（续表3）

（四）图书总定价

	图书总定价（万元）				
	合计	增减%	初版	重印	租型
图书总计	**5434561**	**5.04**	**3118453**	**2312999**	**3109**
（一）使用《中国标准书号》部分合计	5379282	5.01	3073198	2302975	3109
A 马克思主义、列宁主义、毛泽东思想	52078	67.73	38404	13674	
B 哲学	139068	28.17	92764	46304	
C 社会科学总论	70606	-4.02	42173	28433	
D 政治、法律	405025	5.69	319029	85996	
E 军事	19914	-20.73	17079	2835	
F 经济	456199	5.15	293849	162350	
G 文化、科学、教育、体育	1448675	3.24	545612	899954	3109
H 语言、文字	410374	-29.78	129087	281287	
I 文学	485187	35.60	383903	101284	
J 艺术	252272	25.97	201317	50955	
K 历史、地理	371502	30.42	291223	80279	
N 自然科学总论	6242	-9.08	3695	2547	
O 数理科学、化学	85200	-3.61	31172	54028	
P 天文学、地球科学	21467	-3.24	15484	5983	
Q 生物科学	24756	-6.88	13657	11099	
R 医药、卫生	311715	3.72	195821	115894	
S 农业科学	38220	-9.94	25023	13197	
T 工业技术	592230	-0.39	332176	260054	
U 交通运输	97128	0.97	31924	65204	
V 航空、航天	4894	-9.17	3997	897	
X 环境科学	16722	3.11	12165	4557	
Z 综合性图书	69808	87.27	53644	16164	
（二）不使用《中国标准书号》部分合计	55279	7.95	45255	10024	
1. 图片	1411	118.76	1279	132	
2. 国标(GB)、部标(BB)等标准类文件印品	51828	4.65	42202	9626	
3. 活页文选、活页歌篇、小件印品等	2040	95.97	1774	266	

地方出版单位各类图书出版数量及与上年相比增减百分比

（一）种　数

	本版图书种数（种）			与上年相比增减%			租型图书种数（种）	与上年相比增减%
	合计	初版	重印	合计	初版	重印		
图书总计	**264974**	**148759**	**116215**	**1.09**	**－0.69**	**3.46**	**10246**	**5.38**
（一）使用《中国标准书号》部分合计	264594	148526	116068	1.22	－0.52	3.52	10246	5.38
A 马克思主义、列宁主义、毛泽东思想	270	205	65	7.14	4.59	16.07	2	－33.33
B 哲学	3938	2791	1147	19.88	22.14	14.70	7	
C 社会科学总论	2236	1566	670	7.35	7.04	8.06	1	
D 政治、法律	4667	3606	1061	5.16	2.76	14.21	4	－84.00
E 军事	462	319	143	－23.51	－28.15	－10.63		
F 经济	9930	6546	3384	9.26	10.50	6.95	3	
G 文化、科学、教育、体育	141471	63394	78077	－1.12	－7.95	5.22	10170	5.44
H 语言、文字	9643	5374	4269	4.88	3.95	6.09	5	－50.00
I 文学	32812	22872	9940	－0.50	2.31	－6.43	13	－7.14
J 艺术	18612	13580	5032	1.60	4.93	－6.42	8	100.00
K 历史、地理	8821	6767	2054	5.14	3.05	12.67	7	40.00
N 自然科学总论	529	271	258	－5.87	－19.10	13.66	1	－83.33
O 数理科学、化学	2783	1387	1396	8.50	14.82	2.87	5	
P 天文学、地球科学	1086	726	360	5.54	4.31	8.11		
Q 生物科学	1222	828	394	－14.72	－19.61	－2.23	2	
R 医药、卫生	7746	5764	1982	10.70	11.92	7.31	10	150.00
S 农业科学	1778	1234	544	－3.05	5.56	－18.20	4	300.00
T 工业技术	11987	7850	4137	10.00	15.27	1.22	3	50.00
U 交通运输	1297	864	433	26.29	38.24	7.71		
V 航空、航天	159	98	61	－5.36	－18.33	27.08		
X 环境科学	657	521	136	－0.76	－1.51	2.26		
Z 综合性图书	2488	1963	525	－1.85	3.32	－17.32	1	
（二）不使用《中国标准书号》部分合计	380	233	147	－46.18	－52.45	－31.94		
1. 图片	380	233	147	－46.18	－52.45	－31.94		
2. 国标(GB)、部标(BB)等标准类文件印品								
3. 活页文选、活页歌篇、小件印品等								

地方出版单位各类图书出版数量及与上年相比增减百分比（续表1）

（二）总印数

	本年图书总印数（万册、张）				与上年相比增减%	
	合计	初版	重印	租型	合计	租型
图书总计	**599579**	**171014**	**282501**	**146064**	**-0.69**	**-0.66**
（一）使用《中国标准书号》部分合计	599045	170649	282332	146064	-0.62	-0.66
A 马克思主义、列宁主义、毛泽东思想	185	133	52		-9.76	-100.00
B 哲学	2303	1465	807	31	26.26	
C 社会科学总论	985	603	382		-4.92	-100.00
D 政治、法律	2909	1972	913	24	-3.03	-91.14
E 军事	346	194	152		-28.95	
F 经济	4182	2368	1812	2	9.65	100.00
G 文化、科学、教育、体育	506416	116820	243643	145953	-0.32	-0.40
H 语言、文字	8423	4059	4356	8	-9.32	-91.84
I 文学	38382	22501	15863	18	1.52	-83.02
J 艺术	13474	7866	5600	8	-4.86	166.67
K 历史、地理	4928	3249	1676	3	9.88	50.00
N 自然科学总论	411	187	224		14.48	-100.00
O 数理科学、化学	1309	538	766	5	-2.02	
P 天文学、地球科学	626	384	242		-3.99	
Q 生物科学	987	704	282	1	-4.36	
R 医药、卫生	4896	2431	2457	8	-16.26	300.00
S 农业科学	1072	696	374	2	6.45	100.00
T 工业技术	4791	2865	1925	1	-9.86	
U 交通运输	550	357	193		-3.17	
V 航空、航天	88	39	49		10.00	
X 环境科学	385	273	112		-25.96	
Z 综合性图书	1397	945	452		-26.63	
（二）不使用《中国标准书号》部分合计	534	365	169		-46.06	
1. 图片	277	163	114		-58.78	
2. 国标(GB)、部标(BB)等标准类文件印品	65	56	9		-13.33	
3. 活页文选、活页歌篇、小件印品等	192	146	46		-20.99	

地方出版单位各类图书出版数量及与上年相比增减百分比（续表2）

（三）总印张

	本年图书总印张（千印张）				与上年相比增减%	
	合计	初版	重印	租型	合计	租型
图书总计	**46100110**	**15296426**	**20373487**	**10430197**	**1.00**	**-0.48**
（一）使用《中国标准书号》部分合计	46074279	15277841	20366241	10430197	1.00	-0.48
A 马克思主义、列宁主义、毛泽东思想	24517	17543	6894	80	-11.72	-90.94
B 哲学	368955	236625	128890	3440	42.30	
C 社会科学总论	163306	102768	60477	61	4.21	-59.33
D 政治、法律	374792	258394	115483	915	4.06	-95.76
E 军事	45520	28174	17346		-24.51	
F 经济	704276	406491	297526	259	15.09	27.59
G 文化、科学、教育、体育	35612683	8977460	16215267	10419956	0.42	-0.11
H 语言、文字	1153831	537379	615399	1053	-8.42	-94.41
I 文学	4073742	2465841	1606341	1560	3.61	-75.71
J 艺术	938577	586899	350932	746	-2.76	566.07
K 历史、地理	674796	471446	203020	330	10.76	18.28
N 自然科学总论	40125	17045	23079	1	9.50	-99.73
O 数理科学、化学	161520	68652	92652	216	-6.22	
P 天文学、地球科学	60136	33622	26514		-3.44	
Q 生物科学	82110	53764	28277	69	-14.44	
R 医药、卫生	512709	349159	162522	1028	9.32	168.41
S 农业科学	85976	54147	31584	245	8.20	255.07
T 工业技术	697250	406721	290306	223	1.56	67.67
U 交通运输	67800	43051	24749		-2.79	
V 航空、航天	9699	4165	5534		8.25	
X 环境科学	30643	21017	9626		-20.73	
Z 综合性图书	191316	137478	53823	15	-1.36	
（二）不使用《中国标准书号》部分合计	25831	18585	7246		-6.01	
1. 图片	8430	3051	5379		-44.72	
2. 国标(GB)、部标(BB)等标准类文件印品	3934	3697	237		51.72	
3. 活页文选、活页歌篇、小件印品等	13467	11837	1630		39.73	

地方出版单位各类图书出版数量及与上年相比增减百分比（续表3）

（四）图书总定价

	图书总定价（万元）				
	合计	增减%	初版	重印	租型
图书总计	**8200123**	**6.23**	**3605688**	**3496573**	**1097862**
（一）使用《中国标准书号》部分合计	8190683	6.27	3598753	3494068	1097862
A 马克思主义、列宁主义、毛泽东思想	5170	-18.88	3996	1161	13
B 哲学	82106	36.60	55600	25881	625
C 社会科学总论	37822	6.60	25096	12710	16
D 政治、法律	88441	10.01	64587	23689	165
E 军事	9711	-24.60	6758	2953	
F 经济	177554	25.86	121091	56408	55
G 文化、科学、教育、体育	5421457	4.47	1705827	2619922	1095708
H 语言、文字	233370	0.31	124544	108561	265
I 文学	927195	6.87	595674	331200	321
J 艺术	438799	14.90	341721	96853	225
K 历史、地理	218910	12.86	170315	48541	54
N 自然科学总论	11831	30.92	5521	6310	
O 数理科学、化学	33214	5.87	15404	17747	63
P 天文学、地球科学	21360	22.39	14569	6791	
Q 生物科学	23675	-17.13	17083	6579	13
R 医药、卫生	137500	15.27	98492	38766	242
S 农业科学	24223	5.67	17721	6454	48
T 工业技术	198287	7.77	138409	59834	44
U 交通运输	17913	2.72	12221	5692	
V 航空、航天	2982	33.07	1432	1550	
X 环境科学	9365	-9.81	6869	2496	
Z 综合性图书	69798	10.69	55823	13970	5
（二）不使用《中国标准书号》部分合计	9440	-18.64	6935	2505	
1. 图片	4029	-51.79	1992	2037	
2. 国标(GB)、部标(BB)等标准类文件印品	1115	30.41	1038	77	
3. 活页文选、活页歌篇、小件印品等	4296	79.75	3905	391	

全国出版图书用纸量

	图书总计		书　籍		课　本		图　片		附　录	
	印张数（千印张）	合吨数（吨）	印张数（千印张）	合吨数（吨）	印张数（千印张）	合吨数（吨）	印张数（千印张）	合吨数（吨）	印张数（千印张）	合吨数（吨）
全　国	70424999	1655149	42886720	1007838	27398531	643865	11293	427	128455	3019
中　央	24324889	571676	13876539	326099	10334433	242859	2863	108	111054	2610
地　方	46100110	1083473	29010181	681739	17064098	401006	8430	319	17401	409

注：从 1982 年开始，书籍、课本、附录按每千印张 0.0235 吨计算，图片按每千印张 0.0378 吨计算。

全国出版图书用纸量与上年相比增减百分比

	图书总计		书　籍		课　本		图　片		附　录	
	印张数	吨数	印张数	吨数	印张数	吨数	印张数	吨数	印张数	吨数
全　国	-1.17	-1.17	-3.00	-3.00	1.84	1.84	-32.85	-32.86	1.71	1.71
中　央	-5.03	-5.02	-9.98	-9.98	2.51	2.51	82.71	83.05	-2.64	-2.64
地　方	1.00	0.99	0.74	0.74	1.44	1.44	-44.72	-44.71	42.27	42.27

使用《中国标准书号》图书出版数量中各类图书所占百分比

	种数		租型种数	总印数		总印张		定价总金额	
	合计	初版		合计	租型	合计	租型	合计	租型
使用《中国标准书号》部分合计	**100.00**	**100.00**	**100.00**	**100.00**	**100.00**	**100.00**	**100.00**	**100.00**	**100.00**
A 马克思主义、列宁主义、毛泽东思想	0.17	0.20	0.01	0.24		0.46		0.42	
B 哲学	1.89	2.26	0.07	0.66	0.02	1.17	0.03	1.63	0.06
C 社会科学总论	1.25	1.44	0.01	0.33		0.65		0.80	
D 政治、法律	4.02	5.25	0.04	2.17	0.02	2.93	0.01	3.64	0.01
E 军事	0.31	0.43		0.09		0.16		0.22	
F 经济	7.06	7.81	0.03	1.81		3.62		4.67	
G 文化、科学、教育、体育	38.82	31.23	99.25	76.57	99.92	64.27	99.92	50.62	99.83
H 语言、文字	4.70	4.21	0.05	2.42	0.01	4.56	0.01	4.74	0.02
I 文学	10.47	13.14	0.13	6.24	0.01	8.01	0.01	10.41	0.03
J 艺术	5.98	7.52	0.08	2.27	0.01	2.00	0.01	5.09	0.02
K 历史、地理	3.79	4.93	0.07	1.56		2.23		4.35	
N 自然科学总论	0.19	0.18	0.01	0.07		0.09		0.13	
O 数理科学、化学	1.78	1.29	0.05	0.47		0.88		0.87	0.01
P 天文学、地球科学	0.58	0.70		0.14		0.17		0.32	
Q 生物科学	0.60	0.63	0.02	0.20		0.25		0.36	
R 医药、卫生	4.23	4.73	0.10	1.39	0.01	2.47	0.01	3.31	0.02
S 农业科学	1.13	1.27	0.04	0.29		0.32		0.46	
T 工业技术	10.50	9.90	0.03	2.30		4.55		5.83	
U 交通运输	1.18	1.07		0.38		0.59		0.85	
V 航空、航天	0.10	0.13		0.02		0.03		0.06	
X 环境科学	0.46	0.60		0.10		0.13		0.19	
Z 综合性图书	0.79	1.08	0.01	0.28		0.46		1.03	

全国各地区图书出版总量

	图书总计											
	种数（种）		租型种数（种）	总印数（万册、张）			总印张（千印张）			定价总金额（万元）		
	合计	初版		合计	初版	租型	合计	初版	租型	合计	初版	租型
全国总计	**448431**	**255890**	**10307**	**818465**	**259206**	**146499**	**70424999**	**26151290**	**10462502**	**13634684**	**6724141**	**1100971**
中　央	**183457**	**107131**	**61**	**218886**	**88192**	**435**	**24324889**	**10854864**	**32305**	**5434561**	**3118453**	**3109**
地　方	**264974**	**148759**	**10246**	**599579**	**171014**	**146064**	**46100110**	**15296426**	**10430197**	**8200123**	**3605688**	**1097862**
北　京	10802	6474		16746	9562		1540555	866159		359375	229721	
天　津	5745	3755	125	4560	1711	679	428521	180846	48909	111780	64986	5148
河　北	7022	3071	300	22234	5594	7622	1642130	402945	563439	257402	76133	54549
山　西	3458	1866	273	12866	4081	4318	1231323	587117	325011	191404	87443	34962
内蒙古	3157	1937	407	6752	985	3750	496507	82837	286309	64227	20920	29218
辽　宁	11942	7405	1	12713	5925	7	1039923	511294	606	216031	118411	58
吉　林	21565	11425	747	25500	9591	5009	2274036	934380	350274	452345	216230	39231
黑龙江	5043	3626	535	7426	1465	3546	625129	161381	264816	92626	32948	30187
上　海	24420	13055	1	32188	10666	3	3023956	1165446	30	728990	354955	11
江　苏	23936	14383	312	55963	19393	8350	3978377	1655837	567191	690043	352818	58066
浙　江	12687	6867	381	36971	11410	7920	2435140	792246	550656	458308	208164	57108
安　徽	9934	5227	780	25579	4626	10727	1923955	395647	786142	314414	104530	88665
福　建	3456	2442	197	8619	3227	3099	660192	270300	226916	108127	59309	21170
江　西	5890	3535	243	19663	4479	6048	1355145	362375	474121	222641	87218	45168
山　东	14282	8153	719	46448	12656	12526	3092497	1007132	710676	494783	194726	88083
河　南	7705	4244	155	19714	3914	4480	1512488	325605	334240	226128	81746	31255
湖　北	15910	9571	599	27193	9284	7571	2288059	856381	560931	456866	228419	64082
湖　南	11340	5634	409	42194	12406	9441	2988796	1100501	594343	562824	255867	68159
广　东	9495	6005	155	29872	6771	7792	2327130	583709	624913	326307	128207	55358
广　西	7871	3752	351	39777	8575	7409	2854544	763071	574028	429950	160039	57379
海　南	3747	1698	209	6143	1985	1044	471481	159437	70990	87013	32054	7943
重　庆	6062	3190	253	15009	4258	2786	995975	379753	178398	184979	80211	22965
四　川	9095	5252	361	19623	3047	6520	1568482	321200	496591	250161	90834	50773
贵　州	845	721	555	10099	1894	7550	648818	86890	525754	86709	25367	56089
云　南	6958	3781	288	15307	3294	5710	1267068	308015	443160	201844	71579	41725
西　藏	547	237	294	1303	119	716	93871	14291	52811	14077	4775	5761
陕　西	9334	4667	470	18925	3422	4771	1655042	392330	349466	313743	99957	35874
甘　肃	2410	1319	248	5312	799	3311	455834	93444	255802	67757	20678	25859
青　海	597	269	219	1069	68	708	84158	9452	48127	10645	3570	5152
宁　夏	1987	1253	196	3682	1392	906	344284	153624	65621	61125	29132	7678
新　疆	7732	3945	463	10129	4415	1745	796694	372781	99926	157499	84741	10186

全国各地区各类图书出版数量

	（一）使用《中国标准书号》部分合计											
	种数（种）		租型种数（种）	总印数（万册、张）			总印张（千印张）			定价总金额（万元）		
	合计	初版		合计	初版	租型	合计	初版	租型	合计	初版	租型
全国总计	**447981**	**255617**	**10307**	**815464**	**256830**	**146499**	**70285251**	**26037766**	**10462502**	**13569965**	**6671951**	**1100971**
中　　央	**183387**	**107091**	**61**	**216419**	**86181**	**435**	**24210972**	**10759925**	**32305**	**5379282**	**3073198**	**3109**
地　　方	**264594**	**148526**	**10246**	**599045**	**170649**	**146064**	**46074279**	**15277841**	**10430197**	**8190683**	**3598753**	**1097862**
北　　京	10802	6474		16746	9562		1540555	866159		359375	229721	
天　　津	5744	3754	125	4559	1710	679	428489	180814	48909	111754	64959	5148
河　　北	7022	3071	300	22234	5594	7622	1642130	402945	563439	257402	76133	54549
山　　西	3458	1866	273	12864	4081	4318	1231303	587117	325011	191391	87443	34962
内 蒙 古	3157	1937	407	6752	985	3750	496507	82837	286309	64227	20920	29218
辽　　宁	11937	7402	1	12710	5924	7	1039830	511211	606	215975	118362	58
吉　　林	21564	11424	747	25497	9591	5009	2273953	934346	350274	452313	216220	39231
黑 龙 江	5036	3619	535	7421	1461	3546	625076	161328	264816	92574	32896	30187
上　　海	24419	13054	1	32148	10628	3	3022505	1164023	30	727956	353957	11
江　　苏	23819	14360	312	55854	19346	8350	3971452	1653489	567191	687773	351980	58066
浙　　江	12606	6793	381	36807	11271	7920	2423222	781407	550656	454311	204433	57108
安　　徽	9933	5227	780	25573	4621	10727	1923895	395592	786142	314398	104516	88665
福　　建	3456	2442	197	8619	3227	3099	660125	270300	226916	108123	59309	21170
江　　西	5890	3535	243	19663	4479	6048	1355145	362375	474121	222641	87218	45168
山　　东	14224	8129	719	46357	12614	12526	3089920	1005495	710676	493588	194129	88083
河　　南	7705	4244	155	19714	3914	4480	1512488	325605	334240	226128	81746	31255
湖　　北	15910	9571	599	27193	9284	7571	2288059	856381	560931	456866	228419	64082
湖　　南	11253	5549	409	42120	12333	9441	2987464	1099190	594343	562275	255327	68159
广　　东	9495	6005	155	29867	6766	7792	2326580	583159	624913	326301	128201	55358
广　　西	7866	3752	351	39777	8575	7409	2854439	763071	574028	429912	160039	57379
海　　南	3747	1698	209	6122	1985	1044	471140	159437	70990	86935	32054	7943
重　　庆	6061	3190	253	15009	4258	2786	995974	379753	178398	184979	80211	22965
四　　川	9095	5252	361	19623	3047	6520	1568482	321200	496591	250161	90834	50773
贵　　州	845	721	555	10099	1894	7550	648818	86890	525754	86709	25367	56089
云　　南	6946	3769	288	15298	3285	5710	1266904	307851	443160	201801	71536	41725
西　　藏	547	237	294	1303	119	716	93871	14291	52811	14077	4775	5761
陕　　西	9332	4665	470	18925	3422	4771	1655030	392318	349466	313723	99937	35874
甘　　肃	2410	1319	248	5312	799	3311	455834	93444	255802	67757	20678	25859
青　　海	597	269	219	1069	68	708	84158	9452	48127	10645	3570	5152
宁　　夏	1987	1253	196	3682	1392	906	344284	153624	65621	61125	29132	7678
新　　疆	7731	3945	463	10128	4414	1745	796647	372737	99926	157488	84731	10186

全国各地区各类图书出版数量（续表1）

	A 马克思主义、列宁主义、毛泽东思想											
	种数（种）		租型种数（种）	总印数（万册、张）			总印张（千印张）			定价总金额（万元）		
	合计	初版		合计	初版	租型	合计	初版	租型	合计	初版	租型
全国总计	**780**	**522**	**2**	**1918**	**1370**		**320387**	**227909**	**80**	**57248**	**42400**	**13**
中　　央	**510**	**317**		**1733**	**1237**		**295870**	**210366**		**52078**	**38404**	
地　　方	**270**	**205**	**2**	**185**	**133**		**24517**	**17543**	**80**	**5170**	**3996**	**13**
北　　京	6	4		4	2		795	589		141	103	
天　　津	9	5		10			1145	68		214	17	
河　　北	4	4		1	1		137	137		30	30	
山　　西	7	5		2	1		233	178		49	42	
内 蒙 古	3	3					11	11		3	3	
辽　　宁	38	31		13	12		2351	2193		468	435	
吉　　林	15	11		5	3		742	464		163	100	
黑 龙 江	5	5		1	1		152	152		27	27	
上　　海	25	22		8	7		2051	1856		488	458	
江　　苏	28	23		15	10		2305	1838		527	441	
浙　　江	8	5		61	60		3884	3810		517	502	
安　　徽	9	6		7	1		975	103		124	27	
福　　建	3	3		2	2		345	345		76	76	
江　　西												
山　　东	5	2		1	1		259	111		50	22	
河　　南												
湖　　北	10	3	1	4	1		741	133	66	146	36	9
湖　　南	13	11		3	3		583	518		182	169	
广　　东	17	15		8	8		550	464		180	165	
广　　西	7	5		6	3		1017	749		236	169	
海　　南												
重　　庆	1						33			5		
四　　川	29	20		14	11		2895	2428		1020	943	
贵　　州												
云　　南	2	2					74	74		23	23	
西　　藏												
陕　　西	18	12		15	1		2055	152		323	34	
甘　　肃	2	2	1				61	47	14	12	8	4
青　　海												
宁　　夏												
新　　疆	6	6		5	5		1123	1123		166	166	

全国各地区各类图书出版数量（续表2）

	B 哲学											
	种数（种）		租型种数（种）	总印数（万册、张）			总印张（千印张）			定价总金额（万元）		
	合计	初版		合计	初版	租型	合计	初版	租型	合计	初版	租型
全国总计	**8472**	**5788**	**7**	**5387**	**3073**	**31**	**825733**	**470270**	**3440**	**221174**	**148364**	**625**
中　　央	**4534**	**2997**		**3084**	**1608**		**456778**	**233645**		**139068**	**92764**	
地　　方	**3938**	**2791**	**7**	**2303**	**1465**	**31**	**368955**	**236625**	**3440**	**82106**	**55600**	**625**
北　　京	286	200		204	154		29214	22129		7237	6018	
天　　津	102	77		62	45		9377	6953		2328	1458	
河　　北	11	8	6	37	2	30	4646	422	3245	857	94	590
山　　西	25	20		11	7		1589	1144		404	302	
内 蒙 古	17	11		4	3		665	501		139	112	
辽　　宁	134	98		61	39		8455	5014		1955	1088	
吉　　林	386	254		364	217		75097	46235		13071	8198	
黑 龙 江	95	91		15	14		2699	2477		600	555	
上　　海	760	450		375	180		58774	28981		14468	7953	
江　　苏	336	245		210	165		30075	24561		6413	5178	
浙　　江	117	81		59	31		7452	3717		2070	1390	
安　　徽	68	55		34	27		3733	2551		818	608	
福　　建	55	48		21	17		3168	2601		897	799	
江　　西	121	109		86	72		13730	12230		2745	2441	
山　　东	90	57		62	43		10784	8167		2854	2326	
河　　南	175	118		86	52		11307	6681		2900	1929	
湖　　北	198	149	1	97	72	1	13821	10478	195	2863	2224	35
湖　　南	33	27		13	10		1504	1198		416	356	
广　　东	227	185		110	69		17683	11890		4042	2872	
广　　西	105	64		129	75		15457	7260		4792	2417	
海　　南	110	72		66	34		12300	6304		2497	1335	
重　　庆	42	29		16	12		1955	1403		510	389	
四　　川	146	115		67	51		12160	9784		3074	2668	
贵　　州	18	18		4	4		567	567		143	143	
云　　南	25	24		8	8		1202	1196		292	290	
西　　藏	55	44		14	10		2667	2300		614	539	
陕　　西	112	71		55	28		11746	4042		2060	1077	
甘　　肃	18	18		5	5		688	688		317	317	
青　　海	21	11		7	3		1191	415		198	95	
宁　　夏	13	11		11	9		4364	4078		332	271	
新　　疆	37	31		10	7		885	658		200	158	

全国各地区各类图书出版数量（续表3）

	C 社会科学总论											
	种数（种）		租型种数（种）	总印数（万册、张）			总印张（千印张）			定价总金额（万元）		
	合计	初版		合计	初版	租型	合计	初版	租型	合计	初版	租型
全国总计	**5610**	**3670**	**1**	**2675**	**1385**		**454661**	**241286**	**61**	**108428**	**67269**	**16**
中　央	**3374**	**2104**		**1690**	**782**		**291355**	**138518**		**70606**	**42173**	
地　方	**2236**	**1566**	**1**	**985**	**603**		**163306**	**102768**	**61**	**37822**	**25096**	**16**
北　京	103	71		53	38		8164	5693		1785	1369	
天　津	47	31		22	13		3259	1810		750	430	
河　北	35	34		7	5		1130	913		299	255	
山　西	15	14		5	5		731	693		183	177	
内蒙古	31	28		12	4		1922	873		393	225	
辽　宁	188	117		82	42		13020	6319		2614	1367	
吉　林	102	82		72	52		19107	15412		4014	3333	
黑龙江	46	37		11	10		2136	1781		457	401	
上　海	322	200		152	72		28201	14007		6407	3258	
江　苏	140	109		85	55		12452	8516		3320	2453	
浙　江	288	181		114	68		16629	9562		4561	2782	
安　徽	44	26		12	8		1778	1141		369	248	
福　建	33	24		13	9		1987	1067		373	222	
江　西	22	20		9	8		1266	1185		266	252	
山　东	44	30		26	16		3130	2307		968	773	
河　南	36	33		12	11		1747	1560		431	399	
湖　北	152	100	1	45	30		7445	4691	61	1611	1133	16
湖　南	32	22		7	5		1274	849		273	199	
广　东	127	86		38	24		6776	3884		1733	1166	
广　西	46	29		65	25		8406	3240		2199	912	
海　南	22	10		10	4		2174	823		495	224	
重　庆	45	21		11	6		1787	959		416	242	
四　川	106	73		51	30		7061	4786		1624	1186	
贵　州	9	9		2	2		260	260		62	62	
云　南	85	82		18	17		2270	2178		768	754	
西　藏												
陕　西	60	44		19	14		2938	2216		643	497	
甘　肃	34	32		21	20		2039	1864		489	466	
青　海	4	4		1	1		100	100		44	44	
宁　夏	8	8		7	7		3903	3903		216	216	
新　疆	10	9		3	2		214	176		59	51	

全国各地区各类图书出版数量（续表4）

	D 政治、法律											
	种数（种）		租型种数（种）	总印数（万册、张）			总印张（千印张）			定价总金额（万元）		
	合计	初版		合计	初版	租型	合计	初版	租型	合计	初版	租型
全国总计	**18005**	**13418**	**4**	**17712**	**12754**	**24**	**2058240**	**1511567**	**915**	**493466**	**383616**	**165**
中　　央	**13338**	**9812**		**14803**	**10782**		**1683448**	**1253173**		**405025**	**319029**	
地　　方	**4667**	**3606**	**4**	**2909**	**1972**	**24**	**374792**	**258394**	**915**	**88441**	**64587**	**165**
北　　京	132	102		74	50		10297	7140		2547	1735	
天　　津	247	119		84	24		10738	3724		2732	986	
河　　北	34	33		9	7		1549	1290		345	290	
山　　西	52	46		25	20		2913	2544		1065	990	
内 蒙 古	30	27		3	3		614	432		133	98	
辽　　宁	237	164		87	56		14854	9973		3431	2515	
吉　　林	227	150		156	50		19842	8132		5031	1815	
黑 龙 江	90	87		44	40		5838	5315		1065	999	
上　　海	735	557	1	329	183	3	57722	32835	30	13993	9310	11
江　　苏	363	288		250	206		28647	22408		7726	6398	
浙　　江	158	119		136	54		20844	8684		5324	2501	
安　　徽	127	112		90	55		10245	8760		2170	1842	
福　　建	155	137		41	34		10305	8707		2536	2281	
江　　西	59	55	2	51	26	21	5192	3655	814	1207	913	142
山　　东	66	53		44	38		5079	4087		1404	1230	
河　　南	132	107		55	41		8220	6235		2652	2229	
湖　　北	352	260	1	155	79		18374	11686	71	3984	3029	12
湖　　南	122	106		96	93		8593	7964		2193	2074	
广　　东	285	231		101	78		16545	12858		4055	3353	
广　　西	179	143		258	209		26844	22616		5670	4615	
海　　南	53	41		67	64		7788	7489		1529	1458	
重　　庆	14	6		4	1		536	225		107	52	
四　　川	299	202		171	73		24267	10647		5350	2969	
贵　　州	29	23		14	11		1787	1442		456	395	
云　　南	145	127		112	40		11700	6583		3190	2463	
西　　藏	17	16		10	10		1023	1017		272	269	
陕　　西	159	143		384	374		35583	33930		5992	5661	
甘　　肃	54	54		19	19		2613	2613		653	653	
青　　海	17	15		2	2		412	366		124	118	
宁　　夏	30	30		11	9		2317	1993		580	533	
新　　疆	68	53		27	23		3511	3044		925	813	

全国各地区各类图书出版数量（续表5）

	E 军事										
	种数（种）		租型种数（种）	总印数（万册、张）			总印张（千印张）			定价总金额（万元）		
	合计	初版		合计	初版	租型	合计	初版	租型	合计	初版	租型
全国总计	**1408**	**1107**		**772**	**534**		**112755**	**81549**		**29625**	**23837**	
中　央	**946**	**788**		**426**	**340**		**67235**	**53375**		**19914**	**17079**	
地　方	**462**	**319**		**346**	**194**		**45520**	**28174**		**9711**	**6758**	
北　京	29	22		22	18		3759	3097		910	783	
天　津	3	1		1	1		182	171		51	48	
河　北	5	5		4	4		483	483		91	91	
山　西	4	4		1	1		182	182		49	49	
内蒙古	5	4		1			133	104		28	23	
辽　宁	17	13		6	5		1058	813		244	190	
吉　林	47	26		25	14		2852	1608		771	506	
黑龙江	12	11		5	5		838	713		145	129	
上　海	41	27		25	18		3724	2608		766	584	
江　苏	28	21		24	21		3702	3181		794	670	
浙　江	10	3		35	4		2382	463		355	107	
安　徽	16	8		17	11		2356	1571		407	277	
福　建	1			10			2300			320		
江　西	8	5		9	1		832	129		141	42	
山　东	28	24		39	11		4125	1928		900	450	
河　南	14	10		9	3		1247	361		229	89	
湖　北	35	25		24	14		2686	2124		530	438	
湖　南	43	37		16	14		2625	2355		522	467	
广　东	24	16		19	15		2614	2202		968	873	
广　西	12	7		17	13		1453	688		305	175	
海　南	3	3		1	1		215	215		47	47	
重　庆	2	2		2	2		272	272		72	72	
四　川	28	15		13	8		1653	1115		324	225	
贵　州	1	1					7	7		1	1	
云　南												
西　藏												
陕　西	39	22		18	7		3200	1144		578	259	
甘　肃	2	2		3	3		594	594		148	148	
青　海	1	1					14	14		3	3	
宁　夏												
新　疆	4	4					32	32		12	12	

全国各地区各类图书出版数量（续表6）

	F 经济											
	种数（种）		租型种数（种）	总印数（万册、张）			总印张（千印张）			定价总金额（万元）		
	合计	初版		合计	初版	租型	合计	初版	租型	合计	初版	租型
全国总计	**31627**	**19973**	**3**	**14784**	**8384**	**2**	**2546362**	**1467501**	**259**	**633753**	**414940**	**55**
中　央	**21697**	**13427**		**10602**	**6016**		**1842086**	**1061010**		**456199**	**293849**	
地　方	**9930**	**6546**	**3**	**4182**	**2368**	**2**	**704276**	**406491**	**259**	**177554**	**121091**	**55**
北　京	527	314		284	143		37905	24053		9580	6859	
天　津	289	180		59	32		10836	5938		2560	1651	
河　北	83	60		28	22		2750	2113		646	512	
山　西	104	96		51	46		9425	8858		3313	3207	
内蒙古	43	39		3	3		656	568		215	200	
辽　宁	1019	377		635	150		109210	23161		20455	5550	
吉　林	318	275		175	137		37995	30134		6820	5430	
黑龙江	201	168		74	60		5998	4491		2091	1782	
上　海	2158	1217		1148	593		215263	116712		56742	37743	
江　苏	648	498		200	149		32182	24394		9369	7783	
浙　江	420	263		202	94		26404	12131		7375	3464	
安　徽	204	145		63	34		9149	5836		2219	1523	
福　建	153	119		58	45		9604	7178		2629	2245	
江　西	106	94		29	26		4906	4465		1407	1290	
山　东	119	90		76	58		9809	7502		2294	1886	
河　南	238	174		81	55		12701	9037		4595	3831	
湖　北	790	538	3	193	124	2	31830	21063	259	7707	5815	55
湖　南	231	175		53	40		8788	6483		2406	1985	
广　东	647	521		228	182		35603	28445		9213	7760	
广　西	139	127		58	31		14853	6311		5176	3899	
海　南	60	54		32	28		6370	5499		1337	1163	
重　庆	147	82		38	24		5802	3621		1349	901	
四　川	779	501		286	188		44033	29336		11170	8339	
贵　州	18	17		5	3		602	476		173	150	
云　南	101	94		37	36		6711	6524		2747	2690	
西　藏	7	6		1	1		132	120		30	25	
陕　西	273	217		67	46		11155	8559		2829	2321	
甘　肃	43	42		8	8		1439	1371		445	434	
青　海	10	9		1	1		315	287		104	100	
宁　夏	20	20		4	4		845	845		242	242	
新　疆	35	34		5	5		1005	980		316	311	

全国各地区各类图书出版数量（续表7）

	G文化、科学、教育、体育											
	种数（种）		租型种数（种）	总印数（万册、张）			总印张（千印张）			定价总金额（万元）		
	合计	初版		合计	初版	租型	合计	初版	租型	合计	初版	租型
全国总计	**173825**	**79800**	**10231**	**624367**	**148032**	**146388**	**45167213**	**11994368**	**10452261**	**6870132**	**2251439**	**1098817**
中　　央	**32354**	**16406**	**61**	**117951**	**31212**	**435**	**9554530**	**3016908**	**32305**	**1448675**	**545612**	**3109**
地　　方	**141471**	**63394**	**10170**	**506416**	**116820**	**145953**	**35612683**	**8977460**	**10419956**	**5421457**	**1705827**	**1095708**
北　　京	5421	2661		11701	6343		944473	477266		186948	103458	
天　　津	1271	588	125	2224	353	679	187588	28856	48909	32975	8675	5148
河　　北	5240	1771	292	20782	4862	7585	1517765	321375	559824	218514	54795	53897
山　　西	2324	888	273	12410	3746	4318	1168530	537819	325011	171641	70230	34962
内 蒙 古	1888	763	407	6394	673	3750	451921	44027	286309	50517	8189	29218
辽　　宁	4835	2649	1	9262	3962	7	612509	284903	606	107451	50940	58
吉　　林	13452	5928	747	19182	5794	5009	1477637	444771	350274	281801	104937	39231
黑 龙 江	2033	1041	535	6675	832	3546	528829	81175	264816	68813	12193	30187
上　　海	7709	3144		20180	5062		1345927	379127		321066	115866	
江　　苏	13538	7167	312	48118	14369	8350	3091256	1082756	567191	458723	185482	58066
浙　　江	6842	3198	381	28809	8482	7920	1789852	503369	550656	255681	83429	57108
安　　徽	5425	2418	780	22845	2951	10727	1645980	219255	786142	238487	50146	88665
福　　建	1621	870	197	7551	2364	3099	547951	182601	226916	73228	29081	21170
江　　西	2985	1475	241	16272	2895	6027	1057359	187924	473307	147247	41194	45026
山　　东	9509	5011	717	41036	9766	12526	2644562	765410	710648	365864	115948	88079
河　　南	4036	1582	154	17981	2778	4480	1303730	186274	334217	162860	33245	31251
湖　　北	8284	4610	562	22613	6853	7539	1672362	553000	557319	305466	136635	63272
湖　　南	6855	2517	409	36295	7923	9441	2278379	537515	594343	383182	107542	68159
广　　东	4586	2239	155	26978	4790	7792	2011707	357968	624913	232922	55526	55358
广　　西	4747	1644	350	35731	6276	7403	2378324	495398	573225	294518	76398	57185
海　　南	2629	897	209	5357	1520	1044	366765	94099	70990	60390	14920	7943
重　　庆	2370	705	253	10869	1707	2786	606423	123538	178398	98523	19624	22965
四　　川	3636	1598	358	16989	1377	6519	1257642	111212	496501	168267	29593	50756
贵　　州	276	170	555	9268	1090	7550	600736	42113	525754	70129	9472	56089
云　　南	5345	2310	288	14571	2680	5710	1189539	240947	443160	170733	42719	41725
西　　藏	275	40	289	1181	39	709	79578	3275	52229	9170	579	5628
陕　　西	5077	1577	461	16775	2032	4770	1362509	213950	349283	238518	48507	35843
甘　　肃	1211	395	241	4678	501	3308	381518	43983	255341	48934	6891	25703
青　　海	308	43	219	1002	16	708	74638	1739	48127	7062	235	5152
宁　　夏	1568	860	196	3502	1239	906	311922	123890	65621	52365	21307	7678
新　　疆	6175	2635	463	9185	3545	1745	724772	307925	99926	139462	68071	10186

全国各地区各类图书出版数量（续表8）

	H 语言、文字											
	种数（种）		租型种数（种）	总印数（万册、张）			总印张（千印张）			定价总金额（万元）		
	合计	初版		合计	初版	租型	合计	初版	租型	合计	初版	租型
全国总计	**21057**	**10758**	**5**	**19741**	**7913**	**8**	**3205227**	**1100127**	**1053**	**643744**	**253631**	**265**
中　　央	**11414**	**5384**		**11318**	**3854**		**2051396**	**562748**		**410374**	**129087**	
地　　方	**9643**	**5374**	**5**	**8423**	**4059**	**8**	**1153831**	**537379**	**1053**	**233370**	**124544**	**265**
北　　京	477	260		557	333		64312	35523		13401	8583	
天　　津	247	171		77	49		10203	6649		2081	1384	
河　　北	99	53		101	69		3726	2357		1242	768	
山　　西	25	17		12	7		1572	897		314	206	
内 蒙 古	60	37		33	27		2973	1978		577	450	
辽　　宁	761	383		347	181		44595	23240		9744	5265	
吉　　林	695	562		515	373		75056	52506		13752	9955	
黑 龙 江	248	200		47	33		7119	4917		1487	1068	
上　　海	2834	1306		3751	1564		596731	229112		115213	52716	
江　　苏	669	403		393	249		52705	35105		11315	7969	
浙　　江	400	189		335	105		32906	10929		6983	2777	
安　　徽	242	134		150	93		13348	7658		3251	2063	
福　　建	62	33		24	9		3030	1485		648	333	
江　　西	180	64		281	39		24889	4759		4225	1023	
山　　东	133	78		175	110		16489	9021		3708	2245	
河　　南	247	173	1	119	66		17313	11372	23	4231	3099	4
湖　　北	394	206	4	176	96	8	26628	14890	1030	6083	3844	261
湖　　南	96	66		44	22		7698	3505		1671	924	
广　　东	327	196		209	99		29559	10483		6004	2575	
广　　西	75	62		60	53		7368	6412		1886	1654	
海　　南	30	30		11	11		2535	2535		438	438	
重　　庆	100	49		37	15		5055	2244		1106	496	
四　　川	372	214		207	92		31875	17971		6532	3861	
贵　　州	38	33		26	10		3448	1280		716	309	
云　　南	102	93		99	96		5227	4879		1630	1559	
西　　藏	14	7		10	5		839	439		201	137	
陕　　西	351	204		225	143		28399	16794		8102	5705	
甘　　肃	294	116		378	99		36336	17384		6408	2870	
青　　海	18	6		5	1		470	89		67	25	
宁　　夏	7	5		4	2		236	161		64	44	
新　　疆	46	24		15	8		1191	805		290	199	

全国各地区各类图书出版数量（续表9）

	I 文学											
	种数（种）		租型种数（种）	总印数（万册、张）			总印张（千印张）			定价总金额（万元）		
	合计	初版		合计	初版	租型	合计	初版	租型	合计	初版	租型
全国总计	**46897**	**33584**	**13**	**50864**	**30858**	**18**	**5627829**	**3474616**	**1560**	**1412382**	**979577**	**321**
中　央	**14085**	**10712**		**12482**	**8357**		**1554087**	**1008775**		**485187**	**383903**	
地　方	**32812**	**22872**	**13**	**38382**	**22501**	**18**	**4073742**	**2465841**	**1560**	**927195**	**595674**	**321**
北　京	1646	1132		2137	1280		252451	154184		60469	37849	
天　津	1028	642		1087	506		93290	53841		25191	14487	
河　北	773	466	1	827	389	6	66611	43849	302	18827	9033	54
山　西	310	277		146	95		17153	13363		4061	3369	
内蒙古	554	533		189	165		21941	19901		4829	4441	
辽　宁	1212	862		1046	555		99780	56420		22295	13202	
吉　林	2474	1591		1966	1341		249457	151500		48249	31951	
黑龙江	459	451		104	102		13578	13289		2856	2797	
上　海	2492	1673		2021	1055		254144	121876		60194	33502	
江　苏	2724	1986		3047	1867		374811	225854		75451	50470	
浙　江	1409	710		3932	1407		333784	119186		70859	28420	
安　徽	1718	959		1398	835		134293	82978		32789	21934	
福　建	442	403		319	288		32146	29432		7424	6820	
江　西	1097	761		1571	918		124238	88949		29294	19915	
山　东	1898	1151	2	3069	1485		211698	105201	28	55195	28627	4
河　南	665	557		435	325		42025	30802		10325	7896	
湖　北	1650	1014	6	2257	1017	10	303546	113342	940	63816	28173	201
湖　南	1816	1238		4149	3459		542436	457118		127460	111477	
广　东	1011	913		560	475		72439	61113		16985	14671	
广　西	1181	720		2301	1232		267473	143576		59637	33002	
海　南	557	349		467	232		54422	28530		14408	7593	
重　庆	2231	1701		3647	2278		322618	220150		69173	49908	
四　川	984	690		624	403		66138	47609		15782	11806	
贵　州	162	159		168	168		6755	6697		2283	2276	
云　南	302	291		87	79		11817	11043		3113	2903	
西　藏	36	20		14	6		1648	842		257	178	
陕　西	668	502		397	186		51653	19977		12377	6758	
甘　肃	256	244	4	90	74	2	12781	11025	290	2578	2268	62
青　海	85	79		24	22		3143	2933		790	753	
宁　夏	164	148		57	51		6728	6119		2702	2345	
新　疆	808	650		246	206		28745	25142		7526	6850	

全国各地区各类图书出版数量（续表10）

	J 艺术											
	种数（种）		租型种数（种）	总印数（万册、张）			总印张（千印张）			定价总金额（万元）		
	合计	初版		合计	初版	租型	合计	初版	租型	合计	初版	租型
全国总计	**26797**	**19234**	**8**	**18477**	**11145**	**8**	**1405244**	**879467**	**746**	**691071**	**543038**	**225**
中　　央	**8185**	**5654**		**5003**	**3279**		**466667**	**292568**		**252272**	**201317**	
地　　方	**18612**	**13580**	**8**	**13474**	**7866**	**8**	**938577**	**586899**	**746**	**438799**	**341721**	**225**
北　　京	673	596		430	379		39867	34516		33511	31989	
天　　津	973	838		451	396		29962	26095		20319	18989	
河　　北	274	236		192	46		9058	3120		7498	2905	
山　　西	134	111		45	30		5820	3249		2676	2202	
内 蒙 古	102	101		46	46		3720	3713		3025	3025	
辽　　宁	1333	1198		319	280		29281	26363		14828	13538	
吉　　林	1170	798		1357	704		103252	49560		25980	17041	
黑 龙 江	339	333		44	43		4293	4095		1645	1603	
上　　海	3078	1612		2353	709		168949	63558		56980	34466	
江　　苏	1527	1081		1587	941		90340	57471		37505	27286	
浙　　江	1261	897		497	347		52517	39781		58217	54267	
安　　徽	741	555		357	256		29164	22297		13857	11992	
福　　建	313	281		205	143		10427	6862		6047	5336	
江　　西	506	383		596	168		23329	13288		13237	8158	
山　　东	1021	838		700	483		36532	27643		25005	19830	
河　　南	456	369		190	156		17914	14762		7355	6614	
湖　　北	709	492	1	511	305		40140	25418	7	15141	10820	2
湖　　南	1061	663		968	491		69149	40926		21893	12758	
广　　东	799	560		982	618		57749	40363		23627	18350	
广　　西	423	303		272	173		27388	14806		14502	9751	
海　　南	81	69		34	31		4097	3785		2026	1856	
重　　庆	350	182		150	92		18161	9799		5834	3842	
四　　川	548	416		365	258		28750	20888		10559	8851	
贵　　州	27	26		28	26		1372	1192		754	701	
云　　南	143	139		142	141		6363	6255		3435	3401	
西　　藏	43	20	5	37	17	7	2833	1596	582	930	582	133
陕　　西	287	254		91	69		9520	7577		4787	4231	
甘　　肃	74	69	2	17	12	1	2820	2245	157	2709	2447	90
青　　海	28	27		6	5		912	894		1042	1038	
宁　　夏	22	21		6	6		595	552		520	512	
新　　疆	116	112		496	495		14303	14230		3355	3340	

全国各地区各类图书出版数量（续表11）

	K 历史、地理											
	种数（种）		租型种数（种）	总印数（万册、张）			总印张（千印张）			定价总金额（万元）		
	合计	初版		合计	初版	租型	合计	初版	租型	合计	初版	租型
全国总计	**16995**	**12594**	**7**	**12703**	**7980**	**3**	**1565599**	**1050465**	**330**	**590412**	**461538**	**54**
中　　央	**8174**	**5827**		**7775**	**4731**		**890803**	**579019**		**371502**	**291223**	
地　　方	**8821**	**6767**	**7**	**4928**	**3249**	**3**	**674796**	**471446**	**330**	**218910**	**170315**	**54**
北　　京	463	367		322	251		47697	38974		12771	10771	
天　　津	187	116		86	53		16008	11867		7519	6347	
河　　北	62	50	1	24	17	1	4042	3019	68	1306	1142	8
山　　西	170	162		51	48		9164	8877		3991	3921	
内 蒙 古	217	209		38	37		6965	6623		3111	3023	
辽　　宁	381	304		162	137		21258	17421		6163	5243	
吉　　林	701	295		584	225		76707	42645		20748	10954	
黑 龙 江	263	232		109	81		7424	6158		3227	2781	
上　　海	996	777		402	284		71965	44840		20956	16371	
江　　苏	749	586		587	455		65612	48773		19755	16069	
浙　　江	496	403		335	165		45872	24442		14261	9393	
安　　徽	274	206		113	75		14848	11075		6070	5150	
福　　建	209	192		105	99		10858	9625		4673	4441	
江　　西	198	143		272	126		33415	16709		7711	4292	
山　　东	222	161		141	92		20035	11813		6203	3829	
河　　南	321	248		128	85		19354	14760		8430	7473	
湖　　北	418	349	3	170	121	1	24421	17404	172	8081	6661	29
湖　　南	199	176		131	107		14631	13584		5934	5594	
广　　东	382	297		154	99		20555	17507		8484	7102	
广　　西	319	228		302	190		52430	34610		17089	12014	
海　　南	53	49		17	16		4146	3768		1128	1080	
重　　庆	44	38		23	20		2855	2537		1106	981	
四　　川	525	347	3	294	171	1	19896	14238	90	8535	6678	17
贵　　州	114	113		60	59		6080	5734		2615	2492	
云　　南	195	182		55	50		9974	9219		4196	3955	
西　　藏	31	28		12	11		1635	1500		478	460	
陕　　西	366	292		156	100		28723	17708		8963	7162	
甘　　肃	88	72		32	17		5916	4435		2224	1898	
青　　海	57	32		13	10		1761	1540		763	731	
宁　　夏	42	40		16	15		4631	4447		1128	1077	
新　　疆	79	73		34	33		5918	5594		1291	1230	

全国各地区各类图书出版数量（续表12）

	N 自然科学总论											
	种数（种）		租型种数（种）	总印数（万册、张）			总印张（千印张）			定价总金额（万元）		
	合计	初版		合计	初版	租型	合计	初版	租型	合计	初版	租型
全国总计	**834**	**463**	**1**	**559**	**268**		**62296**	**28125**	**1**	**18073**	**9216**	
中　　央	**305**	**192**		**148**	**81**		**22171**	**11080**		**6242**	**3695**	
地　　方	**529**	**271**	**1**	**411**	**187**		**40125**	**17045**	**1**	**11831**	**5521**	
北　　京	37	28		27	18		2246	1505		601	436	
天　　津	21	6		7	3		672	241		185	69	
河　　北	6	1		4			1314	8		227	4	
山　　西	3			6			956			190		
内 蒙 古	15	15		6	6		810	810		156	156	
辽　　宁	15	9		4	3		734	461		221	141	
吉　　林	32	12		22	12		2255	1183		580	343	
黑 龙 江	2	2		1	1		59	59		18	18	
上　　海	72	39		33	16		4341	2118		880	539	
江　　苏	25	9		6	3		639	290		212	113	
浙　　江	44	9		27	5		3305	563		740	186	
安　　徽	23	14		12	9		1322	956		350	255	
福　　建	4	4		1	1		114	114		54	54	
江　　西	18	5		33	5		3455	543		785	135	
山　　东	26	10		10	2		1098	285		311	81	
河　　南	17	13		5	3		606	374		183	88	
湖　　北	15	9	1	6	3		715	272	1	140	65	
湖　　南	5	5		9	9		709	709		232	232	
广　　东	10	6		7	6		554	503		126	114	
广　　西	67	38		155	60		11647	4277		4758	1882	
海　　南	2						52			11		
重　　庆	4	4		2	2		272	272		104	104	
四　　川	14	9		7	6		586	509		166	146	
贵　　州	1	1		7	7		135	135		67	67	
云　　南	5	5					82	82		24	24	
西　　藏												
陕　　西	8	7		5	5		479	453		149	144	
甘　　肃	37	11		9	2		958	323		358	125	
青　　海												
宁　　夏												
新　　疆	1						10			3		

全国各地区各类图书出版数量（续表13）

	O 数理科学、化学											
	种数（种）		租型种数（种）	总印数（万册、张）			总印张（千印张）			定价总金额（万元）		
	合计	初版		合计	初版	租型	合计	初版	租型	合计	初版	租型
全国总计	**7964**	**3286**	**5**	**3863**	**1378**	**5**	**621737**	**211153**	**216**	**118414**	**46576**	**63**
中　央	**5181**	**1899**		**2554**	**840**		**460217**	**142501**		**85200**	**31172**	
地　方	**2783**	**1387**	**5**	**1309**	**538**	**5**	**161520**	**68652**	**216**	**33214**	**15404**	**63**
北　京	51	26		66	12		5399	959		1340	387	
天　津	125	34		83	8		6382	1095		1295	222	
河　北	17	14		21	8		2290	870		383	204	
山　西	14	14		6	6		214	214		93	93	
内蒙古	22	17		3	2		506	326		72	46	
辽　宁	141	72		43	25		6546	3887		1356	844	
吉　林	130	73		66	39		5990	3455		1430	971	
黑龙江	274	180		58	38		9791	6423		1925	1313	
上　海	425	182		184	70		31203	11587		6231	2532	
江　苏	237	114		102	50		14126	7469		3010	1715	
浙　江	130	71		84	42		6363	2833		1459	780	
安　徽	159	54		106	22		13855	3565		2437	737	
福　建	23	8		6	2		1110	289		191	68	
江　西	58	32		61	28		6298	2978		1408	663	
山　东	99	26		87	21		8959	2219		1404	349	
河　南	48	23		21	7		2703	849		455	170	
湖　北	281	148	5	102	52	5	14154	7581	216	2661	1513	63
湖　南	48	30		14	8		2062	1180		455	269	
广　东	51	22		12	6		1712	784		355	186	
广　西	15	7		6	2		756	195		171	49	
海　南	7	4		3	2		544	307		114	74	
重　庆	44	15		12	4		1681	575		330	122	
四　川	150	82		49	30		4851	2272		1097	618	
贵　州	5	5		19	19		942	942		299	299	
云　南	6	1		1			158	6		29	2	
西　藏												
陕　西	200	118		91	34		12565	5629		3110	1141	
甘　肃	21	14		3	1		338	152		98	33	
青　海	2	1					22	11		6	4	
宁　夏												
新　疆												

全国各地区各类图书出版数量（续表14）

	P 天文学、地球科学											
	种数（种）		租型种数（种）	总印数（万册、张）			总印张（千印张）			定价总金额（万元）		
	合计	初版		合计	初版	租型	合计	初版	租型	合计	初版	租型
全国总计	**2583**	**1782**		**1158**	**686**		**122051**	**69284**		**42827**	**30053**	
中　央	**1497**	**1056**		**532**	**302**		**61915**	**35662**		**21467**	**15484**	
地　方	**1086**	**726**		**626**	**384**		**60136**	**33622**		**21360**	**14569**	
北　京	64	35		56	23		4016	1706		1332	682	
天　津	25	12		7	3		811	278		210	84	
河　北	7	4		3	1		259	121		309	48	
山　西	4	4		1	1		132	132		62	62	
内蒙古	5	5					43	43		10	10	
辽　宁	21	20		4	4		493	462		125	119	
吉　林	104	44		94	43		8838	4004		2501	1177	
黑龙江	22	22		9	9		1502	1502		417	417	
上　海	75	51		26	19		3257	2111		1137	918	
江　苏	120	89		49	40		3617	2598		1063	832	
浙　江	14	11		8	6		699	567		301	274	
安　徽	54	40		23	18		2361	1803		648	527	
福　建	13	11		9	8		675	656		204	198	
江　西	19	8		55	13		6788	1590		1391	338	
山　东	47	26		34	10		3516	1196		912	373	
河　南	58	34		25	10		2603	1106		651	325	
湖　北	218	154		50	31		7416	4111		5202	4585	
湖　南	14	12		3	3		651	578		216	196	
广　东	22	11		4	2		573	341		201	161	
广　西	29	21		28	24		1610	1176		431	319	
海　南	2	2		2	2		190	190		98	98	
重　庆	12	6		4	2		329	137		97	62	
四　川	67	45		25	19		2115	1474		723	580	
贵　州	8	8		74	74		3969	3969		1635	1635	
云　南	11	10		1	1		182	178		130	128	
西　藏	4	3		1	1		52	39		12	10	
陕　西	25	19		23	8		2830	1009		1141	231	
甘　肃	8	6		2	1		168	119		62	44	
青　海	5	4		1	1		113	98		36	33	
宁　夏	4	4		3	3		244	244		68	68	
新　疆	5	5		2	2		84	84		35	35	

全国各地区各类图书出版数量（续表15）

	Q 生物科学											
	种数（种）		租型种数（种）	总印数（万册、张）			总印张（千印张）			定价总金额（万元）		
	合计	初版		合计	初版	租型	合计	初版	租型	合计	初版	租型
全国总计	**2690**	**1609**	**2**	**1630**	**1062**	**1**	**179205**	**93325**	**69**	**48431**	**30740**	**13**
中　　央	**1468**	**781**		**643**	**358**		**97095**	**39561**		**24756**	**13657**	
地　　方	**1222**	**828**	**2**	**987**	**704**	**1**	**82110**	**53764**	**69**	**23675**	**17083**	**13**
北　　京	112	77		156	111		14215	10755		3366	2650	
天　　津	35	21		30	27		926	661		524	466	
河　　北	15	15		3	3		550	550		190	190	
山　　西	8	7		2	2		488	446		70	61	
内 蒙 古	10	8		1			94	43		20	13	
辽　　宁	48	45		16	15		1592	1411		436	400	
吉　　林	173	104		165	77		14798	6286		3724	1786	
黑 龙 江	65	60		34	33		2637	2544		611	596	
上　　海	114	80		46	36		5081	3555		1729	1386	
江　　苏	85	41		31	15		3823	1674		975	562	
浙　　江	52	28		27	17		2701	1618		844	611	
安　　徽	60	37		25	17		2608	1764		713	509	
福　　建	4	3		1	1		158	131		128	124	
江　　西	42	15		48	4		5604	458		1290	210	
山　　东	27	23		17	16		1248	1179		389	372	
河　　南	15	12		4	3		508	360		157	136	
湖　　北	87	54	2	38	27	1	4178	2637	69	1083	797	13
湖　　南	6	4		2	1		227	70		50	22	
广　　东	34	26		19	14		1752	1369		568	467	
广　　西	42	23		45	33		3726	2436		1189	776	
海　　南	8	7		3	1		161	111		183	133	
重　　庆	18	13		7	5		978	856		331	298	
四　　川	39	26		26	24		2277	2052		634	574	
贵　　州	11	11		198	198		8502	8502		2890	2890	
云　　南	16	14		3	3		523	481		405	397	
西　　藏	2	1		1			31	19		11	6	
陕　　西	60	43		33	16		2114	1284		963	485	
甘　　肃	19	15		3	2		418	320		117	81	
青　　海	4	4		1	1		54	54		28	28	
宁　　夏	2	2					23	23		11	11	
新　　疆	9	9		2	2		115	115		46	46	

全国各地区各类图书出版数量（续表16）

	R 医药、卫生											
	种数（种）		租型种数（种）	总印数（万册、张）			总印张（千印张）			定价总金额（万元）		
	合计	初版		合计	初版	租型	合计	初版	租型	合计	初版	租型
全国总计	**18951**	**12083**	**10**	**11340**	**5880**	**8**	**1732933**	**977908**	**1028**	**449215**	**294313**	**242**
中　　央	**11205**	**6319**		**6444**	**3449**		**1220224**	**628749**		**311715**	**195821**	
地　　方	**7746**	**5764**	**10**	**4896**	**2431**	**8**	**512709**	**349159**	**1028**	**137500**	**98492**	**242**
北　　京	279	213		146	108		21522	15572		6772	5353	
天　　津	551	479		119	94		23277	18679		5655	4522	
河　　北	95	87		56	48		10614	9521		1723	1545	
山　　西	160	114		68	49		8364	5482		2014	1450	
内 蒙 古	39	36		4	4		844	759		239	228	
辽　　宁	226	164		65	45		8551	6039		3346	2293	
吉　　林	758	716		240	204		42116	36415		9668	8508	
黑 龙 江	159	155		44	44		8420	8330		1494	1480	
上　　海	936	569		340	210		54028	32891		15033	10285	
江　　苏	761	496		434	305		60136	41938		18461	13917	
浙　　江	182	101		1581	88		27693	7968		9707	2758	
安　　徽	158	101		76	55		10268	7133		2271	1679	
福　　建	120	98		124	107		11045	9249		3339	2764	
江　　西	248	184		124	80		19483	14167		4458	3305	
山　　东	238	150		264	176		37119	21560		8934	6111	
河　　南	330	193		178	84		20850	10988		5162	3224	
湖　　北	543	374	1	164	126	1	24075	17402	93	6540	4964	26
湖　　南	197	95		110	47		19917	7845		3976	1764	
广　　东	234	179		176	112		19236	11820		4853	3196	
广　　西	95	47	1	67	30	6	8580	3035	803	2506	1035	194
海　　南	30	24		14	8		2957	1439		530	323	
重　　庆	43	28		19	13		2195	1286		501	329	
四　　川	170	138		80	68		10996	9831		3461	3196	
贵　　州	51	50		13	13		1898	1818		503	490	
云　　南	109	99		59	53		3211	2538		1316	1109	
西　　藏	35	32		9	8		2622	2436		1754	1689	
陕　　西	637	506	8	226	171	1	37507	29357	132	9616	7602	22
甘　　肃	94	92		13	12		2535	2436		734	713	
青　　海	12	11		2	2		315	297		76	73	
宁　　夏	21	21		9	9		603	603		230	230	
新　　疆	235	212		72	58		11732	10325		2628	2357	

全国各地区各类图书出版数量（续表17）

	S 农业科学											
	种数（种）		租型种数（种）	总印数（万册、张）			总印张（千印张）			定价总金额（万元）		
	合计	初版		合计	初版	租型	合计	初版	租型	合计	初版	租型
全国总计	**5082**	**3258**	**4**	**2350**	**1391**	**2**	**227529**	**128946**	**245**	**62443**	**42744**	**48**
中　央	**3304**	**2024**		**1278**	**695**		**141553**	**74799**		**38220**	**25023**	
地　方	**1778**	**1234**	**4**	**1072**	**696**	**2**	**85976**	**54147**	**245**	**24223**	**17721**	**48**
北　京	23	13		20	7		1722	753		380	236	
天　津	39	29		5	4		721	602		274	244	
河　北	85	75		42	30		3987	2841		959	772	
山　西	20	13		6	3		677	358		164	109	
内蒙古	39	37		6	6		727	672		187	180	
辽　宁	52	41		147	143		4967	4414		1384	1273	
吉　林	124	52		50	13		4220	1700		1140	479	
黑龙江	59	56		6	6		898	834		321	307	
上　海	64	45		23	14		4361	2587		1746	1388	
江　苏	145	67		74	36		4545	2207		1249	730	
浙　江	61	42		18	11		1781	1096		589	443	
安　徽	58	47		25	20		2519	2039		808	671	
福　建	59	51		28	25		2964	2644		975	871	
江　西	33	20		45	8		3201	726		729	223	
山　东	45	35		27	8		2419	878		648	334	
河　南	153	83		80	36		9130	4804		2326	1285	
湖　北	74	50	4	32	21	2	3172	2188	245	925	667	48
湖　南	67	35		99	19		9017	2036		1579	595	
广　东	32	27		32	25		2682	1762		688	524	
广　西	48	35		13	10		1018	746		598	526	
海　南	23	23		3	3		268	268		98	98	
重　庆	31	19		8	5		1256	805		299	181	
四　川	102	59		26	12		2409	1259		604	372	
贵　州	15	15		162	162		7841	7841		2580	2580	
云　南	75	46		19	8		1261	848		500	373	
西　藏	16	10		9	8		641	561		280	245	
陕　西	91	74		25	15		2535	1965		899	795	
甘　肃	64	62		9	9		1279	1226		414	400	
青　海	11	9		2	1		230	165		89	80	
宁　夏	40	39		21	21		2694	2672		554	537	
新　疆	30	25		10	9		834	652		237	201	

全国各地区各类图书出版数量（续表18）

	T工业技术											
	种数（种）		租型种数（种）	总印数（万册、张）			总印张（千印张）			定价总金额（万元）		
	合计	初版		合计	初版	租型	合计	初版	租型	合计	初版	租型
全国总计	**47024**	**25315**	**3**	**18764**	**9419**	**1**	**3197352**	**1583601**	**223**	**790517**	**470585**	**44**
中　　央	**35037**	**17465**		**13973**	**6554**		**2500102**	**1176880**		**592230**	**332176**	
地　　方	**11987**	**7850**	**3**	**4791**	**2865**	**1**	**697250**	**406721**	**223**	**198287**	**138409**	**44**
北　京	249	184		258	118		28062	13017		10268	5731	
天　津	456	337		110	72		18767	10339		5122	3388	
河　北	27	20		16	14		3014	2756		579	527	
山　西	57	52		11	9		2380	1901		729	650	
内蒙古	44	31		6	3		1111	602		248	173	
辽　宁	842	562		263	181		38118	25900		13417	10636	
吉　林	399	301		261	194		31427	24524		7370	5734	
黑龙江	517	367		98	71		17019	11866		3774	2952	
上　海	1166	774		394	270		63454	41630		18326	13596	
江　苏	1477	969		565	354		88571	53838		27166	19914	
浙　江	419	272		220	76		17627	10011		5429	3485	
安　徽	319	189		93	62		13547	7560		3015	1964	
福　建	161	134		96	69		11286	6742		4062	3295	
江　西	160	139		91	49		17375	6886		3962	2118	
山　东	461	250		456	214		62751	26685		13191	6752	
河　南	645	407		275	173		34775	20188		10228	6887	
湖　北	1516	898	2	496	270	1	83372	41821	172	22484	15085	35
湖　南	251	170		74	46		11501	7246		3010	2125	
广　东	410	277		137	89		19649	13088		7050	5839	
广　西	152	116		126	56		18400	9382		10048	7327	
海　南	49	38		28	21		4651	2712		1092	735	
重　庆	508	260		142	64		21412	9975		4616	2358	
四　川	750	496		226	170		34848	26053		7771	6062	
贵　州	13	13		32	32		1838	1838		634	634	
云　南	90	69		47	38		7333	6218		4505	4097	
西　藏	5	5		1	1		44	44		15	15	
陕　西	763	448	1	249	132		42639	21764	51	8754	4955	9
甘　肃	31	24		5	3		571	448		165	124	
青　海	5	5		1	1		179	179		63	63	
宁　夏	22	22		6	6		884	884		975	975	
新　疆	23	21		8	7		645	624		219	213	

全国各地区各类图书出版数量（续表19）

	U 交通运输											
	种数（种）		租型种数（种）	总印数（万册、张）			总印张（千印张）			定价总金额（万元）		
	合计	初版		合计	初版	租型	合计	初版	租型	合计	初版	租型
全国总计	**5297**	**2747**		**3111**	**1139**		**417394**	**149861**		**115041**	**44145**	
中　　央	**4000**	**1883**		**2561**	**782**		**349594**	**106810**		**97128**	**31924**	
地　　方	**1297**	**864**		**550**	**357**		**67800**	**43051**		**17913**	**12221**	
北　　京	14	10		6	3		442	274		151	68	
天　　津	42	30		13	8		2029	1112		464	292	
河　　北	4	4		2	2		196	196		72	72	
山　　西	7	7		1	1		243	243		49	49	
内 蒙 古	3	3					40	40		12	12	
辽　　宁	273	152		113	60		17879	8853		4511	2035	
吉　　林	21	14		11	8		1120	685		318	206	
黑 龙 江	52	29		14	10		1545	961		379	266	
上　　海	152	111		43	31		6998	4778		1961	1577	
江　　苏	81	62		24	17		4002	2645		1091	807	
浙　　江	30	23		137	84		7893	5668		2020	1612	
安　　徽	31	22		9	7		1185	942		267	216	
福　　建	5	5		1	1		71	71		30	30	
江　　西	2						41			7		
山　　东	28	21		10	7		1362	767		307	173	
河　　南	31	25		10	8		1491	1085		519	439	
湖　　北	97	77		29	25		4284	3663		1145	1048	
湖　　南	20	18		6	5		855	701		227	191	
广　　东	30	18		8	5		1046	620		274	199	
广　　西	13	13		5	5		644	644		240	240	
海　　南	4	4		1	1		107	107		30	30	
重　　庆	47	24		11	5		1680	717		337	148	
四　　川	239	128		63	36		9287	5417		2064	1287	
贵　　州												
云　　南	11	11		1	1		159	159		227	227	
西　　藏	1	1					9	9		3	3	
陕　　西	41	34		22	17		2332	1834		934	720	
甘　　肃	8	8		2	2		219	219		67	67	
青　　海	3	3		1	1		77	77		18	18	
宁　　夏	4	4		6	6		520	520		167	167	
新　　疆	3	3		1	1		44	44		22	22	

全国各地区各类图书出版数量（续表20）

	V 航空、航天											
	种数（种）		租型种数（种）	总印数（万册、张）			总印张（千印张）			定价总金额（万元）		
	合计	初版		合计	初版	租型	合计	初版	租型	合计	初版	租型
全国总计	**468**	**330**		**165**	**95**		**22545**	**13406**		**7876**	**5429**	
中　　央	**309**	**232**		**77**	**56**		**12846**	**9241**		**4894**	**3997**	
地　　方	**159**	**98**		**88**	**39**		**9699**	**4165**		**2982**	**1432**	
北　　京	10	8		8	4		547	259		150	80	
天　　津	4	2		1			209	45		60	21	
河　　北	1	1					40	40		10	10	
山　　西												
内 蒙 古												
辽　　宁	1	1					40	40		8	8	
吉　　林	11			10			952			274		
黑 龙 江	11	10		1	1		156	141		35	32	
上　　海	22	21		4	4		903	852		307	282	
江　　苏	5	3		2	2		207	95		142	119	
浙　　江	3	3		2	2		357	357		83	83	
安　　徽	4	3		1	1		191	161		35	28	
福　　建												
江　　西	5	2		10	1		1258	91		322	85	
山　　东	2	2		1	1		40	40		7	7	
河　　南												
湖　　北	4	2		4	1		744	117		94	19	
湖　　南	3	3		2	2		155	155		57	57	
广　　东	2	1		1			165	98		78	64	
广　　西	5	4		3	3		316	214		109	89	
海　　南												
重　　庆												
四　　川	38	15		12	5		1744	411		357	112	
贵　　州	2	2		12	12		593	593		192	192	
云　　南	1	1					7	7		2	2	
西　　藏												
陕　　西	26	15		14	3		1071	445		659	141	
甘　　肃	1	1					4	4		1	1	
青　　海												
宁　　夏												
新　　疆												

全国各地区各类图书出版数量（续表21）

	X 环境科学											
	种数（种）		租型种数（种）	总印数（万册、张）			总印张（千印张）			定价总金额（万元）		
	合计	初版		合计	初版	租型	合计	初版	租型	合计	初版	租型
全国总计	**2067**	**1530**		**849**	**582**		**88900**	**57368**		**26087**	**19034**	
中　　央	**1410**	**1009**		**464**	**309**		**58257**	**36351**		**16722**	**12165**	
地　　方	**657**	**521**		**385**	**273**		**30643**	**21017**		**9365**	**6869**	
北　　京	33	23		33	26		2253	1540		675	532	
天　　津	23	19		15	14		940	705		247	201	
河　　北	11	11		1	1		264	264		126	126	
山　　西	7	7		3	3		181	181		58	58	
内 蒙 古	6	6					48	48		9	9	
辽　　宁	34	25		7	5		959	687		256	179	
吉　　林	57	37		55	26		4476	2235		1149	686	
黑 龙 江	10	8		2	2		345	305		153	146	
上　　海	95	89		79	76		3691	3484		1345	1285	
江　　苏	58	40		23	10		3019	1507		693	392	
浙　　江	17	10		23	15		933	572		248	164	
安　　徽	24	22		10	9		1045	987		260	242	
福　　建	8	7		2	2		218	208		75	73	
江　　西	8	8		2	2		195	195		46	46	
山　　东	23	21		14	13		977	904		317	291	
河　　南	26	24		9	9		960	920		270	261	
湖　　北	51	38		13	9		1996	1449		638	526	
湖　　南	8	6		3	3		394	339		126	116	
广　　东	33	21		9	5		752	560		317	250	
广　　西	18	15		23	21		1601	1420		449	406	
海　　南	4	4		1	1		252	252		47	47	
重　　庆	7	5		7	1		497	205		101	40	
四　　川	35	28		14	4		1245	373		347	128	
贵　　州	14	14		1	1		243	243		128	128	
云　　南	10	7		3	1		330	172		133	105	
西　　藏	4	2		3	2		95	72		44	32	
陕　　西	22	18		15	12		1389	1050		659	348	
甘　　肃	5	3		1			165	63		34	14	
青　　海	2	1					38	20		7	4	
宁　　夏	3	1		14			1128	43		404	30	
新　　疆	1	1					14	14		4	4	

全国各地区各类图书出版数量（续表22）

	Z 综合性图书											
	种数（种）		租型种数（种）	总印数（万册、张）			总印张（千印张）			定价总金额（万元）		
	合计	初版		合计	初版	租型	合计	初版	租型	合计	初版	租型
全国总计	**3548**	**2766**	**1**	**2275**	**1502**		**324059**	**225664**	**15**	**139606**	**109467**	**5**
中　　央	**1060**	**803**		**878**	**557**		**132743**	**88186**		**69808**	**53644**	
地　　方	**2488**	**1963**	**1**	**1397**	**945**		**191316**	**137478**	**15**	**69798**	**55823**	**5**
北　　京	167	128		182	141		21197	16655		5040	4049	
天　　津	20	17		6	5		1167	1085		998	978	
河　　北	134	119		74	63		7705	6700		3169	2720	
山　　西	8	8		1	1		356	356		216	216	
内 蒙 古	24	24		3	3		763	763		304	304	
辽　　宁	129	115		28	24		3580	3237		1267	1101	
吉　　林	168	99		122	65		20017	10892		3759	2110	
黑 龙 江	74	74		25	25		3800	3800		1034	1034	
上　　海	148	108		232	155		41737	22918		11988	7942	
江　　苏	75	63		28	27		4680	4371		2813	2680	
浙　　江	245	174		165	108		21344	14080		6688	5005	
安　　徽	175	74		107	55		9125	5457		3033	1878	
福　　建	12	11		2	1		363	293		214	198	
江　　西	15	13		18	10		2291	1448		763	575	
山　　东	93	70		68	43		7929	6592		2723	2120	
河　　南	62	59		11	9		3304	3087		2169	2127	
湖　　北	32	21	1	14	7		1959	911	15	526	342	5
湖　　南	133	133		23	23		6316	6316		6215	6215	
广　　东	205	158		75	45		6679	5037		3578	2788	
广　　西	149	101		107	51		5128	3880		3403	2384	
海　　南	20	18		5	5		1146	1004		437	402	
重　　庆	1	1					177	177		62	62	
四　　川	39	35		14	11		1754	1535		700	640	
贵　　州	35	35		6	6		1243	1243		449	449	
云　　南	167	162		35	33		8781	8264		4403	4315	
西　　藏	2	2					22	22		6	6	
陕　　西	49	45		20	9		2088	1479		1667	1163	
甘　　肃	46	37		14	9		2374	1885		790	676	
青　　海	4	4					174	174		125	125	
宁　　夏	17	17		5	5		2647	2647		567	567	
新　　疆	40	38		7	6		1470	1170		692	652	

全国各地区各类图书出版数量（续表23）

	（二）不使用《中国标准书号》部分——图片合计											
	种数（种）		租型种数（种）	总印数（万册、张）			总印张（千印张）			定价总金额（万元）		
	合计	初版		合计	初版	租型	合计	初版	租型	合计	初版	租型
全国总计	**450**	**273**		**461**	**335**		**11293**	**5628**		**5440**	**3271**	
中　央	**70**	**40**		**184**	**172**		**2863**	**2577**		**1411**	**1279**	
地　方	**380**	**233**		**277**	**163**		**8430**	**3051**		**4029**	**1992**	
北　京												
天　津	1	1		1	1		8	8		12	12	
河　北												
山　西												
内蒙古												
辽　宁	5	3		2	1		19	9		22	15	
吉　林	1	1					34	34		10	10	
黑龙江	7	7		5	5		53	53		52	52	
上　海	1	1		13	13		328	328		222	222	
江　苏	117	23		70	12		4610	338		1572	209	
浙　江	81	74		37	35		1048	1026		790	772	
安　徽	1			1			5			3		
福　建												
江　西												
山　东	58	24		69	20		1192	252		786	188	
河　南												
湖　北												
湖　南	87	85		72	69		952	931		477	469	
广　东												
广　西	5						105			38		
海　南												
重　庆	1						1			1		
四　川												
贵　州												
云　南	12	12		7	7		60	60		23	23	
西　藏												
陕　西	2	2					12	12		20	20	
甘　肃												
青　海												
宁　夏												
新　疆	1						3			1		

	不使用《中国标准书号》部分——附录合计									国标（GB）、部标（BB）		
	总印数（万册、张）			总印张（千印张）			定价总金额（万元）			总印数（万册、张）		
	合计	初版	租型	合计	初版	租型	合计	初版	租型	合计	初版	租型
全国总计	**2540**	**2041**		**128455**	**107896**		**59279**	**48919**		**2193**	**1762**	
中　央	**2283**	**1839**		**111054**	**92362**		**53868**	**43976**		**2128**	**1706**	
地　方	**257**	**202**		**17401**	**15534**		**5411**	**4943**		**65**	**56**	
北　京												
天　津				24	24		14	14				
河　北												
山　西	2			20			13			2		
内蒙古												
辽　宁	1	1		74	74		34	34		1	1	
吉　林	2			49			23			2		
黑龙江												
上　海	26	25		1123	1094		810	776				
江　苏	40	32		2315	2011		697	629		35	30	
浙　江	127	104		10869	9813		3207	2959				
安　徽	6	6		55	55		14	14				
福　建				68			4					
江　西												
山　东	22	22		1385	1385		409	409		21	21	
河　南												
湖　北												
湖　南	3	3		380	380		71	71		3	3	
广　东	6	6		550	550		6	6				
广　西												
海　南	21			341			78					
重　庆												
四　川												
贵　州												
云　南	2	2		104	104		20	20				
西　藏												
陕　西												
甘　肃												
青　海												
宁　夏												
新　疆				44	44		11	11				

出版数量（续表24）

等标准类文件印品						活页文选、活页歌篇、小件印品等								
总印张（千印张）			定价总金额（万元）			总印数（万册、张）			总印张（千印张）			定价总金额（万元）		
合计	初版	租型	合计	初版	租型	合计	初版	租型	合计	初版	租型	合计	初版	租型
102474	**84477**		**52943**	**43240**		**347**	**279**		**25981**	**23419**		**6336**	**5679**	
98540	**80780**		**51828**	**42202**		**155**	**133**		**12514**	**11582**		**2040**	**1774**	
3934	**3697**		**1115**	**1038**		**192**	**146**		**13467**	**11837**		**4296**	**3905**	
24	24		14	14										
20			13											
61	61		17	17					12	12		17	17	
49			23											
						26	25		1123	1094		810	776	
2058	1890		582	541		4	2		257	122		116	89	
						127	104		10869	9813		3207	2959	
						6	6		55	55		14	14	
									68			4		
1298	1298		384	384		1	1		87	87		25	25	
380	380		71	71										
						6	6		550	550		6	6	
						21			341			78		
						2	2		104	104		20	20	
44	44		11	11										

全国各出版社图书出版数量

中央出版社

	种数（种）		租型种数（种）	总印数（万册、张）			总印张（千印张）			定价总金额（万元）		
	合计	初版		合计	初版	租型	合计	初版	租型	合计	初版	租型
中央出版社合计	**183457**	**107131**	**61**	**218886**	**88192**	**435**	**24324889**	**10854864**	**32305**	**5434561**	**3118453**	**3109**
人民出版社	1199	938		2304	977		201644	107864		44871	24040	
人民文学出版社	921	362		1736	409		299435	64834		51247	15072	
天天出版社	218	113		387	211		31645	14648		7340	4021	
商务印书馆	1083	636		1619	362		635893	71623		98220	15838	
东方出版中心	160	95		127	30		13076	4151		4335	1415	
中华书局	1299	538		1128	353		180112	56505		54356	30086	
人民美术出版社	700	588		1085	866		55378	40536		28627	25023	
人民音乐出版社	717	186		566	177		47705	12109		15674	4990	
中国大百科全书出版社	1332	761		3170	1351		322486	124440		95016	39585	
中国对外翻译出版公司	463	270		321	204		28029	17109		6352	4320	
文化发展出版社	191	119		156	62		17701	4453		5716	1992	
现代出版社	423	416		329	320		29865	28662		9334	9004	
中国盲文出版社	635	566		40	32		4581	3919		1151	942	
生活·读书·新知三联书店	639	460		536	302		71047	40719		20765	12125	
中国书籍出版社	472	456		72	67		10106	9829		2843	2785	
商务印书馆国际有限公司	202	88		182	64		56348	19064		9091	3140	
中国戏剧出版社	82	82		19	19		3567	3567		1025	1025	
中国社会科学出版社	1471	1403		212	190		37171	33059		12456	11466	
中国财政经济出版社	1005	658		988	445		157810	80687		30836	16363	
企业管理出版社	365	348		63	58		8314	7793		2591	2444	
民族出版社	673	503		219	131		43096	27765		10199	7307	
中国青年出版社	973	599		622	342		93056	51451		28424	17665	
中国少年儿童出版社	1204	626		3179	1851		154859	85051		47140	28255	
中国工人出版社	408	285		257	180		33746	24312		8281	6141	
人民体育出版社	331	144		160	53		25390	7083		5110	1734	
荣宝斋出版社	112	101		23	21		3284	3118		2814	2729	
中国协和医科大学出版社	253	192		116	91		21487	17025		5500	4472	
文物出版社	256	211		113	65		15874	13357		21249	20229	
中国电影出版社	164	163		40	39		5335	5255		1512	1492	
人民日报出版社	893	632		492	371		77487	57401		22783	18470	
新华出版社	560	468		248	172		30944	23838		8758	7118	
世界知识出版社	232	183		136	96		19667	12922		5373	4086	
国家图书馆出版社	404	395		635	633		151803	151185		387088	386749	
群众出版社	169	107		86	62		13093	8787		3444	2491	
北京大学出版社	3690	1692		1690	770		279419	122532		69652	35525	

全国各出版社图书出版数量（续表1）

中央出版社

	种数（种）		租型种数（种）	总印数（万册、张）			总印张（千印张）			定价总金额（万元）		
	合计	初版		合计	初版	租型	合计	初版	租型	合计	初版	租型
中国人民大学出版社	3366	1821		2113	1152		435896	226067		88771	51091	
外语教学与研究出版社	2718	891		5182	1717		681505	222952		138933	43493	
人民教育出版社	4448	1841		31033	10564		3040801	1117333		346392	131745	
中国农业出版社	1564	925		952	469		112674	54322		26496	15117	
中国轻工业出版社	1188	535		535	312		77146	40758		20626	12365	
中国纺织出版社	970	682		483	384		58751	46309		17163	13856	
煤炭工业出版社	444	307		190	149		20612	14724		5309	4043	
石油工业出版社	787	573		449	319		64318	44155		18556	13882	
中国水利水电出版社	1989	1262		703	429		102160	61119		30422	21016	
中国原子能出版传媒公司	440	329		171	64		16107	9000		4519	2619	
中国科技出版传媒公司	8010	3548		7255	1420		726529	201812		166172	59269	
科学普及出版社	821	578		3456	2101		327196	205392		47291	27533	
科学技术文献出版社	400	364		72	62		12978	11691		4019	3717	
机械工业出版社	8161	3761		3967	1851		695498	299906		170693	83008	
冶金工业出版社	549	335		116	77		21104	13385		6632	4640	
化学工业出版社	6502	3480		2588	1591		306407	180239		91646	61824	
中国建筑工业出版社	2429	1221		1791	1100		334288	219429		84622	58718	
中国铁道出版社	2885	1881		1687	1278		194522	140599		51087	38903	
人民交通出版社	1494	653		1504	246		196249	38886		58825	11764	
中国质检出版社	695	484		331	250		34028	21399		14942	11127	
人民邮电出版社	6207	3662		3355	2447		419957	247157		123867	82377	
海洋出版社	287	252		84	72		13336	11689		4282	3851	
地质出版社	700	368		2146	226		104871	14658		16831	4858	
地震出版社	142	138		96	93		11309	10795		3645	3524	
气象出版社	342	223		189	93		13562	7912		3740	2506	
北京交通大学出版社	900	419		481	121		85470	20670		16163	5064	
中国地图出版社	2250	690		13121	4241		646581	223332		115250	38539	
人民卫生出版社	3429	1550		2720	1065		627484	231198		136150	61810	
国防工业出版社	1291	888		637	454		61142	41382		19725	15432	
中国旅游出版社	350	277		178	152		26474	21902		9474	8353	
中国商务出版社	265	206		60	35		10126	6234		2743	1967	
新世界出版社	974	733		2137	1252		174179	106194		32671	21646	
外文出版社	761	524		535	403		88459	70001		25618	21461	
解放军出版社	186	137		109	85		20016	14277		3862	2971	
解放军文艺出版社	70	59		26	20		4387	3370		856	679	

全国各出版社图书出版数量（续表2）

中央出版社

	种数（种）		租型种数（种）	总印数（万册、张）			总印张（千印张）			定价总金额（万元）		
	合计	初版		合计	初版	租型	合计	初版	租型	合计	初版	租型
语文出版社	458	122		2608	104		215880	10415		23473	1796	
中国文史出版社	926	926		297	297		53985	53985		27742	27742	
中共中央党校出版社	281	244		168	126		32542	25613		9418	8025	
法律出版社	1645	1357		1044	862		150252	120472		35852	29480	
中国统计出版社	279	256		51	43		14084	12693		7463	7182	
中国摄影出版社	132	131		40	40		6695	6657		6759	6738	
中国林业出版社	619	460		148	94		26050	14437		10264	8053	
时事出版社	144	140		55	54		10856	10730		2444	2419	
文化艺术出版社	172	153		97	69		17188	12449		5853	4881	
教育科学出版社	2478	934		13205	1610		891464	148549		125755	27295	
清华大学出版社	7660	3946		3559	1740		655277	313347		141869	73530	
中国广播影视出版社	294	240		129	106		23421	19619		5445	4680	
中国商业出版社	445	420		222	219		28049	27559		7464	7380	
中国劳动社会保障出版社	2628	759		1914	399		216250	53419		39141	11259	
中国环境出版社	581	465		350	240		31930	20177		8651	5915	
知识产权出版社	864	694		123	98		20126	16224		7555	6596	
北京师范大学出版社	3702	1183		19369	3509		1558335	310493		189885	41138	
中国宇航出版社	403	245		240	153		31498	19699		7102	4709	
中国工商出版社	90	88		81	79		9374	9231		2450	2402	
作家出版社	556	556		737	737		123895	123895		22370	22370	
中医古籍出版社	140	140		29	29		3224	3224		1435	1435	
中国财富出版社	532	454		159	139		21945	18703		6668	5769	
光明日报出版社	2085	2085		988	988		124779	124779		28923	28923	
长征出版社	53	53		74	74		11687	11687		4243	4243	
中国妇女出版社	223	165		696	524		41687	28776		10584	7636	
中国金融出版社	635	476		471	346		67830	42512		17593	12819	
长城出版社	41	24		17	9		2596	1283		1835	1389	
红旗出版社	528	380		300	219		51871	38095		13119	10185	
中国海关出版社	72	47		31	19		6329	4670		1879	1426	
电子工业出版社	5441	2866		3138	1708		437857	238988		107032	66421	
朝华出版社	130	76		94	56		13540	8218		2442	1382	
中央广播电视大学出版社	869	442		1031	221		150573	29494		27902	7360	
中国友谊出版公司	197	174		257	230		37156	33592		10893	9867	
人民军医出版社	1238	809		447	319		73288	53530		25467	20066	

全国各出版社图书出版数量（续表3）

中央出版社

	种数（种）		租型种数（种）	总印数（万册、张）			总印张（千印张）			定价总金额（万元）		
	合计	初版		合计	初版	租型	合计	初版	租型	合计	初版	租型
军事科学出版社	57	54		15	14		2955	2798		739	713	
金盾出版社	1363	848		701	469		61657	42582		15659	12032	
经济科学出版社	1245	997		568	346		109382	71892		23766	15838	
中国文联出版社	1077	1077		298	298		49924	49924		18273	18273	
高等教育出版社	9577	2785		11394	3343		1799561	528476		309076	95559	
故宫出版社	252	196		124	95		20420	15780		16634	13853	
中共党史出版社	584	406		166	108		33501	23236		8780	6455	
对外经济贸易大学出版社	429	292		116	70		19820	10764		4184	2556	
经济管理出版社	634	586		252	227		39032	35069		13895	12947	
军事谊文出版社	12	12		5	5		677	677		86	86	
国际文化出版公司	160	158		19	19		3093	3069		852	846	
中国画报出版社	336	160		145	85		19549	11156		4424	2526	
中国经济出版社	759	571		251	188		39302	29223		11727	9235	
中国石化出版社	694	569		236	211		36728	32422		10427	9364	
中央民族大学出版社	310	292		27	21		5357	4221		2896	2708	
北京语言大学出版社	954	323		394	139		56941	19534		16398	5258	
中国政法大学出版社	699	541		251	212		47842	39364		9168	7639	
中国人民公安大学出版社	673	441		307	248		38314	28638		10642	8225	
社会科学文献出版社	1387	1246		499	297		73668	59671		27935	24987	
中国农业科学技术出版社	438	388		133	122		10957	9687		3642	3303	
北京航空航天大学出版社	417	299		475	428		102483	91584		19722	17768	
北京理工大学出版社	2589	1460		1175	567		137170	75694		31751	18987	
中国国际广播出版社	114	110		37	35		5852	5657		1427	1381	
中国农业大学出版社	410	217		141	59		22596	9099		4384	2201	
中航出版传媒公司	389	289		177	145		25095	19900		7221	6050	
中国传媒大学出版社	434	328		222	65		23849	8943		5674	2786	
北京体育大学出版社	593	291		294	112		54648	19440		8001	3375	
经济日报出版社	165	156		44	32		6894	5008		1890	1479	
兵器工业出版社	118	101		23	17		3366	2374		1104	909	
华艺出版社	48	41		48	11		11769	2244		3145	1401	
中国和平出版社	226	226		116	116		9442	9442		3777	3777	
华夏出版社	704	390		704	350		84972	37049		22252	12660	
中国医药科技出版社	1027	649		643	519		106021	86781		29770	25561	
国防大学出版社	117	115		66	66		9683	9525		1139	1103	
人民法院出版社	293	255		414	394		48535	42269		11711	10193	

全国各出版社图书出版数量（续表4）

中央出版社

	种数（种）		租型种数（种）	总印数（万册、张）			总印张（千印张）			定价总金额（万元）		
	合计	初版		合计	初版	租型	合计	初版	租型	合计	初版	租型
中国藏学出版社	65	65		23	23		8672	8672		2239	2239	
研究出版社	34	34		10	10		1828	1828		539	539	
中国长安出版社	121	116		24	23		4551	4454		1307	1271	
中国计划出版社	159	126		451	336		34803	22864		14985	10935	
中央文献出版社	162	156		542	172		57117	42667		16828	14027	
海潮出版社	224	224		134	134		24436	24436		5317	5317	
学苑出版社	268	243		75	63		12012	9940		10554	10098	
北京邮电大学出版社	842	336		275	100		44298	15911		8990	3486	
人民武警出版社	99	99		87	87		11580	11580		2433	2433	
团结出版社	834	625		542	384		60881	43157		17170	13347	
华文出版社	202	115		1325	118		71945	14178		11619	3753	
中央音乐学院出版社	107	61		25	11		3755	1501		1088	529	
中国市场出版社	183	183		65	65		12180	12180		3972	3972	
中国民族摄影艺术出版社	102	102		24	24		3795	3795		3784	3784	
中国华侨出版社	813	678		606	544		127784	108287		23391	19333	
中信出版社	1061	526		1704	969		270253	148919		77902	45746	
中华地图学社	76	24		243	55		9060	1060		1840	594	
中国人事出版社	210	93		96	28		13771	4287		3440	1111	
开明出版社	513	399		261	200		30089	22822		5431	4103	
中国人口出版社	630	603		311	286		20805	19146		6122	5684	
中国民主法制出版社	243	216		155	143		14863	13415		4987	4614	
中国时代经济出版社	324	324		58	58		10226	10226		3286	3286	
蓝天出版社	265	196		217	143		30786	16801		6918	4481	
世界图书出版公司	1345	757		1416	840		200048	110580		42796	25443	
群言出版社	185	131		264	195		61656	40514		11304	6519	
北京大学医学出版社	545	349		258	183		52561	37681		12930	10257	
华龄出版社	122	122		50	50		4887	4887		1778	1778	
金城出版社	189	147		292	262		27419	22609		6865	5837	
中国法制出版社	960	785		1163	1048		103296	93440		26167	23576	
新星出版社	347	276		327	264		41275	29598		13735	11162	
中国检察出版社	335	266		160	143		27331	24164		6288	5539	
中国发展出版社	206	178		73	63		12529	10839		3455	3079	

全国各出版社图书出版数量（续表5）

中央出版社

	种数（种）		租型种数（种）	总印数（万册、张）			总印张（千印张）			定价总金额（万元）		
	合计	初版		合计	初版	租型	合计	初版	租型	合计	初版	租型
中国中医药出版社	885	326		398	153		81029	28910		17420	8803	
中国社会出版社	985	304		749	178		64179	22447		13970	6426	
中国建材工业出版社	486	417		154	139		36572	33693		15832	15056	
当代中国出版社	227	180		213	181		32858	28159		9397	8184	
书法出版社	72	72		11	11		1686	1686		1696	1696	
现代教育出版社	525	480		157	137		16647	15410		5296	4957	
中国致公出版社	187	186		182	182		11741	11666		2935	2926	
中国大地出版社	65	45		45	10		2144	1410		855	557	
党建读物出版社	112	87		964	911		62259	58032		10458	9553	
中国城市出版社	147	129		104	98		17751	16730		6737	6511	
中华工商联合出版社	359	340		189	178		24563	23056		7464	7069	
中国三峡出版社	7	7		2	2		221	221		157	157	
线装书局	520	474		308	265		61784	55696		32553	30564	
星球地图出版社	1095	152	61	10613	144	435	449583	7456	32305	70763	3978	3109
中国方正出版社	219	117		268	153		27992	17372		6030	3881	
民主与建设出版社	104	103		62	62		11589	11565		2619	2613	
五洲传播出版社	287	287		109	109		8467	8467		8519	8519	
中国民航出版社	124	71		49	19		7649	2979		2405	1148	
九州出版社	620	600		71	67		10354	9922		3105	3002	
当代世界出版社	62	62		27	27		4360	4360		931	931	
中央编译出版社	594	429		302	186		56973	34620		15636	12017	
西苑出版社	53	51		39	39		4002	3946		1400	1385	
学习出版社	85	72		2299	2267		197165	194085		38387	37615	
中国税务出版社	183	170		316	314		37605	37288		11554	11483	
方志出版社	340	340		65	65		30027	30027		21200	21200	
中国电力出版社	2795	1486		1970	1379		204084	133502		63121	45723	
军事医学科学出版社	152	111		73	41		11108	6781		2768	1897	
中国言实出版社	619	619		203	203		31596	31596		11243	11243	
宗教文化出版社	186	135		60	44		10887	7767		3328	2596	
国家行政学院出版社	215	215		51	51		6940	6940		2124	2124	
台海出版社	219	219		108	108		13604	13604		3508	3508	
海豚出版社	884	591		841	561		72327	43252		22265	14926	
华语教学出版社	482	286		423	272		69974	42940		10951	6714	
生活书店出版公司	53	53		49	49		5534	5534		2167	2167	

全国各出版社图书出版数量（续表6）

地方出版社

	种数（种）		租型种数（种）	总印数（万册、张）			总印张（千印张）			定价总金额（万元）		
	合计	初版		合计	初版	租型	合计	初版	租型	合计	初版	租型
地方出版社合计	**264974**	**148759**	**10246**	**599579**	**171014**	**146064**	**46100110**	**15296426**	**10430197**	**8200123**	**3605688**	**1097862**
北京出版社	893	505		1832	882		152285	76792		29357	18813	
北京教育出版社	3487	1645		9127	5534		753306	437519		144907	86229	
北京科学技术出版社	784	598		828	435		59967	29041		24847	14298	
北京少年儿童出版社	679	281		791	334		74020	33682		15074	6694	
北京人民出版社	3	3		1	1		114	114		34	34	
北京美术摄影出版社	109	99		49	45		7746	7599		5201	5093	
北京燕山出版社	424	302		323	183		43096	23472		10027	6824	
同心出版社	480	250		861	334		76582	29061		17215	7311	
北京工艺美术出版社	231	231		213	213		15736	15736		20714	20714	
北京十月文艺出版社	135	51		529	137		83255	36876		27043	13787	
旅游教育出版社	304	158		114	55		16175	8062		4264	2360	
北京联合出版公司	1141	1138		709	707		81251	81016		25646	25613	
中国书店	255	239		42	37		5782	5223		3175	2891	
文津出版社	8	7		2	1		305	245		213	193	
北京工业大学出版社	525	397		277	238		43488	36485		7903	6763	
首都经济贸易大学出版社	209	80		65	19		12157	2858		2253	659	
首都师范大学出版社	1050	405		913	337		105169	32257		18742	8686	
北京时代华文书局	85	85		70	70		10121	10121		2761	2761	
天津人民出版社	940	465		1063	518		103585	52938		30505	16860	
天津教育出版社	491	300	107	1294	92	598	123542	13441	46616	14567	2891	4690
天津科学技术出版社	1049	725		420	200		46507	28760		11332	6672	
新蕾出版社	603	265		802	238		47021	15115		12698	4360	
百花文艺出版社	194	169		72	63		12085	10747		2893	2623	
天津人民美术出版社	653	593	18	399	299	81	22703	19192	2293	15887	14762	458
天津古籍出版社	112	87		67	31		8213	4781		5096	4190	
天津科技翻译出版公司	202	139		50	30		6261	4027		2127	1518	
天津社会科学院出版社	130	121		48	39		8259	6974		2939	2489	
天津杨柳青画社	212	172		79	67		4756	4067		2800	2456	
南开大学出版社	477	335		118	62		21042	10524		4181	2337	
天津大学出版社	682	384		150	72		24548	10280		6755	3827	
河北人民出版社	648	355	15	1896	490	74	144996	54973	8088	21116	9152	1475
河北教育出版社	2190	392		6001	1540		523514	125379		99887	17884	
河北科学技术出版社	905	749	5	1075	698	152	100002	70593	16364	17258	13196	1483
河北少年儿童出版社	2113	733		3467	1504		210719	84329		46250	22018	
花山文艺出版社	379	317	57	768	386	215	54161	28289	12237	9184	5563	1729
河北美术出版社	403	269		1477	880		49492	28998		9800	6653	
燕山大学出版社	4	4		1	1		158	158		30	30	

全国各出版社图书出版数量（续表7）

地方出版社

	种数（种）		租型种数（种）	总印数（万册、张）			总印张（千印张）			定价总金额（万元）		
	合计	初版		合计	初版	租型	合计	初版	租型	合计	初版	租型
河北大学出版社	380	252		368	96		32338	10225		4014	1637	
山西人民出版社	365	308		224	146		29736	22512		8834	7572	
山西教育出版社	864	573	1	3355	2783		533221	471834	32	67010	58521	6
山西科学技术出版社	288	193		434	68		26064	7428		4192	1886	
希望出版社	1460	330		4242	946		288327	64690		67840	12530	
北岳文艺出版社	189	189		56	56		7048	7048		1843	1843	
三晋出版社	179	179		41	41		7993	7993		3873	3873	
山西经济出版社	101	86		189	37		12921	5127		2641	1103	
书海出版社	12	8		7	4		1034	486		216	115	
内蒙古人民出版社	490	490		123	123		11688	11688		2994	2994	
内蒙古教育出版社	1521	390	407	6157	440	3750	436764	28143	286309	46471	3897	29218
内蒙古科学技术出版社	96	90		12	11		2237	2119		1326	1309	
内蒙古少年儿童出版社	175	175		83	83		5453	5453		1477	1477	
内蒙古文化出版社	189	187		25	24		5507	5475		2119	2112	
远方出版社	478	478		262	262		25614	25614		8347	8347	
内蒙古大学出版社	208	127		91	42		9244	4346		1495	784	
辽宁人民出版社	349	302		198	179		32772	30091		7720	7321	
辽宁教育出版社	825	295		1581	469		133914	41989		24543	8924	
辽宁科学技术出版社	719	548		407	344		33540	26517		14043	11686	
辽宁少年儿童出版社	324	252		330	195		24636	15200		5414	3854	
春风文艺出版社	283	154		606	215		50364	18007		11144	4289	
辽宁美术出版社	1034	951		192	171		18727	17203		10606	9793	
辽宁民族出版社	298	208		256	75		12361	6012		2702	1580	
万卷出版公司	853	656		309	262		38961	31262		9278	7073	
辽海出版社	844	455		2184	1544		103534	76574		18959	13136	
沈阳出版社	812	536	1	484	179	7	33948	13895	606	7397	3809	58
大连出版社	276	185		195	139		18389	13297		3992	2787	
东北财经大学出版社	718	132		562	45		97382	6983		17117	1638	
东北大学出版社	357	246		346	205		30695	18929		6034	4206	
辽宁大学出版社	536	330		438	187		56097	20975		13718	4335	
辽宁师范大学出版社	828	299		2780	779		171236	62974		24478	8653	
大连海事大学出版社	340	175		85	33		16444	7154		4056	1477	
大连理工大学出版社	2098	1233		1501	646		137589	74899		28350	17368	
白山出版社	448	448		258	258		29332	29332		6482	6482	
吉林人民出版社	842	530		1036	761		81607	56856		23671	17401	

全国各出版社图书出版数量（续表8）

地方出版社

	种数（种）		租型种数（种）	总印数（万册、张）			总印张（千印张）			定价总金额（万元）		
	合计	初版		合计	初版	租型	合计	初版	租型	合计	初版	租型
吉林教育出版社	2337	742		1013	366		79175	27657		19077	7069	
吉林科学技术出版社	869	788		463	360		66672	52969		15138	12771	
延边教育出版社	2876	870		2698	908		252726	76197		51123	14998	
北方妇女儿童出版社	780	595		613	517		77316	69654		15270	13374	
吉林文史出版社	693	440		251	157		24055	14695		6302	4128	
吉林美术出版社	1201	1071	5	1458	1114	185	76471	60197	4849	21859	19452	874
吉林摄影出版社	476	239		492	340		40287	26237		8627	5842	
时代文艺出版社	413	290		776	239		80797	29086		12969	6064	
长春出版社	928	497		2406	985		159168	64497		23578	11292	
延边人民出版社	1570	479		623	182		44583	16017		11481	3776	
东北师范大学出版社	889	490	41	1107	373	19	110691	40973	2449	25204	9880	550
吉林大学出版社	2065	1237		1632	451		157122	47030		36991	11578	
延边大学出版社	1734	896		1264	658		114862	57671		28136	14822	
吉林出版集团	3892	2261	701	9667	2180	4806	908506	294644	342977	152919	63782	37807
黑龙江人民出版社	272	266		49	48		8137	7979		2011	1989	
黑龙江教育出版社	905	398	45	2116	572	155	209270	68543	8426	30766	9951	1443
黑龙江科学技术出版社	280	280		74	74		12792	12792		2397	2397	
黑龙江少年儿童出版社	522	165		857	98		48346	6106		7020	1211	
北方文艺出版社	140	133		64	61		8222	7832		1976	1871	
黑龙江朝鲜民族出版社	104	89		20	17		2737	1901		597	442	
黑龙江美术出版社	847	844		82	81		5664	5642		1677	1670	
哈尔滨出版社	230	175		328	208		20944	16135		3957	3292	
哈尔滨地图出版社	360	327		172	136		8834	7128		4056	3510	
东北林业大学出版社	186	154		31	19		4168	2604		1010	787	
哈尔滨工程大学出版社	281	174		65	49		9470	7128		2432	1977	
哈尔滨工业大学出版社	788	508		158	92		27008	15609		5378	3410	
黑龙江大学出版社	128	113		18	10		3148	1980		606	442	
上海人民出版社	948	760	1	679	300	3	101930	49200	30	26190	14527	11
上海教育出版社	1867	619		5904	1318		308899	75823		43659	12304	
上海科学技术出版社	915	443		1913	551		191856	55972		27517	11912	
上海科技教育出版社	698	227		3797	538		243002	42678		27644	5477	
上海科学普及出版社	397	346		279	255		27902	25893		9389	8463	
少年儿童出版社	541	224		1153	328		90599	30102		22601	8787	
上海文艺出版社	376	322		299	221		47655	31576		11138	8490	
上海辞书出版社	500	266		336	87		50609	11745		12288	5209	
上海人民美术出版社	768	459		1140	279		38938	17386		16662	11773	
上海古籍出版社	718	374		229	112		43911	21667		13957	9385	

全国各出版社图书出版数量（续表9）

地方出版社

	种数（种）		租型种数（种）	总印数（万册、张）			总印张（千印张）			定价总金额（万元）		
	合计	初版		合计	初版	租型	合计	初版	租型	合计	初版	租型
上海译文出版社	657	375		589	286		76473	34307		20237	11314	
上海音乐学院出版社	199	74		68	19		8827	2675		2316	734	
中国福利会出版社	162	84		1071	427		32114	13899		112858	43617	
上海书画出版社	469	214		816	66		33826	7048		12485	7462	
上海书店	198	153		56	37		10744	6927		14748	13080	
上海科学技术文献出版社	402	268		146	98		17838	12219		5314	4201	
上海锦绣文章出版社	220	179		163	140		16525	15056		4186	3969	
格致出版社	166	124		76	46		16639	7732		3339	1817	
立信会计出版社	892	342		704	239		116843	41524		23847	9090	
上海远东出版社	346	123		659	108		55129	14987		11512	3836	
上海三联书店	510	469		170	126		26985	22276		7174	5972	
文汇出版社	213	213		80	80		10349	10349		4230	4230	
学林出版社	210	178		127	117		8015	6654		2729	2424	
上海社会科学院出版社	272	245		82	68		15596	12756		4544	4031	
复旦大学出版社	1878	852		1298	534		190171	73789		43858	19272	
华东理工大学出版社	556	343		288	200		41542	28295		9206	6468	
华东师范大学出版社	1945	812		2210	692		224729	75366		44728	17434	
上海交通大学出版社	2796	1501		3255	1218		371817	116137		57992	25481	
上海外语教育出版社	1383	462		2495	969		347723	141971		65747	29732	
第二军医大学出版社	195	195		39	39		7249	7249		2076	2076	
上海浦江教育出版社	78	74		15	14		2530	2346		1008	959	
同济大学出版社	576	327		222	119		36901	18827		10664	7048	
东华大学出版社	338	249		109	86		14733	11372		3838	3041	
上海财经大学出版社	428	227		255	190		59749	46964		11363	9127	
上海大学出版社	504	340		865	469		78363	44876		19253	11314	
上海中西书局	209	163		87	66		10414	8744		3231	2712	
上海音乐出版社	740	311		360	88		34247	9766		10871	4402	
上海文化出版社	150	118		154	135		12584	9295		4591	3782	
江苏人民出版社	3096	2310		3497	2115		254325	169728		51719	37083	
江苏教育出版社	3317	1559		17094	6044		1063848	466856		146965	66100	
江苏科学技术出版社	3226	1657		6886	2190		507544	206061		97304	47326	
江苏少年儿童出版社	1764	839		3909	1094		179716	58419		37473	15677	
江苏文艺出版社	1189	1039		1190	1089		131483	121017		31883	29539	
江苏美术出版社	1717	1138		1525	846		130223	79855		32530	21439	
古吴轩出版社	138	132		65	52		7839	6892		2233	2126	
南京出版社	532	335		589	407		46325	30023		10076	7217	
译林出版社	1888	955		5285	1909		458132	154028		68049	27092	
东南大学出版社	1490	661		968	312		111254	39183		23694	9868	

全国各出版社图书出版数量（续表10）

地方出版社

	种数（种）		租型种数（种）	总印数（万册、张）			总印张（千印张）			定价总金额（万元）		
	合计	初版		合计	初版	租型	合计	初版	租型	合计	初版	租型
河海大学出版社	518	259		298	166		27110	16827		6673	4409	
南京大学出版社	1979	1774		1896	1654		220747	191849		55177	49482	
苏州大学出版社	831	378		520	163		61771	20339		11883	4818	
中国矿业大学出版社	575	387		207	103		36675	18049		8106	4258	
南京师范大学出版社	890	370		3446	1107		138350	51020		32479	12793	
凤凰出版社	337	226		113	65		20840	14116		9825	8676	
广陵书社	188	141		54	25		5716	3417		3582	2826	
江苏大学出版社	261	223		63	54		9288	8156		2326	2089	
浙江人民出版社	1002	575	24	1770	956	103	160931	77744	7298	37282	19302	1040
浙江教育出版社	2550	1120	5	13727	5214	15	743853	299050	890	105919	42294	102
浙江科学技术出版社	1192	503	57	3616	491	59	171851	38140	6340	37814	9474	757
浙江少年儿童出版社	1609	614		4543	1566		351859	112824		70496	24829	
浙江文艺出版社	567	283		930	424		87186	41068		21041	11843	
浙江人民美术出版社	673	435		1071	798		48318	37176		24213	21474	
浙江摄影出版社	441	344	4	792	465	2	52855	33029	184	12967	9851	45
浙江古籍出版社	432	274		249	100		24407	12327		6363	4212	
杭州出版社	288	258		135	90		13133	9521		4402	3719	
西泠印社出版社	109	109		26	26		4076	4076		3115	3115	
宁波出版社	739	520		603	375		43523	28919		8449	5967	
浙江大学出版社	2519	1380		1448	654		165284	74078		59668	42512	
中国美术学院出版社	267	197		87	60		13455	9488		8756	7367	
浙江工商大学出版社	299	255		233	191		18465	14804		2659	2206	
安徽人民出版社	600	599		555	554		48806	48696		12008	11984	
安徽教育出版社	1735	251	7	4293	368	27	343118	25542	2773	50130	5702	296
安徽科学技术出版社	943	351		732	218		81345	23192		17989	5523	
安徽少年儿童出版社	1655	728		3944	1318		243535	82259		53459	23448	
安徽文艺出版社	607	367		489	301		51984	32913		11762	7953	
安徽美术出版社	1049	848		1104	486		55787	32175		18331	12930	
安徽师范大学出版社	590	498		481	415		53739	46197		11531	9842	
黄山书社	1390	714		2119	473		161560	52006		32512	16479	
中国科学技术大学出版社	350	214		115	65		18550	10887		3741	2346	
安徽大学出版社	434	227		840	259		61774	27584		9229	4095	
合肥工业大学出版社	581	430		207	170		20383	14196		5354	4228	
福建人民出版社	332	175	2	986	350	23	76979	25822	4091	13500	5103	442
福建教育出版社	795	561		2286	1519		163186	120682		25159	18978	
福建科学技术出版社	290	248		167	139		16426	13803		6582	5751	
福建少年儿童出版社	642	285		960	368		65063	22687		14891	6822	
海峡文艺出版社	245	205		177	119		14167	10582		3681	2970	
福建美术出版社	226	195	31	245	66	83	10834	4217	2815	4758	3526	503

全国各出版社图书出版数量（续表11）

地方出版社

	种数（种）		租型种数（种）	总印数（万册、张）			总印张（千印张）			定价总金额（万元）		
	合计	初版		合计	初版	租型	合计	初版	租型	合计	初版	租型
海峡书局出版社	89	87		61	60		8515	8308		2519	2473	
福建地图出版社	47	47		39	39		1295	1295		686	686	
鹭江出版社	151	138		369	343		28321	25692		5066	4760	
厦门大学出版社	603	465		330	218		54163	35979		10631	7811	
海风出版社	36	36		7	7		1233	1233		430	430	
江西人民出版社	1028	742		1812	1070		150744	89710		33322	21225	
江西教育出版社	691	318	1	4856	412	1	221184	34705	23	28963	7491	4
江西科学技术出版社	491	340		589	141		57893	22058		11276	5971	
百花洲文艺出版社	280	262	1	250	215	20	35802	33478	791	6818	6418	138
二十一世纪出版社	1463	671		3270	1306		241035	117693		54128	24427	
江西美术出版社	584	462		1116	686		47066	30057		14323	11179	
江西高校出版社	1353	740		1743	649		128114	34674		28785	10506	
山东人民出版社	1697	1697	3	3658	3657	1	268216	268180	36	44792	44786	6
山东教育出版社	1444	1366		3573	2528		240096	190799		27041	23695	
山东科学技术出版社	1565	653		3575	866		274880	74947		38724	13693	
明天出版社	1226	472	2	4666	1553		343199	122710	28	61377	22301	4
山东文艺出版社	858	531	31	1732	337	520	97763	23152	23584	17539	4233	4972
山东美术出版社	786	595	69	1293	403	236	59363	21192	11230	19750	10407	2024
山东画报出版社	283	186		398	233		32114	19108		11439	8260	
山东地图出版社	57	45		49	29		1308	992		594	424	
山东友谊出版社	502	167	6	1258	311	77	89550	30882	4241	13392	5457	422
齐鲁书社	471	226		1265	341		70148	21686		11826	5036	
济南出版社	653	315	59	1510	510	186	103733	33508	14048	17137	7335	1986
泰山出版社	159	37	25	1689	71	352	93866	7386	26633	11935	1388	2981
青岛出版社	3125	943		8385	872		570067	89872		101405	23863	
山东大学出版社	347	135		1026	63		79471	11229		12047	3273	
中国石油大学出版社	531	374		692	558		78383	55522		14791	10882	
中国海洋大学出版社	428	261		400	190		44810	21313		10521	4907	
黄河出版社	150	150		130	130		14654	14654		4784	4784	
河南人民出版社	429	377	8	284	153	80	30567	20629	5925	8521	6905	812
河南科学技术出版社	1248	625		2634	622		156908	60297		31595	15166	
海燕出版社	1100	432		3978	890		190259	48049		29636	8523	
河南文艺出版社	260	186		1411	724		84502	43430		15906	9362	
河南美术出版社	328	256		296	177		22793	14170		6268	5075	
文心出版社	533	223		742	185		54530	14822		7516	2852	
中州古籍出版社	512	399		155	101		24807	19878		13092	12233	
中原农民出版社	630	239		660	127		39172	10340		7435	2524	

全国各出版社图书出版数量（续表12）

地方出版社

	种数（种）		租型种数（种）	总印数（万册、张）			总印张（千印张）			定价总金额（万元）		
	合计	初版		合计	初版	租型	合计	初版	租型	合计	初版	租型
大象出版社	830	320	14	4145	398	122	472549	33659	10710	54366	5588	878
黄河水利出版社	489	356		145	100		21807	13640		5410	3835	
河南大学出版社	484	415		295	272		32636	29008		6982	6264	
郑州大学出版社	862	416	1	691	166		64376	17683	23	9838	3420	4
湖北人民出版社	539	433		503	279		66005	38205		14230	10344	
湖北教育出版社	1151	279	3	3641	1467	13	255586	103342	417	45119	21384	61
湖北科学技术出版社	1112	759		1523	757		109706	79229		29146	22035	
长江少年儿童出版社	1354	336	48	3653	705	902	298772	63824	55262	54772	13880	6248
长江文艺出版社	840	400		1512	557		226092	72312		49405	18771	
崇文书局	921	653		1424	427		101330	41923		18704	10044	
湖北美术出版社	824	541		1195	658		72153	39979		24285	17317	
武汉出版社	1073	829		1619	887		99675	73382		25772	19812	
华中科技大学出版社	1649	896		690	266		91198	43113		21950	12032	
华中师范大学出版社	615	395		1093	595		141162	76106		24393	13746	
武汉大学出版社	3835	2608		2939	2168		225066	164545		61904	46425	
武汉理工大学出版社	694	420		444	308		64668	40427		16258	12274	
中国地质大学出版社	430	356		90	75		12877	10808		7416	6889	
长江出版社	873	666		211	132		18518	9189		5740	3465	
湖南人民出版社	844	844		1440	1440		120232	120232		29077	29077	
湖南教育出版社	3340	891		13142	3125		1044812	295588		182208	55081	
湖南科学技术出版社	596	287	5	1307	263	6	83499	24037	552	16380	5315	82
湖南少年儿童出版社	2274	891		4650	1636		284260	105271		61108	23212	
湖南文艺出版社	962	814		5066	3606		412453	389916		110640	97533	
湖南美术出版社	801	405		3631	668		133067	33701		31852	12159	
湖南地图出版社	174	157		159	137		8603	7977		3527	3329	
岳麓书社	278	87		815	44		99079	11971		15062	3695	
湖南师范大学出版社	854	429		1494	682		118701	50799		21969	9555	
中南大学出版社	392	214		134	69		20412	11165		4876	2876	
湖南大学出版社	411	255		824	648		50756	32623		9127	5490	
国防科技大学出版社	165	146		47	44		7316	6850		1554	1459	
湘潭大学出版社	249	214		52	43		11814	10372		7367	7086	
广东人民出版社	1129	795		1645	885		127345	74850		26159	17636	
广东教育出版社	1251	432	14	8933	562	39	654623	48895	3014	77571	10556	355
广东高等教育出版社	628	325		1974	675		195528	66650		22666	8864	
广东科技出版社	386	291		1785	1309		113542	79698		13920	10474	
广东经济出版社	781	668		1136	859		95665	76115		18022	14368	
广东地图出版社	59	9		46	4		728	71		385	42	

全国各出版社图书出版数量（续表13）

地方出版社

	种数（种）		租型种数（种）	总印数（万册、张）			总印张（千印张）			定价总金额（万元）		
	合计	初版		合计	初版	租型	合计	初版	租型	合计	初版	租型
广东旅游出版社	281	212		191	86		25292	10669		5972	2885	
岭南美术出版社	251	229		880	476		36371	23472		12275	9819	
广东新世纪出版社	1322	337		3668	602		226290	36311		38594	9055	
花城出版社	378	346		220	183		31758	25921		6444	5442	
海天出版社	269	269		84	84		11373	11373		3844	3844	
广州出版社	315	296		346	323		33513	30597		7887	7347	
华南理工大学出版社	553	343		171	120		27927	19771		7302	5841	
汕头大学出版社	475	455		293	268		34772	33007		9584	9034	
中山大学出版社	537	336		273	134		42657	17547		9141	4745	
暨南大学出版社	558	392		140	95		21437	14300		5259	3753	
南方日报出版社	119	119		39	39		5155	5155		1468	1468	
羊城晚报出版社	97	77		50	30		6366	4298		1888	1477	
深圳报业集团出版社	106	74		246	40		14890	5009		2925	1557	
广西人民出版社	489	448	8	353	264	59	32897	26380	3739	8108	6930	630
广西教育出版社	1035	300	1	10754	1866	1	584918	134984	63	60986	18094	8
广西科学技术出版社	370	206		1163	230		74603	17751		16138	5333	
接力出版社	1401	466	11	5103	1393	517	304149	102896	35405	61012	23321	4203
广西民族出版社	228	143		1289	284		80963	19659		8332	3033	
广西美术出版社	520	256		887	521		44370	23315		14811	9072	
漓江出版社	748	627		623	520		61446	51077		13288	11298	
广西师范大学出版社	3080	1306	70	13605	3497	833	1200445	387009	64076	202445	82958	7709
海南出版社	1306	636		1973	625		146472	63737		25504	11513	
南方出版社	1404	472		1907	962		152633	50918		29707	8457	
南海出版公司	869	567		590	322		74946	42350		19634	11455	
三环出版社	168	23	1	631	77	2	26645	2432	206	4257	629	31
重庆出版社	3249	1782	224	9773	2339	2588	635929	224924	171751	124108	50527	21869
西南师范大学出版社	1242	566	29	3893	1481	198	232330	97776	6647	35998	16099	1095
重庆大学出版社	1571	842		1343	439		127716	57053		24873	13585	
四川人民出版社	432	352		202	129		26543	19948		6170	5020	
四川教育出版社	878	79	47	9370	219	1486	627748	7012	88248	83086	1992	12616
四川科学技术出版社	323	248		110	94		15367	13569		4996	4581	
四川少年儿童出版社	640	410		1073	760		48076	34351		17875	13712	
四川文艺出版社	241	144		121	62		20508	11666		4438	2541	
四川民族出版社	490	228	149	719	168	75	59232	15553	5632	7147	3082	480
四川美术出版社	398	306		172	91		19525	13251		6568	5513	
四川辞书出版社	108	40		56	25		11926	6062		1858	951	

全国各出版社图书出版数量（续表14）

地方出版社

	种数（种）		租型种数（种）	总印数（万册、张）			总印张（千印张）			定价总金额（万元）		
	合计	初版		合计	初版	租型	合计	初版	租型	合计	初版	租型
天地出版社	272	117		204	114		16795	9086		3703	2117	
巴蜀书社	180	134	3	44	27	1	8745	6768	90	2973	2622	17
成都地图出版社	313	174		277	127		9588	4106		4287	2554	
成都时代出版社	362	276		373	245		41691	32533		11203	9323	
电子科技大学出版社	895	728		529	449		82778	73021		19256	17446	
四川大学出版社	1519	814		635	195		73265	24360		16118	6671	
西南财经大学出版社	668	375		439	146		53320	20573		11994	5782	
西南交通大学出版社	1376	827		342	193		50754	29342		10829	6927	
贵州人民出版社	320	302	33	1002	567	397	46089	27019	16059	10162	7455	2098
贵州教育出版社	252	168	2	1867	1280	32	85748	53082	3769	19918	15384	632
贵州科学技术出版社	97	97		22	22		2923	2923		900	900	
贵州民族出版社	98	76	8	168	13	92	8789	1844	2680	1842	575	525
贵州大学出版社	78	78		11	11		2022	2022		1053	1053	
云南人民出版社	1904	1060	22	1939	673	118	194381	55016	16003	50388	18071	1624
云南教育出版社	1424	823		3515	1034		285592	95532		38072	15810	
云南科学技术出版社	1509	586		1591	481		114289	44258		30162	15526	
晨光出版社	1059	415		2006	604		180462	63341		27039	8819	
德宏民族出版社	95	94		18	16		3577	3465		1775	1724	
云南美术出版社	306	277		421	333		29878	24671		6367	5420	
云南民族出版社	283	277		68	66		10693	10422		3686	3582	
云南大学出版社	378	249		156	87		21040	11312		4253	2627	
西藏人民出版社	487	177	294	1283	99	716	91368	11787	52811	13368	4067	5761
藏文古籍出版社	60	60		20	20		2503	2503		708	708	
陕西人民出版社	628	463	184	3425	464	2569	316336	54936	210718	40155	12334	18304
陕西人民教育出版社	2026	417	122	6000	769	833	570831	77607	57361	114044	18843	6839
陕西科学技术出版社	479	271	5	636	126	8	36833	12684	565	8686	4468	72
未来出版社	595	96		1931	101		98173	7807		25591	2936	
太白文艺出版社	116	100		40	18		7209	2514		1383	547	
陕西人民美术出版社	139	82	50	1146	7	569	58181	1233	21897	10133	924	4447
陕西旅游出版社	168	84		361	153		29226	12918		6741	4047	
三秦出版社	519	328	5	408	124	20	66310	17958	1588	14103	7304	253
西安出版社	648	423	5	690	333	45	54562	27767	6041	15036	8316	681
西安地图出版社	28	28		3	3		281	281		174	174	
陕西师范大学出版社	815	440	12	1437	288	76	141699	46083	5792	24911	10678	533
西安电子科技大学出版社	530	289	1	190	94		34470	16420	51	6165	2983	9

全国各出版社图书出版数量（续表15）

地方出版社

	种数（种）		租型种数（种）	总印数（万册、张）			总印张（千印张）			定价总金额（万元）		
	合计	初版		合计	初版	租型	合计	初版	租型	合计	初版	租型
西安交通大学出版社	1490	938	26	1318	687	121	119163	75020	6876	26924	17519	962
西北大学出版社	345	169	24	936	78	384	71406	11235	27086	9582	2357	2474
西北工业大学出版社	397	271		119	81		14743	10641		3355	2534	
西北农林科技大学出版社	115	99		23	18		3288	2763		859	764	
第四军医大学出版社	296	169		117	75		20838	14462		4602	3229	
甘肃人民出版社	108	104		70	68		16976	16564		2108	2033	
甘肃教育出版社	754	138	240	4147	131	3307	353008	22228	255252	43101	3352	25654
甘肃科学技术出版社	190	139		35	19		4401	3051		1325	864	
甘肃少年儿童出版社	474	88		522	69		30796	4754		7211	1391	
甘肃文化出版社	171	171		265	265		17285	17285		4261	4261	
甘肃民族出版社	238	214		77	62		9176	7060		1976	1547	
甘肃人民美术出版社	88	80	8	30	19	3	4841	3214	550	3202	2668	205
敦煌文艺出版社	111	109		55	55		9127	9062		1797	1787	
兰州大学出版社	276	276		111	111		10226	10226		2775	2775	
青海人民出版社	212	147	145	729	39	633	55908	5373	44216	7459	1911	4840
青海民族出版社	385	122	74	339	29	75	28250	4080	3911	3186	1658	312
宁夏人民出版社	233	222	196	1030	102	906	90837	22824	65621	13282	4946	7678
宁夏人民教育出版社	909	542		1353	744		119810	66928		18118	9346	
阳光出版社	845	489		1299	546		133637	63872		29725	14841	
新疆人民出版社	1120	845	65	1782	1373	67	142864	101679	6286	35957	28371	684
新疆教育出版社	1367	231	398	3231	269	1678	191530	18645	93639	20519	2012	9502
新疆科学技术出版社	620	228		606	270		47469	18406		8570	4115	
新疆青少年出版社	2700	1105		1333	543		175375	86471		28377	12318	
新疆美术摄影出版社	1064	751		2906	1732		206236	118761		55294	29970	
喀什维吾尔文出版社	188	150		79	58		6635	4244		1485	1035	
克孜勒苏柯尔克孜文出版社	48	48		4	4		637	637		297	297	
伊犁人民出版社	110	95		26	21		2626	2377		627	568	
新疆大学出版社	1	1		1	1		195	195		40	40	
新疆人民卫生出版社	277	254		91	74		13969	12208		3106	2789	
新疆生产建设兵团出版社	237	237		69	69		9159	9159		3228	3228	

全国各类少年儿童读物出版数量

	种数（种）		租型种数（种）	总印数(万册、张)			总印张（千印张）			定价总金额（万元）		
	合计	初版		合计	初版	租型	合计	初版	租型	合计	初版	租型
图书总计	**32712**	**19896**	**19**	**49693**	**26848**	**50**	**3091760**	**1622604**	**2901**	**945425**	**519039**	**706**
（一）使用《中国标准书号》部分合计	32701	19892	19	49688	26846	50	3091700	1622575	2901	945374	519013	706
A 马克思主义、列宁主义、毛泽东思想	11	5		6	4		348	150		144	112	
B 哲学	263	169		249	156		27851	16931		6259	3967	
C 社会科学总论	44	28		73	36		8023	3969		2443	1434	
D 政治、法律	179	145	1	818	600	19	35839	26517	791	8383	6663	138
E 军事	83	46		75	49		7598	5121		1621	1099	
F 经济	38	25		47	37		3203	2115		1549	999	
G 文化、科学、教育、体育	8604	5472	8	12903	7065	13	519485	297828	600	287948	152977	185
H 语言、文字	2072	1177	2	2835	1368	2	200897	105795	248	47518	27243	100
I 文学	13804	8010	3	21945	11297	10	1651900	806692	869	388942	204205	187
J 艺术	3616	2368		5945	3300		242697	141840		86532	53958	
K 历史、地理	817	460		1124	612		103255	47914		23526	12074	
N 自然科学总论	306	150		356	162		31011	12483		9546	4234	
O 数理科学、化学	246	146	1	274	142	4	18873	8671	148	5680	2583	48
P 天文学、地球科学	323	206		354	232		26474	14724		7908	4656	
Q 生物科学	791	566		858	611		62321	39675		17956	12373	
R 医药、卫生	146	87		148	92		10646	5489		4126	2349	
S 农业科学	82	50	4	144	90	2	9074	5149	245	2230	1419	48
T 工业技术	146	99		175	135		11958	8435		4728	3741	
U 交通运输	58	46		49	40		2068	1675		1225	946	
V 航空、航天	35	22		43	15		3720	1183		1207	342	
X 环境科学	125	93		169	140		9099	6752		2820	2145	
Z 综合性图书	912	522		1098	663		105360	63467		33083	19494	
（二）不使用《中国标准书号》部分合计	11	4		5	2		60	29		51	26	
1. 图片	11	4		4	1		34	11		30	11	
2. 国标(GB)、部标(BB)等标准类文件印品												
3. 活页文选、活页歌篇、小件印品等				1	1		26	18		21	15	

全国各地区少年儿童读物出版数量

	种数（种）		租型种数（种）	总印数（万册、张）			总印张（千印张）			定价总金额（万元）		
	合计	初版		合计	初版	租型	合计	初版	租型	合计	初版	租型
全国总计	**32712**	**19896**	**19**	**49693**	**26848**	**50**	**3091760**	**1622604**	**2901**	**945425**	**519039**	**706**
中　央	**8091**	**5605**		**11569**	**7726**		**667328**	**403209**		**200745**	**134917**	
地　方	**24621**	**14291**	**19**	**38124**	**19122**	**50**	**2424432**	**1219395**	**2901**	**744680**	**384122**	**706**
北　京	1906	1166		2569	1660		214314	134833		48726	31801	
天　津	687	432		918	480		54146	28623		15359	8659	
河　北	608	293		857	317		38580	15680		18745	5491	
山　西	202	154		410	173		13460	6284		3874	2003	
内蒙古	207	158		86	71		5756	5190		1568	1390	
辽　宁	903	586		991	483		79703	38144		18564	9781	
吉　林	3438	2364		3794	2584		298057	193410		67107	47288	
黑龙江	533	522		178	164		14727	13003		3679	3080	
上　海	1422	821		3480	1173		156528	63639		151073	64285	
江　苏	1843	1141		2583	1719		174863	108342		43104	28756	
浙　江	2578	1134		5166	1909		387598	126714		83184	30963	
安　徽	2042	870		2079	1150		143409	82302		36290	21649	
福　建	318	266		381	333		22727	18394		6044	5108	
江　西	1596	790	1	3158	1153	20	183062	71430	791	48948	20785	138
山　东	1136	699		2709	1341		169451	81976		45861	23076	
河　南	280	158		389	177		16141	7008		5177	2322	
湖　北	490	242	18	844	345	30	80983	22489	2110	15545	6062	568
湖　南	1126	579		1241	653		93054	48425		25021	12484	
广　东	580	315		1210	288		31749	14735		11699	5400	
广　西	1084	577		2186	1071		138771	71238		45649	23435	
海　南	33	9		164	73		7308	1315		1438	470	
重　庆	27	3		12	3		509	112		96	26	
四　川	744	485		1143	814		50307	35523		19198	14754	
贵　州	39	39		668	668		14715	14715		7878	7878	
云　南	28	17		27	13		659	363		271	203	
西　藏	16	7		7	3		254	161		100	53	
陕　西	346	165		593	156		18146	5096		15080	3543	
甘　肃	88	56		142	45		6714	3070		2466	945	
青　海	4	4		1	1		15	15		6	6	
宁　夏	23	19		18	15		1516	1386		1096	868	
新　疆	294	220		120	87		7210	5780		1834	1558	

全国各出版社少年儿童读物出版数量

中央出版社

	种数（种）		租型种数（种）	总印数（万册、张）			总印张（千印张）			定价总金额（万元）		
	合计	初版		合计	初版	租型	合计	初版	租型	合计	初版	租型
中　央	**8091**	**5605**		**11569**	**7726**		**667328**	**403209**		**200745**	**134917**	
人民出版社	22	12		233	118		11490	5628		2689	1267	
人民文学出版社	112	42		340	84		61320	6181		9091	1373	
天天出版社	199	103		369	204		30161	13892		7002	3828	
商务印书馆	27	26		31	30		4909	4795		645	619	
东方出版中心	18	6		65	5		4737	157		2077	191	
中华书局	74	28		65	27		5756	2599		1471	836	
人民美术出版社	161	160		392	389		13209	13150		5430	5419	
人民音乐出版社	13			2			180			115		
中国大百科全书出版社	132	88		291	171		19946	8183		9541	3933	
中国对外翻译出版公司	85	33		75	27		4757	1142		1278	452	
文化发展出版社	34	27		29	24		1134	785		600	456	
现代出版社	210	207		170	166		10510	10261		3328	3250	
中国盲文出版社	103	89		5	4		408	314		155	127	
生活·读书·新知三联书店	3			5			521			205		
中国书籍出版社	11	2		4			204	41		38	9	
商务印书馆国际有限公司	22	4		6	1		657	322		143	62	
企业管理出版社	18	17		5	4		365	293		126	105	
民族出版社	32	13		11	2		759	229		163	53	
中国青年出版社	43	26		45	26		5602	2976		2217	1720	
中国少年儿童出版社	857	440		2565	1478		124722	69670		35981	20868	
中国电影出版社	18	18		13	13		1478	1478		251	251	
人民日报出版社	17	17		8	8		963	963		218	218	
新华出版社	24	18		29	17		791	671		290	221	
世界知识出版社	16	12		23	18		2723	1747		462	345	
北京大学出版社	129	16		82	18		5509	524		1608	480	
中国人民大学出版社	28	25		18	16		1568	1397		494	460	
外语教学与研究出版社	396	118		842	218		32762	5953		8193	2388	
人民教育出版社	45	42		73	68		3418	3162		1038	973	
中国农业出版社	17	2		14	1		1050	151		394	44	
中国轻工业出版社	115	45		60	47		2787	1587		1000	758	
中国纺织出版社	106	92		84	77		7361	6954		1961	1831	
煤炭工业出版社	12	12		19	19		1236	1236		346	346	
石油工业出版社	43	35		33	30		4103	3632		835	753	
中国水利水电出版社	29	22		16	12		1045	784		409	330	
中国原子能出版传媒公司	1	1					29	29		8	8	

全国各出版社少年儿童读物出版数量（续表1）

中央出版社

	种数（种）		租型种数（种）	总印数（万册、张）			总印张（千印张）			定价总金额（万元）		
	合计	初版		合计	初版	租型	合计	初版	租型	合计	初版	租型
中国科技出版传媒公司	9	5		6	3		488	285		131	93	
科学普及出版社	74	51		58	39		3944	2492		1953	1209	
机械工业出版社	72	57		43	34		2234	1455		936	695	
化学工业出版社	333	195		329	201		17760	10978		6869	4215	
中国建筑工业出版社	11	11		3	3		71	71		227	227	
中国铁道出版社	65	48		64	42		4690	2778		1585	873	
中国质检出版社	39	39		23	23		506	506		278	278	
人民邮电出版社	649	636		1241	1236		48024	47230		19802	19614	
海洋出版社	10	9		8	5		305	267		135	108	
地质出版社	8	4		4	2		37	20		245	189	
地震出版社	16	16		40	40		1548	1548		769	769	
气象出版社	12	2		8	1		380	112		88	25	
北京交通大学出版社	4			1			65			35		
中国地图出版社	137	64		168	130		7843	5374		2752	1651	
国防工业出版社	307	190		317	225		12867	8462		4564	3314	
新世界出版社	85	43		35	18		2542	1517		902	496	
外文出版社	29	26		21	17		1967	1451		459	362	
语文出版社	19	16		14	13		1030	976		191	180	
中国文史出版社	21	21		28	28		1408	1408		607	607	
中共中央党校出版社	1	1		1	1		114	114		21	21	
中国林业出版社	1			1			56			12		
文化艺术出版社	1	1		1	1		85	85		25	25	
教育科学出版社	81	63		92	31		4212	1501		1316	837	
清华大学出版社	319	283		129	118		7077	6220		2881	2405	
中国广播影视出版社	2	2		3	3		133	133		42	42	
中国商业出版社	6	6		6	6		506	506		172	172	
中国环境出版社	3	2		2	2		152	130		70	60	
知识产权出版社	3			3			192			48		
北京师范大学出版社	141	72		237	180		24717	22161		4212	3410	
中国宇航出版社	24	14		16	11		1335	1060		317	211	
中国工商出版社	1	1					2	2				
作家出版社	18	18		73	73		8492	8492		1526	1526	
光明日报出版社	187	187		181	181		13136	13136		3755	3755	
中国妇女出版社	28	18		455	353		15983	12109		3464	2689	
中国金融出版社	2	2		20	20		1301	1301		671	671	
红旗出版社	2	1					17	6		4	2	

全国各出版社少年儿童读物出版数量（续表2）

中央出版社

	种数（种）		租型种数（种）	总印数（万册、张）			总印张（千印张）			定价总金额（万元）		
	合计	初版		合计	初版	租型	合计	初版	租型	合计	初版	租型
电子工业出版社	263	181		366	231		13668	9227		5764	4203	
朝华出版社	56	22		43	15		5794	2484		1094	464	
中央广播电视大学出版社	54	51		24	21		793	731		735	690	
金盾出版社	281	233		163	146		9434	8616		3285	3054	
高等教育出版社	38	18		40	6		2458	739		1889	466	
国际文化出版公司	18	18		1	1		115	115		82	82	
中国画报出版社	35	27		16	15		1388	1160		330	301	
中国经济出版社	3	1					73	29		25	15	
北京理工大学出版社	36	35		23	20		1924	1602		585	516	
中国和平出版社	100	100		55	55		2830	2830		1370	1370	
华夏出版社	131	67		243	123		15544	7742		4429	2609	
海潮出版社	10	10		6	6		767	767		124	124	
学苑出版社	11	9		5	3		439	342		421	385	
人民武警出版社	34	34		27	27		612	612		457	457	
团结出版社	3	3		1	1		182	182		43	43	
中国华侨出版社	1	1		1	1		239	239		30	30	
中华地图学社	1			1			19			12		
中国人口出版社	343	340		180	178		6412	6309		2918	2872	
蓝天出版社	28	28		24	24		2118	2118		787	787	
世界图书出版公司	7	7		2	2		73	73		69	69	
群言出版社	8	8		3	3		347	347		313	313	
新星出版社	53	52		41	40		1169	1024		1226	1181	
中国检察出版社	1	1					60	60		15	15	
中国发展出版社	15	15		1	1		202	202		146	146	
书法出版社	1	1					19	19		57	57	
中国致公出版社	67	67		71	71		2754	2754		775	775	
中国大地出版社	8			23			132			137		
中国城市出版社	1	1					9	9		5	5	
线装书局	47	9		45	7		5902	540		1086	151	
星球地图出版社	84	83		94	94		4869	4869		1942	1941	
民主与建设出版社	3	3		7	7		196	196		207	207	
当代世界出版社	3	3		2	2		87	87		31	31	
西苑出版社	6	6		20	20		225	225		213	213	
学习出版社	2	1		11	10		1054	1016		367	357	
中国电力出版社	7	1		3	1		62	15		43	9	
台海出版社	26	26		8	8		626	626		232	232	
海豚出版社	414	241		366	225		31344	20531		8635	6042	

全国各出版社少年儿童读物出版数量（续表3）

地方出版社

	种数（种）		租型种数（种）	总印数（万册、张）			总印张（千印张）			定价总金额（万元）		
	合计	初版		合计	初版	租型	合计	初版	租型	合计	初版	租型
地　　方	**24621**	**14291**	**19**	**38124**	**19122**	**50**	**2424432**	**1219395**	**2901**	**744680**	**384122**	**706**
北京出版社	164	95		164	114		14019	9588		3294	2350	
北京教育出版社	241	166		814	660		80123	65089		12036	9755	
北京科学技术出版社	318	250		391	238		16130	10329		8705	5562	
北京少年儿童出版社	536	188		581	174		55284	17148		11760	4059	
北京燕山出版社	41	19		44	21		4381	2170		920	528	
同心出版社	199	79		285	190		21247	9996		4949	2921	
北京十月文艺出版社	12	1		17			1890	13		298	4	
旅游教育出版社	1	1					11	11		3	3	
北京联合出版公司	287	285		189	188		13586	13426		5211	5189	
北京工业大学出版社	59	54		47	46		4857	4652		942	908	
首都师范大学出版社	37	17		28	22		1593	1219		389	304	
北京时代华文书局	11	11		8	8		1193	1193		219	219	
天津人民出版社	71	68		118	116		6460	6272		2483	2438	
天津教育出版社	39	35		15	12		1834	1690		342	284	
天津科学技术出版社	3	3		1	1		127	127		45	45	
新蕾出版社	419	173		608	175		36308	11173		9615	3052	
百花文艺出版社	23	22		7	7		720	697		152	146	
天津人民美术出版社	121	120		168	167		8525	8491		2681	2651	
天津古籍出版社	10	10		2	2		165	165		40	40	
天津杨柳青画社	1	1					8	8		3	3	
河北人民出版社	6	6		2	2		197	197		45	45	
河北教育出版社	144	21		362	17		12567	711		10719	509	
河北少年儿童出版社	435	245		475	284		24342	13563		7560	4569	
花山文艺出版社	20	18		16	13		1412	1147		379	327	
河北大学出版社	3	3		2	2		62	62		41	41	
山西人民出版社	8	8		9	9		964	964		169	169	
山西教育出版社	25	18		16	7		1128	355		266	123	
山西科学技术出版社	5	4		7	4		323	105		67	48	
希望出版社	121	81		363	137		10454	4269		3165	1455	
北岳文艺出版社	43	43		16	16		591	591		208	208	
内蒙古人民出版社	10	10		1	1		38	38		20	20	
内蒙古教育出版社	75	26		20	5		856	290		242	63	
内蒙古科学技术出版社	9	9		2	2		135	135		46	46	

全国各出版社少年儿童读物出版数量（续表4）

地方出版社

	种数（种）		租型种数（种）	总印数（万册、张）			总印张（千印张）			定价总金额（万元）		
	合计	初版		合计	初版	租型	合计	初版	租型	合计	初版	租型
内蒙古少年儿童出版社	58	58		32	32		1584	1584		507	507	
远方出版社	54	54		30	30		3035	3035		732	732	
内蒙古大学出版社	1	1		1	1		109	109		22	22	
辽宁人民出版社	6	6		12	12		571	571		148	148	
辽宁教育出版社	14	11		15	11		1663	1140		421	354	
辽宁科学技术出版社	30	20		15	12		613	524		355	301	
辽宁少年儿童出版社	261	211		190	142		19155	13391		4146	3252	
春风文艺出版社	206	86		556	175		42947	12074		9653	3052	
辽宁民族出版社	7	1		3			27	3		20	5	
沈阳出版社	28	9		8	2		713	162		157	37	
大连出版社	119	74		89	52		6333	3821		1560	922	
辽宁大学出版社	1	1					7	7		2	2	
万卷出版公司	174	132		69	61		6211	5427		1607	1428	
辽宁师范大学出版社	4	1		1			71	9		13	3	
大连理工大学出版社	37	18		27	8		1231	855		355	149	
白山出版社	16	16		8	8		160	160		127	127	
吉林人民出版社	60	8		49	6		4093	575		848	170	
吉林科学技术出版社	61	44		84	58		7883	5132		1758	1285	
延边教育出版社	50	40		27	24		1183	1138		279	247	
北方妇女儿童出版社	531	404		458	400		30309	26745		8169	7185	
吉林文史出版社	79	60		27	20		2185	1529		549	372	
吉林美术出版社	786	695		936	784		51842	41119		12654	11215	
吉林摄影出版社	273	155		317	244		24598	17586		5151	3880	
时代文艺出版社	12	2		12	1		3063	362		301	47	
长春出版社	165	41		272	127		18137	9685		3873	1647	
延边人民出版社	254	93		42	18		4450	1386		874	195	
东北师范大学出版社	51	9		216	4		6236	346		1716	125	
吉林大学出版社	62	23		77	33		9466	1499		1809	539	
延边大学出版社	59	46		45	40		4986	4327		876	786	
吉林出版集团	995	744		1233	828		129626	81980		28249	19593	
黑龙江教育出版社	19	18		25	25		2620	2524		521	497	
黑龙江科学技术出版社	40	40		9	9		943	943		197	197	
黑龙江少年儿童出版社	50	46		46	33		3042	1509		1011	465	
北方文艺出版社	8	8		3	3		335	335		83	83	

全国各出版社少年儿童读物出版数量（续表5）

地方出版社

	种数（种）		租型种数（种）	总印数（万册、张）			总印张（千印张）			定价总金额（万元）		
	合计	初版		合计	初版	租型	合计	初版	租型	合计	初版	租型
黑龙江朝鲜民族出版社	32	27		8	6		407	312		109	80	
黑龙江美术出版社	304	303		33	33		1067	1067		294	293	
哈尔滨出版社	47	47		41	41		4810	4810		1130	1130	
哈尔滨地图出版社	17	17		9	9		878	878		211	211	
哈尔滨工程大学出版社	1	1					22	22		5	5	
哈尔滨工业大学出版社	15	15		4	4		603	603		119	119	
上海人民出版社	1	1		2	2		204	204		93	93	
上海教育出版社	27	6		47	4		800	100		578	102	
上海科技教育出版社	28	15		18	8		796	303		244	142	
上海科学普及出版社	115	92		102	88		4882	4370		3556	2893	
少年儿童出版社	441	197		949	315		77276	28647		19632	8293	
上海文艺出版社	7	6		6	5		581	572		251	249	
上海辞书出版社	3	3		1	1		96	96		39	39	
上海人民美术出版社	205	103		952	146		20981	5118		7134	4399	
上海译文出版社	53	32		108	43		8275	3356		2670	1253	
上海音乐学院出版社	2			1			38			13		
中国福利会出版社	153	79		1068	426		31821	13722		112570	43570	
上海书店	2	2		1	1		21	21		19	19	
上海科学技术文献出版社	43	39		15	14		1624	1468		346	325	
立信会计出版社	1						71			9		
上海远东出版社	4	2		2	1		50	26		18	10	
上海三联书店	3			12			540			192		
学林出版社	9	9		6	6		321	321		102	102	
复旦大学出版社	67	64		28	26		954	778		881	837	
华东师范大学出版社	209	141		129	68		5351	3736		2075	1499	
上海交通大学出版社	7	4		14	9		830	283		143	89	
上海外语教育出版社	25	15		16	8		740	362		280	188	
上海财经大学出版社	1						43			11		
上海音乐出版社	15	10		5	3		213	138		195	168	
上海文化出版社	1	1					18	18		18	18	
江苏人民出版社	46	12		30	9		2509	547		674	310	
江苏教育出版社	94	53		57	40		2433	1318		964	654	
江苏科学技术出版社	85	39		60	45		3873	2328		1093	755	
江苏少年儿童出版社	627	338		1108	563		66441	25251		16581	7659	

全国各出版社少年儿童读物出版数量（续表6）

地方出版社

	种数（种）		租型种数（种）	总印数（万册、张）			总印张（千印张）			定价总金额（万元）		
	合计	初版		合计	初版	租型	合计	初版	租型	合计	初版	租型
江苏文艺出版社	291	226		385	339		24244	21428		7250	6422	
江苏美术出版社	129	94		136	118		11288	10114		2828	2479	
古吴轩出版社	3	2		1			82	43		21	10	
南京出版社	13	11		148	145		7038	6678		1135	1064	
译林出版社	224	104		163	46		15309	3746		3088	1123	
东南大学出版社	30	25		19	17		2763	2467		657	600	
河海大学出版社	15	9		8	7		368	343		84	78	
南京大学出版社	152	152		343	343		31942	31942		6558	6558	
苏州大学出版社	13	4		20	3		2431	377		428	58	
中国矿业大学出版社	4	4		4	4		96	96		57	57	
南京师范大学出版社	94	65		75	38		2234	1408		1363	854	
凤凰出版社	18	2		10	2		651	220		152	68	
广陵书社	4			15			1126			164		
江苏大学出版社	1	1					36	36		8	8	
浙江人民出版社	127	20		99	17		9183	1616		1909	330	
浙江教育出版社	457	249		373	156		21172	6849		6080	2424	
浙江科学技术出版社	21	4		9	2		872	111		230	48	
浙江少年儿童出版社	1295	502		4054	1373		316121	98622		64909	22380	
浙江文艺出版社	217	79		246	107		20194	7579		4305	1778	
浙江人民美术出版社	222	110		155	91		8455	4766		2203	1317	
浙江摄影出版社	66	41		39	31		2969	2376		807	677	
浙江古籍出版社	34	13		48	4		3521	208		585	42	
杭州出版社	1	1		1	1		45	45		10	10	
西泠印社出版社	4	4		1	1		30	30		17	17	
宁波出版社	84	66		55	44		2797	2370		832	673	
浙江大学出版社	49	44		77	75		2150	2052		1279	1249	
浙江工商大学出版社	1	1		2	2		86	86		18	18	
安徽人民出版社	2	2		1	1		65	65		21	21	
安徽教育出版社	204	58		78	30		6786	2364		1733	610	
安徽科学技术出版社	243	53		88	26		9832	2874		2348	738	
安徽少年儿童出版社	1055	497		1696	912		107172	60451		27616	16355	
安徽文艺出版社	49	12		19	9		1980	1091		417	238	
安徽美术出版社	181	181		89	89		7744	7744		2043	2043	
黄山书社	240	12		35	12		2278	272		621	180	

全国各出版社少年儿童读物出版数量（续表7）

地方出版社

	种数（种）		租型种数（种）	总印数（万册、张）			总印张（千印张）			定价总金额（万元）		
	合计	初版		合计	初版	租型	合计	初版	租型	合计	初版	租型
安徽大学出版社	28	15		7	5		590	479		138	113	
合肥工业大学出版社	2	2		1	1		85	85		19	19	
山东科学技术出版社	18	14		60	57		2806	2330		1627	1506	
福建人民出版社	9	8		3	2		112	99		36	29	
福建教育出版社	24	23		54	54		1400	1357		695	688	
福建少年儿童出版社	236	191		297	256		19134	15433		4823	3998	
海峡文艺出版社	30	29		10	9		710	678		137	132	
福建美术出版社	1	1		1	1		20	20		8	8	
海峡书局出版社	2	2		1	1		38	38		11	11	
鹭江出版社	11	10		11	9		638	583		219	204	
厦门大学出版社	5	2		5	1		676	186		116	37	
江西人民出版社	10	8		15	12		992	881		273	212	
江西教育出版社	49	49		38	38		3199	3199		644	644	
江西科学技术出版社	7	5		4	3		149	119		74	55	
百花洲文艺出版社	6	6	1	26	6	20	1762	971	791	342	203	138
二十一世纪出版社	1224	457		2808	906		167568	59403		43379	16148	
江西美术出版社	62	60		24	23		738	664		308	290	
江西高校出版社	238	205		243	165		8655	6193		3928	3234	
山东人民出版社	58	58		151	151		5978	5978		1588	1588	
山东教育出版社	70	70		82	82		6320	6320		1102	1102	
明天出版社	494	193		1769	613		115612	40033		30287	10535	
山东文艺出版社	60	60		28	28		2107	2107		502	502	
山东美术出版社	87	81		47	37		1862	1596		885	774	
山东画报出版社	3	2		2	1		149	126		57	51	
山东友谊出版社	1						7			4		
济南出版社	68	61		122	117		9192	8731		2493	2397	
青岛出版社	265	149		421	228		23813	13181		6680	3991	
山东大学出版社	2	2		1	1		53	53		20	20	
中国海洋大学出版社	5	4		4	4		385	353		126	120	
黄河出版社	5	5		22	22		1167	1167		489	489	
安徽师范大学出版社	38	38		66	66		6877	6877		1332	1332	
河南人民出版社	14	14		14	14		1477	1477		356	356	
河南科学技术出版社	3	3		3	3		129	129		34	34	
海燕出版社	238	116		346	134		13638	4506		4372	1517	

全国各出版社少年儿童读物出版数量（续表8）

地方出版社

	种数（种）		租型种数（种）	总印数（万册、张）			总印张（千印张）			定价总金额（万元）		
	合计	初版		合计	初版	租型	合计	初版	租型	合计	初版	租型
文心出版社	8	8		21	21		455	455		288	288	
黄河水利出版社	2	2					22	22		4	4	
河南大学出版社	15	15		5	5		419	419		123	123	
长江少年儿童出版社	279	58		544	111		61617	8886		9963	2064	
湖北美术出版社	19	19		93	93		1520	1520		749	749	
华中师范大学出版社	46	27		85	64		6223	4294		1702	1002	
武汉理工大学出版社	62	54		72	57		8629	6906		2230	1913	
长江出版社	84	84		20	20		885	885		334	334	
湖南少年儿童出版社	1056	530		1215	629		91126	46670		24243	11769	
湖南美术出版社	68	47		23	21		1795	1622		754	691	
湖南大学出版社	2	2		3	3		133	133		24	24	
广东人民出版社	10	10		3	3		162	162		79	79	
广东教育出版社	185	73		140	47		4515	1204		2786	1299	
广东高等教育出版社	6	2		4			64	7		20	4	
广东经济出版社	2	2		1	1		176	176		40	40	
广东旅游出版社	5	3		6	2		585	30		127	15	
岭南美术出版社	6	5		25	19		802	482		283	188	
广东新世纪出版社	177	48		831	38		12518	1085		4590	462	
花城出版社	1	1		1	1		76	76		24	24	
海天出版社	22	22		8	8		226	226		115	115	
广州出版社	9	9		12	12		376	376		200	200	
华南理工大学出版社	8	8		4	4		220	220		67	67	
汕头大学出版社	126	110		146	126		10106	8871		2861	2421	
中山大学出版社	18	17		27	26		1871	1767		373	352	
羊城晚报出版社	2	2		1	1		7	7		20	20	
深圳报业集团出版社	3	3		1	1		46	46		115	115	
广西教育出版社	119	51		258	106		10772	5590		4275	2201	
广西科学技术出版社	39	18		109	34		9457	1902		3086	705	
接力出版社	758	354		1685	814		111875	58413		34261	17059	
广西师范大学出版社	168	154		134	116		6667	5333		4027	3470	
海南出版社	17	2		79	1		4509	41		571	21	
南海出版公司	7	4		4	2		307	155		68	40	
三环出版社	9	3		81	70		2492	1119		799	408	
西南师范大学出版社	27	3		12	3		509	112		96	26	

全国各出版社少年儿童读物出版数量（续表9）

地方出版社

	种数（种）		租型种数（种）	总印数（万册、张）			总印张（千印张）			定价总金额（万元）		
	合计	初版		合计	初版	租型	合计	初版	租型	合计	初版	租型
四川人民出版社	1						40			6		
四川少年儿童出版社	640	410		1073	760		48076	34351		17875	13712	
四川文艺出版社	2	1		2	1		311	288		54	48	
四川民族出版社	3	1		1			92	7		15	1	
四川美术出版社	38	18		16	10		460	268		190	118	
天地出版社	6	6		6	6		112	112		72	72	
成都地图出版社	34	32		37	29		913	298		687	525	
成都时代出版社	18	16		8	7		248	179		280	268	
电子科技大学出版社	2	1					30	21		12	9	
四川大学出版社	1						25			6		
贵州人民出版社	19	19		23	23		1550	1550		801	801	
贵州教育出版社	16	16		644	644		12966	12966		7055	7055	
贵州大学出版社	4	4					199	199		21	21	
晨光出版社	20	10		19	7		339	108		125	81	
云南美术出版社	8	7		8	6		320	255		146	122	
西藏人民出版社	11	2		5	1		120	26		59	12	
藏文古籍出版社	5	5		2	2		135	135		41	41	
陕西人民出版社	19	15		8	7		268	170		120	88	
陕西人民教育出版社	25	14		31	20		2704	1568		704	455	
未来出版社	183	37		442	42		13014	1608		12543	1538	
太白文艺出版社	4	4		2	2		93	93		28	28	
陕西旅游出版社	5	5		24	24		180	180		240	240	
西安出版社	103	83		85	60		1790	1382		1417	1166	
陕西师范大学出版社	6	6		2	2		95	95		29	29	
西安交通大学出版社	1	1					1	1				
甘肃科学技术出版社	3	3					44	44		11	11	
甘肃少年儿童出版社	80	48		140	44		6576	2933		2433	912	
兰州大学出版社	5	5		1	1		94	94		23	23	
青海民族出版社	4	4		1	1		15	15		6	6	
阳光出版社	23	19		18	15		1516	1386		1096	868	
新疆青少年出版社	207	144		90	64		5480	4583		1436	1246	
喀什维吾尔文出版社	68	62		26	21		1494	988		303	227	
克孜勒苏柯尔克孜文出版社	10	10		1	1		119	119		58	58	
伊犁人民出版社	7	2		3	1		76	48		29	19	
新疆人民卫生出版社	2	2		1	1		41	41		8	8	

全 国 课 本 出 版 数 量

	种数（种）		租型种数（种）	总印数（万册、张）		总印张（千印张）		定价总金额（万元）	
	合计	初版		合计	租型	合计	租型	合计	租型
课本合计	**92370**	**34147**	**8752**	**349949**	**137831**	**27398531**	**9825961**	**3676175**	**1018630**
（1）大专及以上课本	59215	23578	35	33218	37	5866909	5037	1112414	630
（2）中专、技校课本	7768	2651	2	7579		950631	63	170837	12
（3）中学课本	8829	2162	5216	167384	77496	12530288	6365979	1323130	632659
（4）小学课本	6783	1741	3283	134540	60148	7017374	3435710	827637	381641
（5）业余教育课本	5199	2567	1	4053	1	641981	110	157319	18
（6）扫盲课本	4			21		705		92	
（7）教学用书	4572	1448	215	3154	149	390643	19062	84746	3670

全国课本出版数量与去年相比增减百分比

	种数		租型种数	总印数		总印张		定价总金额	
	合计	初版		合计	租型	合计	租型	合计	租型
课本合计	**5.55**	**12.38**	**1.73**	**1.43**	**-2.05**	**1.84**	**-1.81**	**3.92**	**0.14**
（1）大专及以上课本	6.10	11.54	-10.26	2.45	184.62	2.37	109.53	5.79	50.36
（2）中专、技校课本	18.18	43.22		-0.08		0.45		5.01	
（3）中学课本	8.20	16.74	7.24	0.23	-0.22	1.26	-1.44	1.09	-1.13
（4）小学课本	4.98	25.16	-7.47	3.99	-4.45	5.15	-2.79	8.88	1.93
（5）业余教育课本	4.57	2.89		11.56		8.09		11.03	
（6）扫盲课本	-20.00	-100.00		2000.00		1338.78		820.00	
（7）教学用书	-17.28	-12.35	41.45	-36.74	69.32	-33.04	72.44	-24.83	46.51

课 本 出 版 数 量

中央出版社

	种数（种）		租型种数（种）	总印数（万册、张）		总印张（千印张）		定价总金额（万元）	
	合计	初版		合计	租型	合计	租型	合计	租型
课本合计	**54982**	**19099**	**25**	**101740**	**433**	**10334433**	**32131**	**1621148**	**3057**
（1）大专及以上课本	39020	13877		23278		4278983		796545	
（2）中专、技校课本	6298	1836		6678		840447		149652	
（3）中学课本	2606	487	13	46528	429	3237955	31488	350791	2949
（4）小学课本	1328	349		20084		1182686		135583	
（5）业余教育课本	4368	2136		3442		561213		140062	
（6）扫盲课本									
（7）教学用书	1362	414	12	1730	4	233149	643	48515	108

课本出版数量与去年相比增减百分比

中央出版社

	种数		租型种数	总印数		总印张		定价总金额	
	合计	初版		合计	租型	合计	租型	合计	租型
课本合计	**4.06**	**7.09**	**−55.36**	**0.58**	**10.74**	**2.51**	**31.90**	**2.48**	**17.08**
（1）大专及以上课本	6.21	9.93	−100.00	1.74	−100.00	1.54	−100.00	4.23	−100.00
（2）中专、技校课本	12.00	26.97		0.16		−0.28		3.67	
（3）中学课本	−1.44	−23.79	−43.48	−4.16	11.43	3.17	35.79	−2.36	23.44
（4）小学课本	−2.21	41.87		16.73		20.42		20.75	
（5）业余教育课本	−3.00	−5.78		6.33		2.46		5.56	
（6）扫盲课本									
（7）教学用书	−30.83	−32.57	33.33	−33.84	400.00	−34.58	1737.14	−29.87	468.42

课 本 出 版 数 量

地方出版社

	种数（种）		租型种数（种）	总印数（万册、张）		总印张（千印张）		定价总金额（万元）	
	合计	初版		合计	租型	合计	租型	合计	租型
课本合计	**37388**	**15048**	**8727**	**248209**	**137398**	**17064098**	**9793830**	**2055027**	**1015573**
（1）大专及以上课本	20195	9701	35	9940	37	1587927	5037	315869	630
（2）中专、技校课本	1470	815	2	900		110184	63	21185	12
（3）中学课本	6223	1675	5203	120855	77067	9292332	6334491	972339	629710
（4）小学课本	5455	1392	3283	114457	60148	5834688	3435710	692054	381641
（5）业余教育课本	831	431	1	612	1	80768	110	17257	18
（6）扫盲课本	4			21		705		92	
（7）教学用书	3210	1034	203	1424	145	157494	18419	36231	3562

课本出版数量与去年相比增减百分比

地方出版社

	种数		租型种数	总印数		总印张		定价总金额	
	合计	初版		合计	租型	合计	租型	合计	租型
课本合计	**7.83**	**19.90**	**2.11**	**1.79**	**-2.09**	**1.44**	**-1.89**	**5.08**	**0.09**
（1）大专及以上课本	5.88	13.91	133.33	4.17	428.57	4.69	297.55	9.91	191.67
（2）中专、技校课本	54.74	101.23		-1.96		6.36		15.61	
（3）中学课本	12.82	38.09	7.48	2.03	-0.27	0.61	-1.58	2.40	-1.22
（4）小学课本	6.90	21.57	-7.47	2.04	-4.45	2.51	-2.79	6.83	1.93
（5）业余教育课本	77.19	89.04		54.55		74.87		91.72	
（6）扫盲课本	-20.00	-100.00		2000.00		1338.78		820.00	
（7）教学用书	-9.78	-0.39	41.96	-39.94	66.67	-30.62	67.16	-16.82	43.22

全国各地区课本出版总量

	课本合计								
	种数（种）		租型种数（种）	总印数（万册、张）		总印张（千印张）		定价总金额（万元）	
	合计	初版		合计	租型	合计	租型	合计	租型
全国总计	**92370**	**34147**	**8752**	**349949**	**137831**	**27398531**	**9825961**	**3676175**	**1018630**
中　央	**54982**	**19099**	**25**	**101740**	**433**	**10334433**	**32131**	**1621148**	**3057**
地　方	**37388**	**15048**	**8727**	**248209**	**137398**	**17064098**	**9793830**	**2055027**	**1015573**
北　京	758	174		1794		156512		19880	
天　津	975	463	125	1195	679	107901	48909	16424	5148
河　北	435	167	221	11862	6670	802726	501827	83008	47841
山　西	102	48	272	5020	4318	369674	324979	41417	34956
内蒙古	859	151	339	4601	3300	324656	240770	32165	24333
辽　宁	2733	1205		3990		300565		55790	
吉　林	1207	575	339	5670	3706	362587	232197	41660	22743
黑龙江	708	353	420	3583	3020	249415	211816	31871	24279
上　海	5390	1844		14768		1256931		193403	
江　苏	3370	1397	312	24188	8350	1496886	567191	177265	58066
浙　江	1791	680	309	13085	7792	842416	538724	102372	55629
安　徽	951	384	773	12801	10700	910917	783376	112707	88368
福　建	437	214	188	4139	3092	297739	226600	31509	21124
江　西	401	198	241	7535	6028	557087	473307	59605	45026
山　东	1653	801	589	20687	12119	1254769	685721	154575	84455
河　南	1295	554	155	11290	4480	758189	334240	89068	31255
湖　北	2731	1291	469	8283	6250	678961	471405	89437	51212
湖　南	1258	527	362	14550	9271	767514	579359	110037	66082
广　东	1670	736	155	18819	7792	1347382	624913	137569	55358
广　西	435	108	313	11515	6476	756974	509671	78954	49618
海　南	59	29	208	1208	1042	77815	70785	8948	7912
重　庆	1959	835	253	6808	2786	448438	178398	62965	22965
四　川	1932	811	353	9320	6516	742361	496244	85814	50741
贵　州	116	49	281	6426	5492	451080	411784	46214	39991
云　南	197	93	266	7269	5593	496428	427157	48661	40102
西　藏	169	8	288	1024	706	71896	52002	7834	5607
陕　西	1782	936	449	7401	4626	542777	340323	66399	34807
甘　肃	62	53	238	3342	3303	256579	254818	26118	25632
青　海	221		219	930	708	66929	48127	6179	5152
宁　夏			196	906	906	65621	65621	7678	7678
新　疆	1732	364	394	4200	1677	244373	93566	29501	9493

全国各地区各类课本出版数量

	大 专 及 以 上 课 本								
	种数（种）		租型种数（种）	总印数（万册、张）		总印张（千印张）		定价总金额（万元）	
	合计	初版		合计	租型	合计	租型	合计	租型
全国总计	**59215**	**23578**	**35**	**33218**	**37**	**5866909**	**5037**	**1112414**	**630**
中　　央	**39020**	**13877**		**23278**		**4278983**		**796545**	
地　　方	**20195**	**9701**	**35**	**9940**	**37**	**1587927**	**5037**	**315869**	**630**
北　　京	218	54		72		13412		2386	
天　　津	814	420		205		35183		7061	
河　　北	36	18		17		2968		540	
山　　西	22	12		9		1245		224	
内 蒙 古	94	38		25		4389		639	
辽　　宁	2028	898		1073		170389		35570	
吉　　林	464	361	1	167		24964	32	5213	6
黑 龙 江	535	307		115		18860		3855	
上　　海	3191	1238		3682		579420		114254	
江　　苏	1784	900		634		103623		20846	
浙　　江	1046	412		306		48349		10039	
安　　徽	665	332		276		42564		8287	
福　　建	222	117		134		23682		3788	
江　　西	148	63		48		8208		1561	
山　　东	503	274		294		48898		8929	
河　　南	422	190	1	144		23510	23	4314	4
湖　　北	2311	1082	19	739	8	128129	1383	24560	239
湖　　南	609	335		225		34970		7815	
广　　东	769	403		284		46751		9624	
广　　西	107	46	5	162	27	21004	3417	3644	350
海　　南	27	26		3		511		109	
重　　庆	1306	635		422		61912		13359	
四　　川	1393	680		395		63929		12517	
贵　　州	17	17		11		883		400	
云　　南									
西　　藏									
陕　　西	1444	824	9	495	1	79896	183	16271	30
甘　　肃	19	19		2		253		55	
青　　海									
宁　　夏									
新　　疆	1			1		25		8	

全国各地区各类课本出版数量（续表1）

	中专、技校课本									
	种数（种）		租型种数（种）	总印数（万册、张）		总印张（千印张）		定价总金额（万元）	
	合计	初版		合计	租型	合计	租型	合计	租型
全国总计	**7768**	**2651**	**2**	**7579**		**950631**	**63**	**170837**	**12**
中　　央	**6298**	**1836**		**6678**		**840447**		**149652**	
地　　方	**1470**	**815**	**2**	**900**		**110184**	**63**	**21185**	**12**
北　　京	1					24		4	
天　　津	1			1		120		18	
河　　北									
山　　西	2	2				35		6	
内 蒙 古									
辽　　宁	26	9		5		662		129	
吉　　林	8	2		2		222		40	
黑 龙 江	3	1		2		290		53	
上　　海	227	135		98		12209		2376	
江　　苏	320	124		442		51682		9949	
浙　　江	98	50		81		8820		1723	
安　　徽	31	13		9		1148		258	
福　　建	20	8		14		2435		460	
江　　西	72	59		21		2057		451	
山　　东	48	4		14		2173		308	
河　　南	57	47		11		1634		353	
湖　　北	151	134	2	41		5150	63	1231	12
湖　　南	11			16		1503		182	
广　　东	57	11		50		7041		1035	
广　　西	6	1		6		600		125	
海　　南									
重　　庆	126	64		34		3993		804	
四　　川	79	49		28		4858		931	
贵　　州									
云　　南									
西　　藏									
陕　　西	107	83		22		3192		681	
甘　　肃	19	19		3		335		69	
青　　海									
宁　　夏									
新　　疆									

全国各地区各类课本出版数量（续表2）

	中学课本								
	种数（种）		租型种数（种）	总印数（万册、张）		总印张（千印张）		定价总金额（万元）	
	合计	初版		合计	租型	合计	租型	合计	租型
全国总计	**8829**	**2162**	**5216**	**167384**	**77496**	**12530288**	**6365979**	**1323130**	**632659**
中　央	**2606**	**487**	**13**	**46528**	**429**	**3237955**	**31488**	**350791**	**2949**
地　方	**6223**	**1675**	**5203**	**120855**	**77067**	**9292332**	**6334491**	**972339**	**629710**
北　京	186	22		850		80409		9581	
天　津	64	17	72	534	378	42946	31764	4477	3096
河　北	90	28	119	5148	3820	430386	329642	39587	29257
山　西	17	7	168	3035	2668	256542	231855	28155	24723
内蒙古	351	35	232	2632	1963	215133	164329	19961	15547
辽　宁	272	104		959		47383		6992	
吉　林	373	115	196	3075	2134	214829	158990	22817	15213
黑龙江	36	7	249	2010	1838	151704	143485	17759	16120
上　海	690	99		6233		444228		46839	
江　苏	435	119	159	11168	5075	763428	360254	71539	33854
浙　江	235	75	195	5168	3478	417897	305621	41541	27927
安　徽	101	11	477	7210	6718	574320	551477	64998	59891
福　建	47	19	104	1824	1636	145877	135143	13848	12299
江　西	65	19	162	3791	3269	333457	298495	33194	27808
山　东	454	287	392	10364	6450	733080	434210	84312	51352
河　南	368	101	106	5691	2512	480081	221645	50656	19608
湖　北	130	40	221	4203	3429	347599	296767	41042	32161
湖　南	282	92	220	8030	5369	466673	372062	61936	41899
广　东	473	189	87	10802	4771	859700	443355	82131	38171
广　西	97	21	200	5324	3846	418271	340751	39424	31259
海　南	6	2	109	595	575	46181	45073	5110	4966
重　庆	181	29	133	2382	1493	160125	110997	22474	14834
四　川	150	27	179	5245	3580	460101	324916	45231	30901
贵　州	42	12	158	2568	2218	213955	194660	20395	17498
云　南	57	16	146	3373	2864	283026	256291	25900	22993
西　藏	34	3	180	496	451	41416	36290	4216	3753
陕　西	79	5	272	3138	2628	257030	227977	25583	21712
甘　肃	1		158	2221	2221	191129	191117	18975	18973
青　海	99		124	475	407	39697	31664	3777	3331
宁　夏			128	497	497	42332	42332	4965	4965
新　疆	808	174	257	1813	778	133397	53330	14923	5600

全国各地区各类课本出版数量（续表3）

	小学课本								
	种数（种）		租型种数（种）	总印数（万册、张）		总印张（千印张）		定价总金额（万元）	
	合计	初版		合计	租型	合计	租型	合计	租型
全国总计	**6783**	**1741**	**3283**	**134540**	**60148**	**7017374**	**3435710**	**827637**	**381641**
中　　央	**1328**	**349**		**20084**		**1182686**		**135583**	
地　　方	**5455**	**1392**	**3283**	**114457**	**60148**	**5834688**	**3435710**	**692054**	**381641**
北　　京	159	30		786		50501		5452	
天　　津	44	16	53	415	301	22752	17145	2971	2052
河　　北	158	45	102	6627	2850	360799	172185	41047	18584
山　　西	33	12	104	1928	1650	108963	93124	12572	10234
内 蒙 古	266	53	107	1935	1338	103602	76441	11383	8786
辽　　宁	238	90		1871		73243		11034	
吉　　林	252	64	140	2340	1571	110687	73119	11446	7521
黑 龙 江	52	4	134	1427	1180	75505	68016	9723	8128
上　　海	510	115		4526		187876		23181	
江　　苏	391	98	65	11599	3209	528390	196563	60019	21727
浙　　江	267	90	109	7390	4311	354423	232884	46654	27681
安　　徽	105	5	296	5291	3982	291081	231898	38746	28477
福　　建	76	29	84	2140	1456	122482	91457	12648	8825
江　　西	58	17	79	3650	2758	210789	174812	23616	17218
山　　东	331	93	191	9907	5661	457441	249982	58559	32919
河　　南	297	83	44	5366	1927	244937	108948	31911	11060
湖　　北	107	23	196	3288	2807	196687	172634	22278	18713
湖　　南	243	83	142	6208	3902	258037	207297	37524	24183
广　　东	172	66	62	7290	3018	401177	181138	40622	17152
广　　西	181	28	108	6016	2603	316757	165503	35660	18009
海　　南	20		99	599	466	29154	25711	3357	2946
重　　庆	259	76	120	3951	1294	219762	67401	25419	8131
四　　川	100	9	174	3608	2936	207852	171329	25400	19840
贵　　州	54	18	123	3846	3274	235934	217125	25348	22493
云　　南	136	73	120	3896	2729	213354	170867	22742	17109
西　　藏	78	5	93	510	246	28856	15065	3470	1784
陕　　西	121	11	167	3733	1995	201479	112054	23484	13047
甘　　肃	1		80	1082	1082	63712	63701	6661	6659
青　　海	102		94	452	299	27027	16361	2389	1814
宁　　夏			68	409	409	23289	23289	2713	2713
新　　疆	644	156	129	2370	894	108139	39662	14025	3837

全国各地区各类课本出版数量（续表4）

	业余教育课本								
	种数（种）		租型种数（种）	总印数（万册、张）		总印张（千印张）		定价总金额（万元）	
	合计	初版		合计	租型	合计	租型	合计	租型
全国总计	**5199**	**2567**	**1**	**4053**	**1**	**641981**	**110**	**157319**	**18**
中　　央	**4368**	**2136**		**3442**		**561213**		**140062**	
地　　方	**831**	**431**	**1**	**612**	**1**	**80768**	**110**	**17257**	**18**
北　　京	131	38		64		9554		2060	
天　　津	28	5		12		1758		404	
河　　北	24	23		11		2334		556	
山　　西	14	9		9		948		211	
内 蒙 古	6	6		6		1117		162	
辽　　宁	75	48		54		6930		1602	
吉　　林	49	24		62		5993		1123	
黑 龙 江	39	26		14		1815		320	
上　　海	65	18		76		13117		2700	
江　　苏	94	50		77		11423		2722	
浙　　江	24	10		64		7644		1134	
安　　徽	36	19		13		1600		379	
福　　建	30	22		14		2322		492	
江　　西	43	38		19		2148		695	
山　　东	48	32		32		3564		843	
河　　南									
湖　　北	5	2		1		168		47	
湖　　南									
广　　东	18	16		6		734		169	
广　　西									
海　　南	6	1		11		1970		372	
重　　庆									
四　　川	69	26		28		3933		806	
贵　　州	3	2		2		308		71	
云　　南	4	4		1		48		19	
西　　藏									
陕　　西	7	6	1	4	1	422	110	85	18
甘　　肃	11	4		30		821		267	
青　　海									
宁　　夏									
新　　疆	2	2		1		98		19	

全国各地区各类课本出版数量（续表5）

	扫盲课本								
	种数（种）		租型种数（种）	总印数（万册、张）		总印张（千印张）		定价总金额（万元）	
	合计	初版		合计	租型	合计	租型	合计	租型
全国总计	**4**			**21**		**705**		**92**	
中　　央									
地　　方	**4**			**21**		**705**		**92**	
北　　京									
天　　津									
河　　北									
山　　西									
内 蒙 古									
辽　　宁									
吉　　林									
黑 龙 江									
上　　海									
江　　苏									
浙　　江									
安　　徽									
福　　建	3			6		292		46	
江　　西									
山　　东									
河　　南									
湖　　北									
湖　　南	1			15		413		46	
广　　东									
广　　西									
海　　南									
重　　庆									
四　　川									
贵　　州									
云　　南									
西　　藏									
陕　　西									
甘　　肃									
青　　海									
宁　　夏									
新　　疆									

全国各地区各类课本出版数量（续表6）

	教学用书								
	种数（种）		租型种数（种）	总印数（万册、张）		总印张（千印张）		定价总金额（万元）	
	合计	初版		合计	租型	合计	租型	合计	租型
全国总计	**4572**	**1448**	**215**	**3154**	**149**	**390643**	**19062**	**84746**	**3670**
中　　央	**1362**	**414**	**12**	**1730**	**4**	**233149**	**643**	**48515**	**108**
地　　方	**3210**	**1034**	**203**	**1424**	**145**	**157494**	**18419**	**36231**	**3562**
北　　京	63	30		21		2611		397	
天　　津	24	5		27		5143		1494	
河　　北	127	53		59		6239		1277	
山　　西	14	6		40		1942		249	
内 蒙 古	142	19		3		416		20	
辽　　宁	94	56		28		1959		463	
吉　　林	61	9	2	24	1	5892	56	1021	3
黑 龙 江	43	8	37	16	2	1240	315	162	31
上　　海	707	239		153		20081		4052	
江　　苏	346	106	88	270	69	38342	10373	12188	2485
浙　　江	121	43	5	76	3	5284	219	1282	21
安　　徽	13	4		2		203		39	
福　　建	39	19		7		647		227	
江　　西	15	2		5		427		87	
山　　东	269	111	6	76	7	9614	1529	1623	182
河　　南	151	133	4	78	40	8026	3625	1835	584
湖　　北	27	10	31	11	5	1227	558	279	87
湖　　南	112	17		55		5918		2534	
广　　东	181	51	6	386	3	31979	421	3988	34
广　　西	44	12		6		342		101	
海　　南									
重　　庆	87	31		19		2645		909	
四　　川	141	20		16		1688		928	
贵　　州									
云　　南									
西　　藏	57		15	18	9	1624	647	148	71
陕　　西	24	7		8		758		297	
甘　　肃	11	11		3		329		90	
青　　海	20		1	3	1	205	103	13	8
宁　　夏									
新　　疆	277	32	8	15	4	2714	574	527	56

全国各出版社课本出版数量

中央出版社

	种数（种）		租型种数（种）	总印数（万册、张）		总印张（千印张）		定价总金额（万元）	
	合计	初版		合计	租型	合计	租型	合计	租型
中　央	**54982**	**19099**	**25**	**101740**	**433**	**10334433**	**32131**	**1621148**	**3057**
人民出版社	17	5		73		4484		568	
商务印书馆	30	20		46		3774		805	
东方出版中心	16	2		16		625		135	
中华书局	34	32		24		1642		392	
人民美术出版社	101	58		303		16233		3449	
人民音乐出版社	193	75		308		23890		7114	
中国大百科全书出版社	20	2		84		4449		859	
中国对外翻译出版公司	77	66		72		3888		888	
文化发展出版社	31	21		7		951		293	
中国盲文出版社	32	19		4		453		79	
中国书籍出版社	12	12		2		267		59	
中国戏剧出版社	2	2				57		13	
中国财政经济出版社	321	139		449		82609		14302	
企业管理出版社	12	12		2		217		67	
民族出版社	23	15		7		1429		227	
中国青年出版社	116	29		42		5641		2085	
中国工人出版社	22	3		31		3543		913	
人民体育出版社	101	21		75		15211		2749	
中国协和医科大学出版社	84	61		36		7818		1911	
中国电影出版社	2	2		1		176		46	
人民日报出版社	3	3		2		236		49	
新华出版社	34	22		34		1874		359	
群众出版社	36	2		10		1646		395	
北京大学出版社	2152	693		902		158758		33816	
中国人民大学出版社	1702	658		1120		232860		40077	
外语教学与研究出版社	730	148		1951		287475		65037	
人民教育出版社	1658	298		16314		1528783		165307	
中国农业出版社	782	336		489		79049		15084	
中国轻工业出版社	482	157		119		22354		4945	
中国纺织出版社	179	71		40		6494		1732	
煤炭工业出版社	146	73		46		6887		1401	
石油工业出版社	141	44		51		8829		1751	
中国水利水电出版社	958	437		310		50217		10360	
中国原子能出版传媒公司	12	12		1		79		20	
中国科技出版传媒公司	1143	368		805		107883		20816	
科学普及出版社	74	27		1719		159636		15902	

全国各出版社课本出版数量（续表 1）

中央出版社

	种数（种）		租型种数（种）	总印数（万册、张）		总印张（千印张）		定价总金额（万元）	
	合计	初版		合计	租型	合计	租型	合计	租型
科学技术文献出版社	20	18		1		332		68	
机械工业出版社	3584	1313		1342		248328		52019	
冶金工业出版社	265	134		56		9896		2278	
化学工业出版社	2157	806		634		96445		21268	
中国建筑工业出版社	1034	304		655		140799		31648	
中国铁道出版社	1145	544		382		59432		12730	
人民交通出版社	984	314		1243		166904		48513	
中国质检出版社	71	19		20		3407		847	
人民邮电出版社	2151	745		616		98011		21339	
海洋出版社	34	22		12		2204		542	
地质出版社	276	77		1898		87730		10550	
地震出版社	5	5		2		523		341	
气象出版社	42	19		12		1671		375	
北京交通大学出版社	852	380		472		84410		15798	
中国地图出版社	702	201		10788		507466		67489	
人民卫生出版社	1709	515		1894		453357		85549	
国防工业出版社	185	74		60		9916		2084	
中国旅游出版社	59	31		31		4058		834	
中国商务出版社	83	41		20		3889		740	
新世界出版社	17	17		187		17484		1805	
外文出版社	40	23		14		2484		604	
语文出版社	217	45		2227		183386		18950	
中共中央党校出版社	29	15		17		4354		626	
法律出版社	76	30		25		5001		987	
中国统计出版社	34	17		11		2122		426	
中国摄影出版社	6	5		3		693		283	
中国林业出版社	184	53		60		13165		2160	
文化艺术出版社	4	2		2		446		91	
教育科学出版社	606	106		9583		604358		75830	
清华大学出版社	6036	2719		2571		510960		101107	
中国广播影视出版社	24	14		13		2290		610	
中国商业出版社	67	43		19		2560		519	
中国劳动社会保障出版社	1931	468		1639		184477		32302	
中国环境出版社	55	25		96		6903		1697	
北京师范大学出版社	1473	364		14979		1224582		130246	
中国宇航出版社	16	12		5		703		168	
中国工商出版社	6	6		8		574		151	

全国各出版社课本出版数量（续表2）

中央出版社

	种数（种）		租型种数（种）	总印数（万册、张）		总印张（千印张）		定价总金额（万元）	
	合计	初版		合计	租型	合计	租型	合计	租型
中国财富出版社	64	46		16		2212		525	
光明日报出版社	22	22		15		1849		278	
中国金融出版社	155	48		112		24702		4507	
中国海关出版社	19	12		8		1899		412	
电子工业出版社	830	454		806		96080		18321	
中央广播电视大学出版社	542	208		812		131197		22337	
人民军医出版社	109	1		32		4843		982	
经济科学出版社	260	91		102		20272		3751	
高等教育出版社	8072	2049		10097		1619641		269477	
对外经济贸易大学出版社	366	229		107		18377		3678	
经济管理出版社	50	42		19		2748		661	
国际文化出版公司	6	6				52		142	
中国经济出版社	5	4		2		256		52	
中央民族大学出版社	32	16		7		1324		269	
北京语言大学出版社	273	22		124		19376		5197	
中国政法大学出版社	188	117		82		17272		3144	
中国人民公安大学出版社	237	7		58		9831		2473	
北京航空航天大学出版社	204	113		67		13152		2519	
北京理工大学出版社	1582	776		486		72440		16626	
中国农业大学出版社	331	157		106		18135		3371	
中国传媒大学出版社	103	38		59		10201		2301	
北京体育大学出版社	237	67		153		34230		4050	
中国医药科技出版社	314	82		102		18110		3627	
学苑出版社	12	12		5		274		79	
北京邮电大学出版社	825	321		272		43830		8860	
中央音乐学院出版社	2	1		1		41		14	
中华地图学社	25			113		5943		752	
中国人事出版社	4	4		2		186		52	
开明出版社	1	1		1		53		9	
北京大学医学出版社	318	169		180		35962		6851	
中国发展出版社	2			1		94		20	
中国中医药出版社	382	60		196		48040		8138	
中国建材工业出版社	153	139		40		7121		1838	
中国大地出版社	1			7		206		41	
中国三峡出版社	1	1		1		66		60	
星球地图出版社	718	13	25	10197	433	435994	32131	59633	3057
中国民航出版社	37	12		21		2925		783	
中国电力出版社	843	288		239		39762		7739	

全国各出版社课本出版数量（续表3）

地方出版社

	种数（种）		租型种数（种）	总印数（万册、张）		总印张（千印张）		定价总金额（万元）	
	合计	初版		合计	租型	合计	租型	合计	租型
地　　方	**37388**	**15048**	**8727**	**248209**	**137398**	**17064098**	**9793830**	**2055027**	**1015573**
北京出版社	243	69		731		57296		5721	
北京教育出版社	35	9		321		29921		4096	
北京科学技术出版社	13	1		47		4244		396	
北京美术摄影出版社	1	1		1		132		41	
北京燕山出版社	4	2		18		1686		407	
同心出版社	46	4		314		26508		3379	
北京工艺美术出版社	10	10		3		338		150	
旅游教育出版社	80	16		34		4800		1061	
北京联合出版公司	7	7		4		524		145	
中国书店	1	1				45		11	
北京工业大学出版社	33	20		7		1222		218	
首都经济贸易大学出版社	141	17		50		9984		1734	
首都师范大学出版社	144	17		266		19813		2521	
天津人民出版社	68	26		97		6468		1156	
天津教育出版社	51	16	107	736	598	58175	46616	6648	4690
天津科学技术出版社	85	77		17		3066		758	
新蕾出版社	10			33		1723		520	
天津人民美术出版社	4	3	18	82	81	2394	2293	521	458
天津古籍出版社	12	3		31		2809		280	
天津科技翻译出版公司	23	3		6		845		206	
天津社会科学院出版社	3	3		1		70		17	
南开大学出版社	341	216		96		17266		3259	
天津大学出版社	378	116		95		15087		3060	
河北人民出版社	87	19		1037		65225		7186	
河北教育出版社	135	58		1863		132923		13485	
河北科学技术出版社	49	20	5	198	152	18290	16364	1792	1483
河北少年儿童出版社	39	18		745		42157		5901	
花山文艺出版社	7	1	2	95	88	8867	7108	1131	885
河北美术出版社	67	34		1236		36366		6206	
河北大学出版社	51	17		258		20544		1833	
山西人民出版社	10	9		7		821		175	

全国各出版社课本出版数量（续表4）

地方出版社

	种数（种）		租型种数（种）	总印数（万册、张）		总印张（千印张）		定价总金额（万元）	
	合计	初版		合计	租型	合计	租型	合计	租型
山西教育出版社	37	20		264		16061		2379	
山西科学技术出版社	14	9		40		2042		270	
希望出版社	30	7		292		19120		2250	
三晋出版社	2	2		7		421		60	
山西经济出版社	9	1		92		6230		1326	
内蒙古人民出版社	6	6		1		79		16	
内蒙古教育出版社	753	105	339	4565	3300	318803	240770	31332	24333
内蒙古科学技术出版社	1	1				3		1	
远方出版社	1	1				8		2	
内蒙古大学出版社	98	38		35		5764		814	
辽宁人民出版社	9	8		11		1619		362	
辽宁教育出版社	24	5		74		3344		427	
辽宁科学技术出版社	25	18		15		1314		372	
辽宁少年儿童出版社	2			71		2847		484	
春风文艺出版社	2	2		1		312		35	
辽宁美术出版社	279	261		95		8906		4863	
辽宁民族出版社	30	14		166		4970		831	
辽海出版社	281	138		772		29793		4793	
沈阳出版社	37	14		202		9001		1474	
大连出版社	20	15		17		1243		265	
东北财经大学出版社	599	61		503		89178		15170	
东北大学出版社	32	20		16		2574		455	
辽宁大学出版社	39	20		115		7458		1248	
辽宁师范大学出版社	134	18		1140		51195		7212	
万卷出版公司	2	2				55		15	
大连海事大学出版社	123	68		28		4691		1074	
大连理工大学出版社	1082	528		754		80814		16482	
白山出版社	13	13		12		1251		227	
吉林人民出版社	3	1		5		865		60	
吉林教育出版社	21	19		11		704		98	
延边教育出版社	416	61		192		15616		1695	
吉林文史出版社	15	14		9		802		114	

全国各出版社课本出版数量（续表5）

地方出版社

	种数（种）		租型种数（种）	总印数（万册、张）		总印张（千印张）		定价总金额（万元）	
	合计	初版		合计	租型	合计	租型	合计	租型
吉林美术出版社	2	2	5	186	185	4943	4849	922	874
吉林摄影出版社	10	10		5		175		35	
长春出版社	117	51		705		42468		4343	
东北师范大学出版社	114	84	1	122		9504	32	2510	6
吉林大学出版社	395	304		145		19949		4304	
吉林出版集团	114	29	333	4291	3521	267562	227317	27579	21863
黑龙江人民出版社	11	10		1		213		54	
黑龙江教育出版社	115	19	45	567	155	24332	8426	4728	1443
黑龙江科学技术出版社	1	1				10		3	
黑龙江少年儿童出版社	22	6		23		952		142	
黑龙江朝鲜民族出版社	8	7		2		501		79	
黑龙江美术出版社	1	1				12		6	
哈尔滨地图出版社	6	6				57		13	
东北林业大学出版社	46	31		15		1961		310	
哈尔滨工程大学出版社	254	148		58		8189		2075	
哈尔滨工业大学出版社	206	96		44		8247		1384	
黑龙江大学出版社	38	28		8		1552		242	
上海人民出版社	11			56		2808		344	
上海教育出版社	786	140		4312		214668		25811	
上海科学技术文献出版社	183	12		950		101907		10311	
上海科技教育出版社	370	89		3611		229803		24492	
上海科学普及出版社	8	8		9		1029		215	
少年儿童出版社	41	6		126		8656		1237	
上海辞书出版社	18	1		154		10673		1185	
上海人民美术出版社	149	49		39		3786		1478	
上海古籍出版社	4			2		281		49	
上海译文出版社	7			3		428		85	
上海音乐学院出版社	19	8		11		1404		436	
上海书画出版社	65	2		669		21181		3012	
上海科技文献出版社	2	2		1		308		55	
格致出版社	45	29		38		8242		1450	
立信会计出版社	286	63		175		33844		5969	

全国各出版社课本出版数量（续表6）

地方出版社

	种数（种）		租型种数（种）	总印数（万册、张）		总印张（千印张）		定价总金额（万元）	
	合计	初版		合计	租型	合计	租型	合计	租型
上海远东出版社	32			200		14766		1531	
上海三联书店	1			1		39		7	
上海社会科学院出版社	3	2		2		391		79	
复旦大学出版社	771	238		783		117931		25976	
华东理工大学出版社	81	38		29		5292		1101	
华东师范大学出版社	498	155		862		70550		11224	
上海交通大学出版社	594	429		299		50846		9932	
上海外语教育出版社	739	247		2065		302967		56356	
上海浦江教育出版社	3	2		2		301		72	
同济大学出版社	178	50		93		17129		3214	
东华大学出版社	139	100		47		6875		1735	
上海财经大学出版社	248	142		107		21245		4098	
上海大学出版社	40	25		15		2714		489	
上海中西书局	3	3		1		90		34	
上海音乐出版社	66	4		106		6779		1426	
江苏人民出版社	119	39		527		22216		2747	
江苏教育出版社	877	290		7979		497455		52255	
江苏科学技术出版社	275	71		2898		140409		21926	
江苏少年儿童出版社	109	24		1642		47176		5534	
江苏文艺出版社	3	3				26		4	
江苏美术出版社	29	11		9		622		174	
南京出版社	25	5		12		785		128	
译林出版社	139	34		2031		106447		9740	
东南大学出版社	510	147		179		28033		5722	
河海大学出版社	112	36		50		8059		1764	
南京大学出版社	263	248		121		19045		8039	
苏州大学出版社	290	115		169		23828		4082	
中国矿业大学出版社	378	235		135		23385		4618	
南京师范大学出版社	77	14		40		6333		1191	
凤凰出版社	12			8		273		65	
江苏大学出版社	152	125		36		5604		1210	
浙江人民出版社	81	39	3	161	34	11940	1728	2440	337

全国各出版社课本出版数量（续表7）

地方出版社

	种数（种）		租型种数（种）	总印数（万册、张）		总印张（千印张）		定价总金额（万元）	
	合计	初版		合计	租型	合计	租型	合计	租型
浙江教育出版社	387	112	5	2770	15	144723	890	19773	102
浙江科学技术出版社	163	54	30	629	34	40701	3423	5080	409
浙江文艺出版社	36	1		192		14676		1639	
浙江人民美术出版社	41	12		749		21987		4382	
浙江摄影出版社	25	13		505		23454		3543	
浙江古籍出版社	3			35		2353		550	
杭州出版社	1	1				9		4	
宁波出版社	12	10		15		1043		161	
浙江大学出版社	964	402		284		44715		9298	
中国美术学院出版社	38	9		12		1576		431	
浙江工商大学出版社	40	27		24		2556		292	
安徽人民出版社	4	4		1		181		28	
安徽教育出版社	236	22		1420		65639		13390	
安徽科学技术出版社	66	28		22		3366		677	
安徽美术出版社	62	16		110		5349		1497	
黄山书社	6	5		2		257		41	
中国科学技术大学出版社	231	133		83		13321		2584	
安徽大学出版社	179	76		399		30465		4168	
合肥工业大学出版社	151	87		49		7233		1625	
安徽师范大学出版社	16	13		14		1731		329	
福建人民出版社	27	19	2	56	23	5897	4091	814	442
福建教育出版社	125	36		701		34670		4493	
福建少年儿童出版社	18	12		149		6569		817	
海峡文艺出版社	2	1				30		7	
福建美术出版社	1		22	77	76	2519	2499	477	457
鹭江出版社	4	4		6		342		120	
厦门大学出版社	260	142		157		27703		4556	
江西人民出版社	7	7		2		528		84	
江西教育出版社	26	23		61		3817		646	
江西科学技术出版社	58	18		339		24808		3920	
江西美术出版社	81	44		654		19787		4152	
江西高校出版社	229	106		450		34840		5776	

全国各出版社课本出版数量（续表8）

地方出版社

	种数（种）		租型种数（种）	总印数（万册、张）		总印张（千印张）		定价总金额（万元）	
	合计	初版		合计	租型	合计	租型	合计	租型
山东人民出版社	191	191		1411		104149		10929	
山东教育出版社	248	240		800		60183		6311	
山东文艺出版社	63	35	29	662	512	34801	23079	7208	4906
山东美术出版社	58		18	666	215	27974	8346	4186	1575
山东画报出版社	41	19		60		2113		480	
山东友谊出版社	11		6	154	77	6505	4241	778	422
齐鲁书社	43	11		107		6617		991	
济南出版社	15	9		325		27865		2699	
泰山出版社	95	7	12	1262	166	73708	19179	8946	1863
青岛出版社	210	6		2101		119873		16114	
山东大学出版社	99	7		574		36371		3836	
中国石油大学出版社	230	111		188		31054		5473	
中国海洋大学出版社	142	103		58		8323		1906	
黄河出版社	3	3		8		368		160	
山东科学技术出版社	204	59		1163		83988		8869	
河南人民出版社	24	20	8	87	80	6610	5925	931	812
河南科学技术出版社	131	51		1659		61859		8794	
海燕出版社	85	27		1525		51892		6748	
河南文艺出版社	77	21		1298		68466		12377	
河南美术出版社	5	5		5		200		25	
文心出版社	97	45		103		5126		852	
中原农民出版社	74	14		156		10679		1390	
大象出版社	326	143	14	1842	122	193755	10710	22125	878
黄河水利出版社	106	54		35		5722		1204	
河南大学出版社	37	27		68		10002		1208	
郑州大学出版社	333	147	1	235		26295	23	3852	4
湖北人民出版社	41	17		137		8860		1141	
湖北教育出版社	23	5	3	174	13	15165	417	2343	61
湖北科学技术出版社	29	4		314		14557		2098	
长江少年儿童出版社	26	6		68		2910		643	
湖北美术出版社	13	4		36		1626		329	
武汉出版社	65	6		185		9357		1443	

全国各出版社课本出版数量（续表9）

地方出版社

	种数（种）		租型种数（种）	总印数（万册、张）		总印张（千印张）		定价总金额（万元）	
	合计	初版		合计	租型	合计	租型	合计	租型
华中科技大学出版社	468	184		220		31087		6203	
华中师范大学出版社	205	96		289		23479		3936	
武汉大学出版社	1132	569		383		59527		11708	
武汉理工大学出版社	450	187		172		31669		5498	
中国地质大学出版社	276	210		69		9655		2920	
长江出版社	3	3		1		82		25	
湖南人民出版社	35	35		9		540		158	
湖南教育出版社	276	77		86		7766		1662	
湖南科学技术出版社	47	2	5	613	6	19265	552	2788	82
湖南少年儿童出版社	114	46		127		3476		583	
湖南文艺出版社	41	20		1696		12952		12526	
湖南美术出版社	74	11		1791		54913		11016	
岳麓书社	38			429		37233		5484	
湖南师范大学出版社	28	8		262		15967		1530	
中南大学出版社	267	164		92		15242		3525	
湖南大学出版社	158	33		118		11550		2798	
国防科技大学出版社	109	92		35		5585		1121	
湘潭大学出版社	71	39		26		4216		846	
广东人民出版社	74	43		694		41155		4306	
广东教育出版社	408	49	14	6272	39	421912	3014	43727	355
广东高等教育出版社	292	132		1081		97137		12022	
广东科技出版社	176	134		1612		88503		8418	
广东经济出版社	33	15		290		6604		1018	
岭南美术出版社	9	5		765		22154		3664	
广东新世纪出版社	25	3		60		3647		401	
花城出版社	7	7		18		948		107	
广州出版社	10	6		14		2326		416	
华南理工大学出版社	229	124		76		13018		2542	
汕头大学出版社	1	1				53		14	
中山大学出版社	200	115		100		16645		3425	
暨南大学出版社	203	102		60		10349		2335	
深圳报业集团出版社	3			26		1032		172	

全国各出版社课本出版数量（续表 10）

地方出版社

	种数（种）		租型种数（种）	总印数（万册、张）		总印张（千印张）		定价总金额（万元）	
	合计	初版		合计	租型	合计	租型	合计	租型
广西人民出版社	26	14	8	76	59	4399	3739	686	630
广西教育出版社	45	10		738		31318		5162	
广西科学技术出版社	35	1		644		32627		4027	
接力出版社	22	13		239		9553		2047	
广西民族出版社	58	10		874		49904		3735	
广西美术出版社	83	31		432		13700		2764	
漓江出版社	21	1		15		537		59	
广西师范大学出版社	145	28	44	2498	418	144190	35187	15644	4158
海南出版社	38	29		22		3095		566	
三环出版社	21			144		3935		470	
重庆出版社	79	5	224	2948	2588	190621	171751	25287	21869
西南师范大学出版社	742	305	29	2844	198	168660	6647	22652	1095
重庆大学出版社	1138	525		1015		89156		15026	
四川人民出版社	5			49		3062		521	
四川教育出版社	158	18	47	3404	1486	231518	88248	30060	12616
四川文艺出版社	1	1				18		7	
四川民族出版社	219	31	144	440	71	31503	5375	2630	465
电子科技大学出版社	261	169		70		11953		2246	
四川大学出版社	204	104		96		13482		2449	
西南财经大学出版社	290	113		96		15007		3466	
西南交通大学出版社	794	375		205		33197		6777	
贵州人民出版社	12	11	32	666	337	26338	15459	3909	1888
贵州教育出版社	78	23	2	608	23	30037	2762	4239	432
贵州民族出版社	11		8	107	92	3243	2680	618	525
贵州大学出版社	15	15		5		578		302	
云南人民出版社	39	26		176		11141		2118	
云南教育出版社	70			1344		49010		4877	
晨光出版社	27	10		69		2968		553	
云南美术出版社	4			61		3693		477	
云南民族出版社	40	40		16		1852		388	
云南大学出版社	17	17		11		607		146	

全国各出版社课本出版数量（续表11）

地方出版社

	种数（种）		租型种数（种）	总印数（万册、张）		总印张（千印张）		定价总金额（万元）	
	合计	初版		合计	租型	合计	租型	合计	租型
西藏人民出版社	169	8	288	1024	706	71896	52002	7834	5607
陕西人民出版社	18	7	184	2604	2569	212343	210718	18516	18304
陕西人民教育出版社	33	2	118	966	813	67961	57161	7925	6749
陕西科学技术出版社	26	3	4	139	7	5015	424	1005	46
未来出版社	29			820		44411		4349	
陕西人民美术出版社	21		50	752	569	30766	21897	5742	4447
陕西旅游出版社	24	2		76		3790		582	
三秦出版社	7		5	58	20	3107	1588	533	253
西安出版社	3		5	48	45	6221	6041	715	681
陕西师范大学出版社	142	61	12	393	76	23458	5792	3743	533
西安电子科技大学出版社	462	230	1	172		31809	51	5595	9
西安交通大学出版社	553	391	26	579	121	54142	6876	9331	962
西北大学出版社	53	12	23	645	360	38708	25397	4249	2319
西北工业大学出版社	276	164		63		9360		1982	
西北农林科技大学出版社	1	1				15		3	
第四军医大学出版社	134	63		41		7290		1624	
甘肃教育出版社	2		238	3305	3303	254866	254818	25645	25632
甘肃少年儿童出版社	8	1		26		581		220	
甘肃民族出版社	3	3		3		215		38	
兰州大学出版社	49	49		8		917		215	
青海人民出版社			145	633	633	44216	44216	4840	4840
青海民族出版社	221		74	297	75	22712	3911	1339	312
宁夏人民出版社			196	906	906	65621	65621	7678	7678
新疆人民出版社	82	15		226		15234		2238	
新疆教育出版社	1179	159	394	3188	1677	187918	93566	20070	9493
新疆科学技术出版社	136	9		146		13634		1993	
新疆青少年出版社	147	56		66		3771		637	
新疆美术摄影出版社	180	117		569		23102		4330	
喀什维吾尔文出版社	2	2		1		60		10	
伊犁人民出版社	1	1				17		5	
新疆生产建设兵团出版社	5	5		4		637		220	

在地方图书出版数量中各省（自治区、直辖市）所占百分比

	种数		租型种数	总印数			总印张			定价总金额		
	合计	初版		合计	初版	租型	合计	初版	租型	合计	初版	租型
地　方	**100.00**	**100.00**	**100.00**	**100.00**	**100.00**	**100.00**	**100.00**	**100.00**	**100.00**	**100.00**	**100.00**	**100.00**
北　京	4.08	4.35		2.79	5.59		3.34	5.66		4.38	6.37	
天　津	2.17	2.52	1.22	0.76	1.00	0.46	0.93	1.18	0.47	1.36	1.80	0.47
河　北	2.65	2.06	2.93	3.71	3.27	5.22	3.56	2.63	5.40	3.14	2.11	4.97
山　西	1.31	1.25	2.66	2.15	2.39	2.96	2.67	3.84	3.12	2.33	2.43	3.18
内蒙古	1.19	1.30	3.97	1.13	0.58	2.57	1.08	0.54	2.75	0.78	0.58	2.66
辽　宁	4.51	4.98	0.01	2.12	3.46		2.26	3.34	0.01	2.63	3.28	0.01
吉　林	8.14	7.68	7.29	4.25	5.61	3.43	4.93	6.11	3.36	5.52	6.00	3.57
黑龙江	1.90	2.44	5.22	1.24	0.86	2.43	1.36	1.06	2.54	1.13	0.91	2.75
上　海	9.21	8.78	0.01	5.37	6.24		6.56	7.62		8.89	9.85	
江　苏	9.03	9.69	3.05	9.32	11.33	5.72	8.64	10.84	5.44	8.42	9.79	5.29
浙　江	4.79	4.62	3.72	6.17	6.67	5.42	5.28	5.18	5.28	5.59	5.77	5.20
安　徽	3.75	3.51	7.62	4.27	2.71	7.34	4.17	2.59	7.52	3.83	2.90	8.08
福　建	1.30	1.64	1.92	1.44	1.89	2.12	1.43	1.77	2.18	1.32	1.64	1.93
江　西	2.22	2.38	2.37	3.28	2.62	4.14	2.94	2.37	4.55	2.72	2.42	4.11
山　东	5.39	5.48	7.02	7.75	7.40	8.60	6.71	6.58	6.81	6.03	5.40	8.02
河　南	2.91	2.85	1.51	3.29	2.29	3.07	3.28	2.13	3.20	2.76	2.27	2.85
湖　北	6.00	6.43	5.84	4.54	5.43	5.18	4.96	5.60	5.38	5.57	6.33	5.84
湖　南	4.28	3.79	3.99	7.04	7.25	6.46	6.48	7.19	5.70	6.86	7.10	6.21
广　东	3.58	4.04	1.51	4.98	3.96	5.33	5.05	3.82	5.99	3.98	3.56	5.04
广　西	2.97	2.52	3.43	6.63	5.01	5.07	6.19	4.99	5.50	5.24	4.44	5.23
海　南	1.41	1.14	2.04	1.02	1.16	0.71	1.02	1.04	0.68	1.06	0.89	0.72
重　庆	2.29	2.14	2.47	2.50	2.49	1.91	2.16	2.48	1.71	2.26	2.22	2.09
四　川	3.43	3.53	3.52	3.27	1.78	4.46	3.40	2.10	4.76	3.05	2.52	4.62
贵　州	0.32	0.48	5.42	1.68	1.11	5.17	1.41	0.57	5.04	1.06	0.70	5.11
云　南	2.63	2.54	2.81	2.55	1.93	3.91	2.75	2.01	4.25	2.46	1.99	3.80
西　藏	0.21	0.16	2.87	0.22	0.07	0.49	0.20	0.09	0.51	0.17	0.13	0.52
陕　西	3.52	3.14	4.59	3.16	2.00	3.27	3.59	2.56	3.35	3.83	2.77	3.27
甘　肃	0.91	0.89	2.42	0.89	0.47	2.27	0.99	0.61	2.45	0.83	0.57	2.36
青　海	0.23	0.18	2.14	0.18	0.04	0.48	0.18	0.06	0.46	0.13	0.10	0.47
宁　夏	0.75	0.84	1.91	0.61	0.81	0.62	0.75	1.00	0.63	0.75	0.81	0.70
新　疆	2.92	2.65	4.52	1.69	2.58	1.19	1.73	2.44	0.96	1.92	2.35	0.93

全国图书出版

	图书总计					使用《中国标 书籍				
	种数（种）		印数（万册、张）	印张（千印张）	总定价（万元）	种数（种）		印数（万册、张）	印张（千印张）	总定价（万元）
	合计	初版				合计	初版			
全国总计	**448431**	**255890**	**818465**	**70424999**	**13634684**	**355611**	**221470**	**465515**	**42886720**	**9893790**
中　央	**183457**	**107131**	**218886**	**24324889**	**5434561**	**128405**	**87992**	**114679**	**13876539**	**3758134**
地　方	**264974**	**148759**	**599579**	**46100110**	**8200123**	**227206**	**133478**	**350836**	**29010181**	**6135656**
北　京	10802	6474	16746	1540555	359375	10044	6300	14952	1384043	339495
天　津	5745	3755	4560	428521	111780	4769	3291	3364	320588	95330
河　北	7022	3071	22234	1642130	257402	6587	2904	10372	839404	174394
山　西	3458	1866	12866	1231323	191404	3356	1818	7844	861629	149974
内蒙古	3157	1937	6752	496507	64227	2298	1786	2151	171851	32062
辽　宁	11942	7405	12713	1039923	216031	9204	6197	8720	739265	160185
吉　林	21565	11425	25500	2274036	452345	20357	10849	19828	1911366	410652
黑龙江	5043	3626	7426	625129	92626	4328	3266	3838	375661	60703
上　海	24420	13055	32188	3023956	728990	19029	11210	17381	1765574	534554
江　苏	23936	14383	55963	3978377	690043	20449	12963	31665	2474566	510509
浙　江	12687	6867	36971	2435140	458308	10815	6113	23722	1580807	351939
安　徽	9934	5227	25579	1923955	314414	8982	4843	12771	1012978	201690
福　建	3456	2442	8619	660192	108127	3019	2228	4480	362385	76614
江　西	5890	3535	19663	1355145	222641	5489	3337	12128	798058	163036
山　东	14282	8153	46448	3092497	494783	12571	7328	25670	1835151	339013
河　南	7705	4244	19714	1512488	226128	6410	3690	8424	754299	137060
湖　北	15910	9571	27193	2288059	456866	13179	8280	18910	1609098	367429
湖　南	11340	5634	42194	2988796	562824	9995	5022	27569	2219950	452239
广　东	9495	6005	29872	2327130	326307	7825	5269	11047	979198	188732
广　西	7871	3752	39777	2854544	429950	7431	3644	28262	2097465	350958
海　南	3747	1698	6143	471481	87013	3688	1669	4914	393325	77987
重　庆	6062	3190	15009	995975	184979	4102	2355	8201	547536	122013
四　川	9095	5252	19623	1568482	250161	7163	4441	10303	826121	164347
贵　州	845	721	10099	648818	86709	729	672	3673	197738	40495
云　南	6958	3781	15307	1267068	201844	6749	3676	8029	770476	153140
西　藏	547	237	1303	93871	14077	378	229	279	21975	6243
陕　西	9334	4667	18925	1655042	313743	7550	3729	11524	1112253	247324
甘　肃	2410	1319	5312	455834	67757	2348	1266	1970	199255	41639
青　海	597	269	1069	84158	10645	376	269	139	17229	4466
宁　夏	1987	1253	3682	344284	61125	1987	1253	2776	278663	53447
新　疆	7732	3945	10129	796694	157499	5999	3581	5929	552274	127986

数量（书籍、课本、图片）

准书号》部分					不使用《中国标准书号》部分—图片合计					附：活页文选影印书等用纸		
课本												
种数（种）		印数（万册、张）	印张（千印张）	总定价（万元）	种数（种）		印数（万册、张）	印张（千印张）	总定价（万元）	印数（万册、张）	印张（千印张）	总定价（万元）
合计	初版				合计	初版						
92370	**34147**	**349949**	**27398531**	**3676175**	**450**	**273**	**461**	**11293**	**5440**	**2540**	**128455**	**59279**
54982	**19099**	**101740**	**10334433**	**1621148**	**70**	**40**	**184**	**2863**	**1411**	**2283**	**111054**	**53868**
37388	**15048**	**248209**	**17064098**	**2055027**	**380**	**233**	**277**	**8430**	**4029**	**257**	**17401**	**5411**
758	174	1794	156512	19880								
975	463	1195	107901	16424	1	1	1	8	12		24	14
435	167	11862	802726	83008								
102	48	5020	369674	41417						2	20	13
859	151	4601	324656	32165								
2733	1205	3990	300565	55790	5	3	2	19	22	1	74	34
1207	575	5670	362587	41660	1	1		34	10	2	49	23
708	353	3583	249415	31871	7	7	5	53	52			
5390	1844	14768	1256931	193403	1	1	13	328	222	26	1123	810
3370	1397	24188	1496886	177265	117	23	70	4610	1572	40	2315	697
1791	680	13085	842416	102372	81	74	37	1048	790	127	10869	3207
951	384	12801	910917	112707	1		1	5	3	6	55	14
437	214	4139	297739	31509							68	4
401	198	7535	557087	59605								
1653	801	20687	1254769	154575	58	24	69	1192	786	22	1385	409
1295	554	11290	758189	89068								
2731	1291	8283	678961	89437								
1258	527	14550	767514	110037	87	85	72	952	477	3	380	71
1670	736	18819	1347382	137569						6	550	6
435	108	11515	756974	78954	5			105	38			
59	29	1208	77815	8948						21	341	78
1959	835	6808	448438	62965	1			1	1			
1932	811	9320	742361	85814								
116	49	6426	451080	46214								
197	93	7269	496428	48661	12	12	7	60	23	2	104	20
169	8	1024	71896	7834								
1782	936	7401	542777	66399	2	2		12	20			
62	53	3342	256579	26118								
221		930	66929	6179								
		906	65621	7678								
1732	364	4200	244373	29501	1			3	1		44	11

全国各出版社图书出版

中央

	图书总计					使用《中国标 书　籍				
	种数（种）		印数（万册、张）	印张（千印张）	总定价（万元）	种数（种）		印数（万册、张）	印张（千印张）	总定价（万元）
	合计	初版				合计	初版			
中　　央	**183457**	**107131**	**218886**	**24324889**	**5434561**	**128405**	**87992**	**114679**	**13876539**	**3758134**
人民出版社	1199	938	2304	201644	44871	1182	933	2231	197160	44303
人民文学出版社	921	362	1736	299435	51247	921	362	1736	299435	51247
天天出版社	218	113	387	31645	7340	218	113	387	31645	7340
商务印书馆	1083	636	1619	635893	98220	1053	616	1573	632119	97415
东方出版中心	160	95	127	13076	4335	144	93	111	12451	4200
中华书局	1299	538	1128	180112	54356	1265	506	1104	178470	53964
人民美术出版社	700	588	1085	55378	28627	598	530	781	39142	25175
人民音乐出版社	717	186	566	47705	15674	524	111	257	23815	8560
中国大百科全书出版社	1332	761	3170	322486	95016	1312	759	3086	318037	94157
中国对外翻译出版公司	463	270	321	28029	6352	386	204	249	24141	5464
文化发展出版社	191	119	156	17701	5716	160	98	149	16749	5423
现代出版社	423	416	329	29865	9334	423	416	329	29865	9334
中国盲文出版社	635	566	40	4581	1151	603	547	36	4128	1072
生活·读书·新知三联书店	639	460	536	71047	208765	639	460	536	71047	20765
中国书籍出版社	472	456	72	10106	2843	460	444	69	9801	2775
商务印书馆国际有限公司	202	88	182	56348	9091	202	88	182	56348	9091
中国戏剧出版社	82	82	19	3567	1025	80	80	19	3510	1012
中国社会科学出版社	1471	1403	212	37171	12456	1471	1403	212	37171	12456
中国财政经济出版社	1005	658	988	157810	30836	684	519	539	75201	16534
企业管理出版社	365	348	63	8314	2591	353	336	61	8097	2524
民族出版社	673	503	219	43096	10199	650	488	212	41667	9972
中国青年出版社	973	599	622	93056	28424	857	570	580	87415	26339
中国少年儿童出版社	1204	626	3179	154859	47140	1204	626	3179	154859	47140
中国工人出版社	408	285	257	33746	8281	386	282	226	30203	7368
人民体育出版社	331	144	160	25390	5110	230	123	85	10179	2360
荣宝斋出版社	112	101	23	3284	2814	112	101	23	3284	2814
中国协和医科大学出版社	253	192	116	21487	5500	169	131	80	13669	3589
文物出版社	256	211	113	15874	21249	256	211	113	15874	21249
中国电影出版社	164	163	40	5335	1512	162	161	39	5159	1466
人民日报出版社	893	632	492	77487	22783	890	629	490	77250	22734
新华出版社	560	468	248	30944	8758	525	445	211	28945	8223
世界知识出版社	232	183	136	19667	5373	232	183	136	19667	5373
国家图书馆出版社	404	395	635	151803	387088	404	395	635	151803	387088
群众出版社	169	107	86	13093	3444	133	105	76	11447	3049

数量（书籍、课本、图片）

出版社

准书号》部分					不使用《中国标准书号》部分—图片合计					附：活页文选影印书等用纸		
课　本												
种数（种）		印数（万册、张）	印张（千印张）	总定价（万元）	种数（种）		印数（万册、张）	印张（千印张）	总定价（万元）	印数（万册、张）	印张（千印张）	总定价（万元）
合计	初版				合计	初版						
54982	**19099**	**101740**	**10334433**	**1621148**	**70**	**40**	**184**	**2863**	**1411**	**2283**	**111054**	**53868**
17	5	73	4484	568								
30	20	46	3774	805								
16	2	16	625	135								
34	32	24	1642	392								
101	58	303	16233	3449	1		1	3	3			
193	75	309	23890	7114								
20	2	84	4449	859								
77	66	72	3888	888								
31	21	7	951	293								
32	19	4	453	79								
12	12	2	267	59						1	38	9
2	2		57	13								
321	139	449	82609	14302								
12	12	2	217	67								
23	15	7	1429	227								
116	29	42	5641	2085								
22	3	31	3543	913								
101	21	75	15211	2750								
84	61	36	7818	1911								
2	2	1	176	46								
3	3	2	236	49								
34	22	34	1874	359	1	1		5	45	3	119	131
36	2	10	1646	395								

全国各出版社图书出版

中央

	图书总计					使用《中国标				
						书　　籍				
	种数（种）		印数（万册、张）	印张（千印张）	总定价（万元）	种数（种）		印数（万册、张）	印张（千印张）	总定价（万元）
	合计	初版				合计	初版			
北京大学出版社	3690	1692	1690	279419	69652	1538	999	788	120662	35836
中国人民大学出版社	3366	1821	2113	435896	88771	1664	1163	993	203035	48694
外语教学与研究出版社	2718	891	5182	681505	138933	1988	743	3231	394030	73896
人民教育出版社	4448	1841	31033	3040801	346392	2790	1543	14721	1512019	181085
中国农业出版社	1564	925	952	112674	26496	754	567	382	32649	10846
中国轻工业出版社	1188	535	535	77146	20626	706	378	411	54736	15586
中国纺织出版社	970	682	483	58751	17163	791	611	443	52258	15431
煤炭工业出版社	444	307	190	20612	5309	298	234	144	13725	3908
石油工业出版社	787	573	449	64318	18556	646	529	351	53132	15659
中国水利水电出版社	1989	1262	703	102160	30422	1031	825	349	50257	18680
中国原子能出版传媒公司	440	329	171	16107	4519	428	317	170	16028	4499
中国科技出版传媒公司	8010	3548	7255	726529	166172	6867	3180	6450	618646	145356
科学普及出版社	821	578	3456	327196	47291	747	551	1737	167560	31389
科学技术文献出版社	400	364	72	12978	4019	380	346	71	12646	3951
机械工业出版社	8161	3761	3967	695498	170693	4577	2448	2625	447170	118674
冶金工业出版社	549	335	116	21104	6632	284	201	56	11154	4218
化学工业出版社	6502	3480	2588	306407	91646	4345	2674	1946	209911	70291
中国建筑工业出版社	2429	1221	1791	334288	84622	1395	917	743	173853	44976
中国铁道出版社	2885	1881	1687	194522	51087	1740	1337	933	114943	32198
人民交通出版社	1494	653	1504	196249	58825	510	339	236	27790	9561
中国质检出版社	695	484	331	34028	14942	624	465	173	26593	9214
人民邮电出版社	6207	3662	3355	419957	123867	4056	2917	2739	321946	102528
海洋出版社	287	252	84	13336	4282	253	230	72	11132	3740
地质出版社	700	368	2146	104871	16831	424	291	248	17141	6280
地震出版社	142	138	96	11309	3645	137	133	94	10770	3299
气象出版社	342	223	189	13562	3740	300	204	139	11493	3165
北京交通大学出版社	900	419	481	85470	16163	48	39	8	1061	365
中国地图出版社	2250	690	13121	646581	115250	1548	489	2333	139115	47762
人民卫生出版社	3429	1550	2720	627484	136150	1720	1035	825	174128	50602
国防工业出版社	1291	888	637	61142	19725	1106	814	561	48922	17080
中国旅游出版社	350	277	178	26474	9474	291	246	143	22304	8523
中国商务出版社	265	206	60	10126	2743	181	164	40	6235	2000
新世界出版社	974	733	2137	174179	32671	957	716	1950	156694	30866
外文出版社	761	524	535	88459	25618	721	501	509	85929	25014

数量（书籍、课本、图片）（续表1）

出版社

准书号》部分					不使用《中国标准书号》部分—图片合计					附：活页文选 影印书等用纸		
课　本												
种数（种）		印数（万册、张）	印张（千印张）	总定价（万元）	种数（种）		印数（万册、张）	印张（千印张）	总定价（万元）	印数（万册、张）	印张（千印张）	总定价（万元）
合计	初版				合计	初版						
2152	693	902	158758	33816								
1702	658	1120	232860	40077								
730	148	1951	287475	65037								
1658	298	16312	1528783	165307								
782	336	489	79049	15084	28	22	70	780	226	10	196	340
482	157	119	22354	4945						5	56	95
179	71	40	6494	1732								
146	73	46	6887	1401								
141	44	51	8829	1751						47	2357	1146
958	437	310	50217	10360						43	1687	1382
12	12	1	79	20								
1143	368	805	107883	20816								
74	27	1719	159636	15902								
20	18	1	332	68								
3584	1313	1342	248328	52019								
265	134	56	9896	2278						3	53	136
2157	806	634	96445	21268						7	51	87
1034	304	655	140799	31648						394	19636	7998
1145	544	382	59432	12730						372	20146	6159
984	314	1243	166904	48513						25	1555	751
71	19	20	3407	847						138	4028	4881
2151	745	616	98011	21339								
34	22	12	2204	542								
276	77	1898	87730	10551								
5	5	2	523	341							17	5
42	19	12	1671	375						38	398	200
852	380	473	84410	15798								
702	201	10788	507466	67488								
1709	515	1895	453357	85548								
185	74	60	9916	2084						16	2304	561
59	31	31	4058	834						4	112	117
83	41	20	3889	740	1	1		2	3			
17	17	187	17484	1805								
40	23	14	2484	604						12	46	

全国各出版社图书出版

中央

	图书总计					使用《中国标 书 籍				
	种数（种）		印数（万册、张）	印张（千印张）	总定价（万元）	种数（种）		印数（万册、张）	印张（千印张）	总定价（万元）
	合计	初版				合计	初版			
解放军出版社	186	137	109	20016	3862	186	137	109	20016	3862
解放军文艺出版社	70	59	26	4387	856	70	59	26	4387	856
语文出版社	458	122	2608	215880	23473	241	77	381	32494	4522
中国文史出版社	926	926	297	53985	27742	926	926	297	53985	27742
中共中央党校出版社	281	244	168	32542	9418	252	229	151	28187	8792
法律出版社	1645	1357	1044	150252	35852	1569	1327	1019	145250	34865
中国统计出版社	279	256	51	14084	7463	245	239	40	11963	7037
中国摄影出版社	132	131	40	6695	6759	126	126	37	6002	6476
中国林业出版社	619	460	148	26050	10264	435	407	88	12884	8104
时事出版社	144	140	55	10856	2444	144	140	55	10856	2444
文化艺术出版社	172	153	97	17188	5853	168	151	95	16742	5762
教育科学出版社	2478	934	13205	891464	125755	1847	826	3606	286786	49738
清华大学出版社	7660	3946	3559	655277	141869	1624	1227	988	144318	40761
中国广播影视出版社	294	240	129	23421	5445	270	226	116	21130	4835
中国商业出版社	445	420	222	28049	7464	378	377	203	25489	6945
中国劳动社会保障出版社	2628	759	1914	216250	39141	693	287	264	31551	6739
中国环境出版社	581	465	350	31930	8651	526	440	246	24885	6786
知识产权出版社	864	694	123	20126	7555	864	694	123	20126	7555
北京师范大学出版社	3702	1183	19369	1558335	189885	2229	819	4390	333752	59639
中国宇航出版社	403	245	240	31498	7102	387	233	235	30795	6934
中国工商出版社	90	88	81	9374	2450	84	82	57	8703	2140
作家出版社	556	556	737	123895	22370	556	556	737	123895	22370
中医古籍出版社	140	140	29	3224	1435	140	140	29	3224	1435
中国财富出版社	532	454	159	21945	6668	468	408	143	19733	6143
光明日报出版社	2085	2085	988	124779	28923	2063	2063	973	122930	28645
长征出版社	53	53	74	11687	4243	53	53	74	11687	4243
中国妇女出版社	223	165	696	41687	10584	223	165	696	41687	10584
中国金融出版社	635	476	471	67830	17593	480	428	359	43127	13086
长城出版社	41	24	17	2596	1835	41	24	17	2596	1835
红旗出版社	528	380	300	51871	13119	528	380	300	51871	13119
中国海关出版社	72	47	31	6329	1879	53	35	23	4430	1467
电子工业出版社	5441	2866	3138	437857	107032	4611	2412	2332	341778	88711
朝华出版社	130	76	94	13540	2442	130	76	94	13540	2442
中央广播电视大学出版社	869	442	1031	150573	27902	327	234	219	19376	5565
中国友谊出版公司	197	174	257	37156	10893	197	174	257	37156	10893

数量（书籍、课本、图片）（续表2）

出版社

准书号》部分					不使用《中国标准书号》部分—图片合计					附：活页文选影印书等用纸		
课　本												
种数（种）		印数（万册、张）	印张（千印张）	总定价（万元）	种数（种）		印数（万册、张）	印张（千印张）	总定价（万元）	印数（万册、张）	印张（千印张）	总定价（万元）
合计	初版				合计	初版						
217	45	2227	183386	18951								
29	15	17	4354	626								
76	30	25	5001	987								
34	17	11	2122	426								
6	5	3	693	283								
184	53	60	13165	2160								
4	2	2	446	91								
606	106	9583	604358	75831	25	2	2	203	113	14	117	73
6036	2719	2571	510960	101108								
24	14	13	2290	610								
67	43	19	2560	519								
1931	468	1639	184477	32302	4	4	3	41	29	8	181	71
55	25	96	6903	1697						8	142	168
1473	364	14979	1224582	130246								
16	12	5	703	168								
6	6	8	574	151						17	97	159
64	46	16	2212	525								
22	22	15	1849	278								
155	48	112	24702	4507								
19	12	8	1899	412								
830	454	806	96080	18321								
542	208	812	131197	22337								

全国各出版社图书出版

中央

	图书总计					使用《中国标				
						书 籍				
	种数（种）		印 数（万册、张）	印 张（千印张）	总定价（万元）	种数（种）		印数（万册、张）	印张（千印张）	总定价（万元）
	合计	初版				合计	初版			
人民军医出版社	1238	809	447	73288	25467	1129	808	409	67985	24398
军事科学出版社	57	54	15	2955	739	57	54	15	2955	739
金盾出版社	1363	848	701	61657	15659	1363	848	701	61657	15659
经济科学出版社	1245	997	568	109382	23766	985	906	466	89110	20015
中国文联出版社	1077	1077	298	49924	18273	1077	1077	298	49924	18273
高等教育出版社	9577	2785	11394	1799561	309076	1500	731	1295	179908	39525
故宫出版社	252	196	124	20420	16634	252	196	109	19964	16255
中共党史出版社	584	406	166	33501	8780	584	406	166	33501	8780
对外经济贸易大学出版社	429	292	116	19820	4184	63	63	9	1443	506
经济管理出版社	634	586	252	39032	13895	584	544	233	36284	13234
军事谊文出版社	12	12	5	677	86	12	12	4	510	83
国际文化出版公司	160	158	19	3093	852	154	152	19	3041	710
中国画报出版社	336	160	145	19549	4424	336	160	145	19549	4424
中国经济出版社	759	571	251	39302	11727	754	567	249	39047	11675
中国石化出版社	694	569	236	36728	10427	694	569	211	36045	9627
中央民族大学出版社	310	292	27	5357	2896	278	276	20	4033	2627
北京语言大学出版社	954	323	394	56941	16398	681	301	270	37565	11201
中国政法大学出版社	699	541	251	47842	9168	511	424	169	30570	6024
中国人民公安大学出版社	673	441	307	38314	10642	436	434	249	28483	8169
社会科学文献出版社	1387	1246	499	73668	27935	1387	1246	499	73668	27935
中国农业科学技术出版社	438	388	133	10957	3642	438	388	133	10957	3642
北京航空航天大学出版社	417	299	475	102483	19722	213	186	408	89331	17203
北京理工大学出版社	2589	1460	1175	137170	31751	1007	684	689	64729	15125
中国国际广播出版社	114	110	37	5852	1427	114	110	37	5852	1427
中国农业大学出版社	410	217	141	22596	4384	79	60	35	4461	1013
中航出版传媒公司	389	289	177	25095	7221	389	289	177	25095	7221
中国传媒大学出版社	434	328	222	23849	5674	331	290	163	13647	3373
北京体育大学出版社	593	291	294	54648	8001	356	224	141	20418	3951
经济日报出版社	165	156	44	6894	1890	165	156	44	6894	1890
兵器工业出版社	118	101	23	3366	1104	118	101	23	3328	1088
华艺出版社	48	41	48	11769	3145	48	41	48	11769	3145
中国和平出版社	226	226	116	9442	3777	226	226	116	9442	3777
华夏出版社	704	390	704	84972	22252	704	390	704	84972	22252
中国医药科技出版社	1027	649	643	106021	29770	713	567	541	87912	26143

数量（书籍、课本、图片）（续表3）

出版社

准书号》部分					不使用《中国标准书号》部分—图片合计					附：活页文选影印书等用纸		
课本												
种数（种）		印数（万册、张）	印张（千印张）	总定价（万元）	种数（种）		印数（万册、张）	印张（千印张）	总定价（万元）	印数（万册、张）	印张（千印张）	总定价（万元）
合计	初版				合计	初版						
109	1	32	4843	982						6	460	87
260	91	102	20272	3751								
8072	2049	10097	1619640	269473	5	5	2	14	78			
										15	456	379
366	229	107	18377	3678								
50	42	19	2748	661								
										1	167	3
6	6		52	142								
5	4	2	256	52								
										24	683	800
32	16	7	1324	269								
273	22	124	19376	5197								
188	117	82	17272	3144								
237	7	58	9831	2473								
204	113	67	13152	2519								
1582	776	486	72440	16626								
331	157	106	18135	3371								
103	38	59	10201	2301								
237	67	153	34230	4050								
											39	16
314	82	102	18110	3627								

全国各出版社图书出版

中央

	图书总计					使用《中国标 书 籍				
	种数（种）		印数（万册、张）	印张（千印张）	总定价（万元）	种数（种）		印数（万册、张）	印张（千印张）	总定价（万元）
	合计	初版				合计	初版			
国防大学出版社	117	115	66	9683	1139	117	115	28	4777	1139
人民法院出版社	293	255	414	48535	11711	293	255	414	48535	11711
中国藏学出版社	65	65	23	8672	2239	65	65	23	8672	2239
研究出版社	34	34	10	1828	539	34	34	10	1828	539
中国长安出版社	121	116	24	4551	1307	121	116	24	4551	1307
中国计划出版社	159	126	451	34803	14985	159	126	125	21043	7002
中央文献出版社	162	156	542	57117	16828	162	156	542	57117	16828
海潮出版社	224	224	134	24436	5317	224	224	134	24436	5317
学苑出版社	268	243	75	12012	10554	256	231	70	11739	10475
北京邮电大学出版社	842	336	275	44298	8990	17	15	3	455	121
人民武警出版社	99	99	87	11580	2433	99	99	77	9419	2433
团结出版社	834	625	542	60881	17170	834	625	542	60881	17170
华文出版社	202	115	1325	71945	11619	202	115	1325	71945	11619
中央音乐学院出版社	107	61	25	3755	1088	105	60	24	3715	1074
中国市场出版社	183	183	65	12180	3972	183	183	65	12180	3972
中国民族摄影艺术出版社	102	102	24	3795	3784	102	102	24	3795	3784
中国华侨出版社	813	678	606	127784	23391	813	678	606	127784	23391
中信出版社	1061	526	1704	270253	77902	1061	526	1704	270253	77902
中国人事出版社	210	93	96	13771	3440	206	89	94	13585	3388
开明出版社	513	399	261	30089	5431	512	398	260	30036	5422
中国人口出版社	630	603	311	20805	6122	630	603	311	20805	6122
中国民主法制出版社	243	216	155	14863	4987	243	216	155	14863	4987
中国时代经济出版社	324	324	58	10226	3286	324	324	58	10226	3286
蓝天出版社	265	196	217	30786	6918	265	196	217	30786	6918
世界图书出版公司	1345	757	1416	200048	42796	1345	757	1416	200048	42796
群言出版社	185	131	264	61656	11304	185	131	264	61656	11304
北京大学医学出版社	545	349	258	52561	12930	227	180	78	16599	6079
华龄出版社	122	122	50	4887	1778	122	122	50	4887	1778
金城出版社	189	147	292	27419	6865	189	147	292	27419	6865
中国法制出版社	960	785	1163	103296	26167	960	785	1163	103296	26167
新星出版社	347	276	327	41275	13735	347	276	327	41275	13735
中国检察出版社	335	266	160	27331	6288	335	266	159	27227	6288
中国发展出版社	206	178	73	12529	3455	204	178	72	12435	3435
中国中医药出版社	885	326	398	81029	17420	503	266	202	32989	9282

数量（书籍、课本、图片）（续表4）

出版社

准书号》部分					不使用《中国标准书号》部分—图片合计					附：活页文选 影印书等用纸		
课 本												
种数（种）		印数（万册、张）	印张（千印张）	总定价（万元）	种数（种）		印数（万册、张）	印张（千印张）	总定价（万元）	印数（万册、张）	印张（千印张）	总定价（万元）
合计	初版				合计	初版						
										39	4906	
										326	13759	7983
12	12	5	274	79								
825	321	272	43830	8859						1	12	10
										9	2161	
2	1	1	41	14								
4	4	2	186	52								
1	1	1	53	9								
318	169	180	35962	6851								
										1	104	
2		1	94	20								
382	60	196	48040	8138								

全国各出版社图书出版

中央

	图书总计					使用《中国标 书籍				
	种数（种）		印数（万册、张）	印张（千印张）	总定价（万元）	种数（种）		印数（万册、张）	印张（千印张）	总定价（万元）
	合计	初版				合计	初版			
中国社会出版社	985	304	749	64179	13970	985	304	749	64179	13970
中华地图学社	76	24	243	9060	1840	51	24	130	3117	1088
中国建材工业出版社	486	417	154	36572	15832	333	278	85	16097	5463
当代中国出版社	227	180	213	32858	9397	227	180	213	32858	9397
书法出版社	72	72	11	1686	1696	72	72	11	1686	1696
现代教育出版社	525	480	157	16647	5296	525	480	157	16647	5296
中国致公出版社	187	186	182	11741	2935	187	186	182	11741	2935
中国大地出版社	65	45	45	2144	855	64	45	38	1939	814
党建读物出版社	112	87	964	62259	10458	112	87	964	62259	10458
中国城市出版社	147	129	104	17751	6737	147	129	104	17751	6737
中华工商联合出版社	359	340	189	24563	7464	359	340	189	24563	7464
中国三峡出版社	7	7	2	221	157	6	6	1	155	97
线装书局	520	474	308	61784	32553	520	474	308	61784	32553
星球地图出版社	1095	152	10613	449583	70763	377	139	417	13589	11130
中国方正出版社	219	117	268	27992	6030	219	117	268	27992	6030
民主与建设出版社	104	103	62	11589	2619	104	103	62	11589	2619
五洲传播出版社	287	287	109	8467	8519	287	287	109	8467	8519
中国民航出版社	124	71	49	7649	2405	87	59	27	4574	1610
九州出版社	620	600	71	10354	3105	620	600	71	10354	3105
当代世界出版社	62	62	27	4360	931	62	62	27	4360	931
中央编译出版社	594	429	302	56973	15636	594	429	302	56973	15636
西苑出版社	53	51	39	4002	1400	53	51	39	4002	1400
学习出版社	85	72	2299	197165	38387	85	72	2299	197165	38387
中国税务出版社	183	170	316	37605	11554	178	165	190	33096	9379
方志出版社	340	340	65	30027	21200	340	340	65	30027	21200
中国电力出版社	2795	1486	1970	204084	63121	1952	1198	1086	145547	45063
军事医学科学出版社	152	111	73	11108	2768	152	111	73	11108	2768
中国言实出版社	619	619	203	31596	11243	619	619	203	31596	11243
宗教文化出版社	186	135	60	10887	3328	186	135	60	10887	3328
国家行政学院出版社	215	215	51	6940	2124	215	215	51	6940	2124
台海出版社	219	219	108	13604	3508	219	219	108	13604	3508
海豚出版社	884	591	841	72327	22265	884	591	841	72327	22265
华语教学出版社	482	286	423	69974	10951	482	286	423	69974	10951
生活书店出版公司	53	53	49	5534	2167	53	53	49	5534	2167

数量（书籍、课本、图片）（续表5）

出版社

准书号》部分 课本					不使用《中国标准书号》部分—图片合计					附：活页文选影印书等用纸		
种数（种）		印数（万册、张）	印张（千印张）	总定价（万元）	种数（种）		印数（万册、张）	印张（千印张）	总定价（万元）	印数（万册、张）	印张（千印张）	总定价（万元）
合计	初版				合计	初版						
25		113	5943	752								
153	139	40	7121	1838						29	13354	8531
1		7	206	41								
1	1	1	66	60								
718	13	10196	435994	59633								
37	12	21	2925	783						1	151	12
					5	5	106	1816	913	20	2693	1262
843	288	239	39762	7741						645	18774	10316

地方

	图书总计					使用《中国标书籍				
	种数（种）		印数（万册、张）	印张（千印张）	总定价（万元）	种数（种）		印数（万册、张）	印张（千印张）	总定价（万元）
	合计	初版				合计	初版			
地　方	**264974**	**148759**	**599579**	**46100110**	**8200123**	**227206**	**133478**	**350836**	**29010181**	**6135656**
北京出版社	893	505	1832	152285	29357	650	436	1101	94989	23636
北京教育出版社	3487	1645	9127	753306	144907	3452	1636	8806	723385	140811
北京科学技术出版社	784	598	828	59967	24847	771	597	781	55724	24451
北京少年儿童出版社	679	281	791	74020	15074	679	281	791	74020	15074
北京人民出版社	3	3	1	114	34	3	3	1	114	34
北京美术摄影出版社	109	99	49	7746	5201	108	98	49	7614	5160
北京燕山出版社	424	302	323	43096	10027	420	300	305	41411	9620
同心出版社	480	250	861	76582	17215	434	246	547	50074	13837
北京工艺美术出版社	231	231	213	15736	20714	221	221	210	15398	20564
北京十月文艺出版社	135	51	529	83255	27043	135	51	529	83255	27043
旅游教育出版社	304	158	114	16175	4264	224	142	80	11375	3204
北京联合出版	1141	1138	709	81251	25646	1134	1131	705	80727	25500
中国书店	255	239	42	5782	3175	254	238	42	5737	3164
文津出版社	8	7	2	305	213	8	7	2	305	213
北京工业大学出版社	525	397	277	43488	7903	492	377	270	42266	7686
首都经济贸易大学出版社	209	80	65	12157	2253	68	63	15	2174	520
首都师范大学出版社	1050	405	913	105169	18742	906	388	647	85356	16221
北京时代华文书局	85	85	70	10121	2761	85	85	70	10121	2761
天津人民出版社	940	465	1063	103585	30505	872	439	966	97118	29348
天津教育出版社	491	300	1294	123542	14567	440	284	558	65367	7919
天津科学技术出版社	1049	725	420	46507	11332	963	647	402	43433	10562
新蕾出版社	603	265	802	47021	12698	593	265	769	45298	12179
百花文艺出版社	194	169	72	12085	2893	194	169	72	12085	2893
天津人民美术出版社	653	593	399	22703	15887	649	590	317	20309	15366
天津古籍出版社	112	87	67	8213	5096	100	84	36	5405	4816
天津科技翻译出版公司	202	139	50	6261	2127	179	136	44	5416	1921
天津社会科学院出版社	130	121	48	8259	2939	127	118	47	8190	2922
天津杨柳青画社	212	172	79	4756	2800	212	172	79	4732	2785
南开大学出版社	477	335	118	21042	4181	136	119	22	3777	923
天津大学出版社	682	384	150	24548	6755	304	268	55	9461	3696
河北人民出版社	648	355	1896	144996	21116	561	336	859	79771	13930
河北教育出版社	2190	392	6001	523514	99887	2055	334	4138	390591	86402
河北科学技术出版社	905	749	1075	100002	17258	856	729	877	81712	15467
河北少年儿童出版社	2113	733	3467	210719	46250	2074	715	2722	168562	40349
花山文艺出版社	379	317	768	54161	9184	372	316	673	45294	8053
燕山大学出版社	4	4	1	158	30	4	4	1	158	30
河北美术出版社	403	269	1477	49492	9800	336	235	241	13126	3594
河北大学出版社	380	252	368	32338	4014	329	235	110	11794	2181
山西人民出版社	365	308	224	29736	8834	355	299	217	28916	8658
山西教育出版社	864	573	3355	533221	67010	827	553	3091	517160	64631
山西科学技术出版社	288	193	434	26064	4192	274	184	392	24002	3908
希望出版社	1460	330	4242	288327	67840	1430	323	3950	269207	65590

数量（书籍、课本、图片）（续表6）

出版社

准书号》部分					不使用《中国标准书号》部分—图片合计					附：活页文选影印书等用纸		
课 本												
种数（种）		印数（万册、张）	印张（千印张）	总定价（万元）	种数（种）		印数（万册、张）	印张（千印张）	总定价（万元）	印数（万册、张）	印张（千印张）	总定价（万元）
合计	初版				合计	初版						
37388	**15048**	**248209**	**17064098**	**2055027**	**380**	**233**	**277**	**8430**	**4029**	**257**	**17401**	**5411**
243	69	731	57296	5721								
35	9	321	29921	4096								
13	1	47	4244	396								
1	1	1	132	41								
4	2	18	1686	407								
46	4	314	26508	3379								
10	10	3	338	150								
80	16	34	4800	1061								
7	7	4	524	145								
1	1		45	11								
33	20	7	1222	218								
141	17	50	9984	1734								
144	17	266	19813	2521								
68	26	97	6468	1156								
51	16	736	58175	6648								
85	77	17	3066	758	1	1	1	8	12			
10		33	1723	520								
4	3	82	2394	521								
12	3	31	2809	280								
23	3	6	845	206								
3	3	1	70	17								
											24	14
341	216	96	17266	3259								
378	116	95	15087	3060								
87	19	1037	65225	7186								
135	58	1863	132923	13485								
49	20	198	18290	1792								
39	18	745	42157	5901								
7	1	95	8867	1131								
67	34	1236	36366	6206								
51	17	258	20544	1833								
10	9	7	821	175								
37	20	264	16061	2379								
14	9	40	2042	270						2	20	13
30	7	292	19120	2250								

	图书总计					使用《中国标				
						书籍				
	种数（种）		印数（万册、张）	印张（千印张）	总定价（万元）	种数（种）		印数（万册、张）	印张（千印张）	总定价（万元）
	合计	初版				合计	初版			
北岳文艺出版社	189	189	56	7048	1843	189	189	56	7048	1843
三晋出版社	179	179	41	7993	3873	177	177	34	7571	3813
山西经济出版社	101	86	189	12921	2641	92	85	97	6691	1315
书海出版社	12	8	7	1034	216	12	8	7	1034	216
内蒙古人民出版社	490	490	123	11688	2994	484	484	122	11609	2977
内蒙古教育出版社	1521	390	6157	436764	46471	768	285	1592	117961	15139
内蒙古科学技术出版社	96	90	12	2237	1326	95	89	12	2234	1324
内蒙古少年儿童出版社	175	175	83	5453	1477	175	175	83	5453	1477
内蒙古文化出版社	189	187	25	5507	2119	189	187	25	5507	2119
远方出版社	478	478	262	25614	8347	477	477	262	25607	8345
内蒙古大学出版社	208	127	91	9244	1495	110	89	56	3480	681
辽宁人民出版社	349	302	198	32772	7720	340	294	187	31153	7358
辽宁教育出版社	825	295	1581	133914	24543	801	290	1507	130570	24116
辽宁科学技术出版社	719	548	407	33540	14043	694	530	392	32227	13671
辽宁少年儿童出版社	324	252	330	24636	5414	322	252	259	21788	4930
春风文艺出版社	283	154	606	50364	11144	281	152	605	50052	11109
辽宁美术出版社	1034	951	192	18727	10606	755	690	97	9821	5743
辽宁民族出版社	298	208	256	12361	2702	263	191	88	7372	1849
辽海出版社	844	455	2184	103534	18959	563	317	1412	73741	14166
沈阳出版社	812	536	484	33948	7397	775	522	281	24874	5889
大连出版社	276	185	195	18389	3992	256	170	178	17147	3727
东北财经大学出版社	718	132	562	97382	17117	119	71	59	8203	1947
东北大学出版社	357	246	346	30695	6034	325	226	330	28121	5578
辽宁大学出版社	536	330	438	56097	13718	497	310	323	48639	12470
辽宁师范大学出版社	828	299	2780	171236	24478	694	281	1640	120042	17266
万卷出版公司	853	656	309	38961	9278	851	654	309	38906	9263
大连海事大学出版社	340	175	85	16444	4056	217	107	57	11753	2982
大连理工大学出版社	2098	1233	1501	137589	28350	1016	705	747	56775	11868
白山出版社	448	448	258	29332	6482	435	435	246	28081	6255
吉林人民出版社	842	530	1036	81607	23671	839	529	1031	80742	23612
吉林教育出版社	2337	742	1013	79175	19077	2316	723	1002	78471	18980
吉林科学技术出版社	869	788	463	66672	15138	869	788	463	66672	15138
延边教育出版社	2876	870	2698	252726	51123	2460	809	2506	237110	49427
北方妇女儿童出版社	780	595	613	77316	15270	780	595	613	77316	15270
吉林文史出版社	693	440	251	24055	6302	678	426	242	23253	6188
吉林美术出版社	1201	1071	1458	76471	21859	1199	1069	1272	71528	20937

数量（书籍、课本、图片）（续表7）

出版社

准书号》部分					不使用《中国标准书号》部分—图片合计					附：活页文选影印书等用纸		
课　本												
种数（种）		印数（万册、张）	印张（千印张）	总定价（万元）	种数（种）		印数（万册、张）	印张（千印张）	总定价（万元）	印数（万册、张）	印张（千印张）	总定价（万元）
合计	初版				合计	初版						
2	2	7	421	60								
9	1	92	6230	1326								
6	6	1	79	16								
753	105	4565	318803	31332								
1	1		3	1								
1	1		8	2								
98	38	35	5764	814								
9	8	11	1619	362								
24	5	74	3344	427								
25	18	15	1314	372								
2		71	2847	484								
2	2	1	312	35								
279	261	95	8906	4863								
30	14	166	4970	831	5	3	2	19	22			
281	138	772	29793	4793								
37	14	202	9001	1474						1	74	34
20	15	17	1243	265								
599	61	503	89178	15170								
32	20	16	2574	455								
39	20	115	7458	1248								
134	18	1140	51195	7212								
2	2		55	15								
123	68	28	4691	1074								
1082	528	754	80814	16482								
13	13	12	1251	227								
3	1	5	865	60								
21	19	11	704	98								
416	61	192	15616	1695								
15	14	9	802	114								
2	2	186	4943	922								

全国各出版社图书出版

地方

	图书总计					使用《中国标				
						书　籍				
	种数（种）		印数（万册、张）	印张（千印张）	总定价（万元）	种数（种）		印数（万册、张）	印张（千印张）	总定价（万元）
	合计	初版				合计	初版			
吉林摄影出版社	476	239	492	40287	8627	466	229	487	40112	8592
吉林时代文艺出版社	413	290	776	80797	12969	412	289	776	80763	12960
长春出版社	928	497	2406	159168	23578	811	446	1699	116651	19213
延边人民出版社	1570	479	623	44583	11481	1570	479	623	44583	11481
东北师范大学出版社	889	490	1107	110691	25204	775	406	985	101187	22693
吉林大学出版社	2065	1237	1632	157122	36991	1670	933	1487	137173	32687
延边大学出版社	1734	896	1264	114862	28136	1734	896	1264	114862	28136
吉林出版集团	3892	2261	9667	908506	152919	3778	2232	5376	640943	125340
黑龙江人民出版社	272	266	49	8137	2011	261	256	48	7924	1957
黑龙江教育出版社	905	398	2116	209270	30766	790	379	1549	184937	26038
黑龙江科学技术出版社	280	280	74	12792	2397	279	279	74	12782	2394
黑龙江少年儿童出版社	522	165	857	48346	7020	500	159	834	47394	6878
北方文艺出版社	140	133	64	8222	1976	140	133	64	8222	1976
黑龙江朝鲜民族出版社	104	89	20	2737	597	96	82	18	2235	518
黑龙江美术出版社	847	844	82	5664	1677	846	843	82	5652	1671
哈尔滨出版社	230	175	328	20944	3957	230	175	328	20944	3957
哈尔滨地图出版社	360	327	172	8834	4056	347	314	167	8724	3990
东北林业大学出版社	186	154	31	4168	1010	140	123	16	2207	700
哈尔滨工程大学出版社	281	174	65	9470	2432	27	26	7	1281	357
哈尔滨工业大学出版社	788	508	158	27008	5378	582	412	114	18762	3994
黑龙江大学出版社	128	113	18	3148	606	90	85	10	1597	364
上海人民出版社	948	760	679	101930	26190	937	760	623	99122	25846
上海教育出版社	1867	619	5904	308899	43659	1081	479	1592	94231	17848
上海科学技术出版社	915	443	1913	191856	27517	732	431	963	89949	17206
上海科技教育出版社	698	227	3797	243002	27644	328	138	186	13199	3152
上海科学普及出版社	397	346	279	27902	9389	389	338	270	26872	9174
少年儿童出版社	541	224	1153	90599	22601	500	218	1027	81943	21365
上海文艺出版社	376	322	299	47655	11138	376	322	299	47655	11138
上海辞书出版社	500	266	336	50609	12288	482	265	182	39936	11103
上海人民美术出版社	768	459	1140	38938	16662	618	409	1072	34156	14449
上海古籍出版社	718	374	229	43911	13957	714	374	227	43630	13908
上海译文出版社	657	375	589	76473	20237	650	375	586	76044	20152
上海音乐学院出版社	199	74	68	8827	2316	180	66	57	7423	1880
中国福利会出版社	162	84	1071	32114	112858	162	84	1071	32114	112858
上海书画出版社	469	214	816	33826	12485	404	212	147	12645	9473
上海书店	198	153	56	10744	14748	198	153	56	10744	14748

数量（书籍、课本、图片）（续表8）

出版社

准书号》部分 课本					不使用《中国标准书号》部分—图片合计					附：活页文选 影印书等用纸		
种数（种）		印数（万册、张）	印张（千印张）	总定价（万元）	种数（种）		印数（万册、张）	印张（千印张）	总定价（万元）	印数（万册、张）	印张（千印张）	总定价（万元）
合计	初版				合计	初版						
10	10	5	175	35								
					1	1		34	10			
117	51	705	42468	4343						2	49	23
114	84	122	9504	2510								
395	304	145	19949	4304								
114	29	4291	267562	27579								
11	10	1	213	54								
115	19	567	24332	4728								
1	1		10	3								
22	6	23	952	142								
8	7	2	501	79								
1	1		12	6								
6	6		57	13	7	7	5	53	52			
46	31	15	1961	310								
254	148	58	8189	2075								
206	96	44	8247	1384								
38	28	8	1552	242								
11		56	2808	344								
786	140	4312	214668	25811								
183	12	950	101907	10311								
370	89	3611	229803	24492								
8	8	9	1029	215								
41	6	126	8656	1237								
18	1	154	10673	1185								
149	49	39	3786	1478	1	1	13	328	222	16	668	513
4		2	281	49								
7		3	428	85								
19	8	11	1404	436								
65	2	669	21181	3012								

全国各出版社图书出版

地方

	图书总计					使用《中国标				
						书　籍				
	种数（种）		印数（万册、张）	印张（千印张）	总定价（万元）	种数（种）		印数（万册、张）	印张（千印张）	总定价（万元）
	合计	初版				合计	初版			
上海科学技术文献出版社	402	268	146	17838	5314	400	266	145	17530	5259
上海锦绣文章出版社	220	179	163	16525	4186	220	179	163	16525	4186
格致出版社	166	124	76	16639	3339	121	95	38	8397	1889
立信会计出版社	892	342	704	116843	23847	606	279	529	83000	17878
上海远东出版社	346	123	659	55129	11512	314	123	459	40364	9981
上海三联书店	510	469	170	26985	7174	509	469	169	26945	7167
文汇出版社	213	213	80	10349	4230	213	213	80	10349	4230
学林出版社	210	178	127	8015	2729	210	178	127	8015	2729
上海社会科学院出版社	272	245	82	15596	4544	269	243	80	15205	4466
复旦大学出版社	1878	852	1298	190171	43858	1107	614	515	72239	17882
华东理工大学出版社	556	343	288	41542	9206	475	305	259	36249	8104
华东师范大学出版社	1945	812	2210	224729	44728	1447	657	1348	154179	33503
上海交通大学出版社	2796	1501	3255	371817	57992	2202	1072	2956	320971	48060
上海外语教育出版社	1383	462	2495	347723	65747	644	215	430	44756	9391
第二军医大学出版社	195	195	39	7249	2076	195	195	39	7249	2076
上海浦江教育出版社	78	74	15	2530	1008	75	72	13	2230	936
同济大学出版社	576	327	222	36901	10664	398	277	119	19318	7153
东华大学出版社	338	249	109	14733	3838	199	149	62	7857	2103
上海财经大学出版社	428	227	255	59749	11363	180	85	148	38505	7266
上海大学出版社	504	340	865	78363	19253	464	315	850	75650	18763
上海中西书局	209	163	87	10414	3231	206	160	86	10325	3198
上海音乐出版社	740	311	360	34247	10871	674	307	254	27468	9446
上海文化出版社	150	118	154	12584	4591	150	118	154	12584	4591
江苏人民出版社	3096	2310	3497	254325	51719	2977	2271	2963	231662	48849
江苏教育出版社	3317	1559	17094	1063848	146965	2344	1251	9047	561180	93121
江苏科学技术出版社	3226	1657	6886	507544	97304	2951	1586	3979	366495	75080
江苏少年儿童出版社	1764	839	3909	179716	37473	1655	815	2265	132500	31925
江苏文艺出版社	1189	1039	1190	131483	31883	1186	1036	1190	131457	31879
江苏美术出版社	1717	1138	1525	130223	32530	1688	1127	1516	129600	32356
古吴轩出版社	138	132	65	7839	2233	138	132	65	7839	2233
南京出版社	532	335	589	46325	10076	494	325	573	45508	9864
译林出版社	1888	955	5285	458132	68049	1749	921	3253	351630	58296
东南大学出版社	1490	661	968	111254	23694	980	514	787	83071	17937
河海大学出版社	518	259	298	27110	6673	406	223	248	19051	4909
南京大学出版社	1979	1774	1896	220747	55177	1716	1526	1775	201701	47138
苏州大学出版社	831	378	520	61771	11883	541	263	351	37943	7802

数量（书籍、课本、图片）（续表9）

出版社

准书号》部分					不使用《中国标准书号》部分—图片合计					附：活页文选 影印书等用纸		
课　本												
种数（种）		印数（万册、张）	印张（千印张）	总定价（万元）	种数（种）		印数（万册、张）	印张（千印张）	总定价（万元）	印数（万册、张）	印张（千印张）	总定价（万元）
合计	初版				合计	初版						
2	2	1	308	55								
45	29	38	8242	1450								
286	63	175	33844	5969								
32		200	14766	1531								
1		1	39	7								
3	2	2	391	79								
771	238	783	117931	25976								
81	38	29	5292	1101								
498	155	862	70550	11224								
594	429	299	50846	9932								
739	247	2065	302967	56356								
3	2	2	301	72								
178	50	93	17129	3214						10	455	297
139	100	47	6875	1735								
248	142	107	21245	4098								
40	25	15	2714	489								
3	3	1	90	34								
66	4	106	6779	1426								
119	39	527	22216	2747						7	447	124
877	290	7979	497455	52255	96	18	52	4301	1395	17	912	193
275	71	2898	140409	21926						9	640	297
109	24	1642	47176	5534						2	39	14
3	3		26	4								
29	11	9	622	174								
25	5	12	785	128	13	5	4	31	79		2	5
139	34	2031	106447	9740						1	56	12
510	147	179	28033	5722						2	149	35
112	36	50	8059	1764								
263	248	121	19045	8039								
290	115	169	23828	4082								

全国各出版社图书出版

地方

	图书总计					使用《中国标 书 籍				
	种数（种） 合计	种数（种） 初版	印数（万册、张）	印张（千印张）	总定价（万元）	种数（种） 合计	种数（种） 初版	印数（万册、张）	印张（千印张）	总定价（万元）
中国矿业大学出版社	575	387	207	36675	8106	197	152	72	13290	3488
南京师范大学出版社	890	370	3446	138350	32479	805	356	3389	131671	31172
凤凰出版社	337	226	113	20840	9825	325	226	105	20567	9760
广陵书社	188	141	54	5716	3582	188	141	54	5716	3582
江苏大学出版社	261	223	63	9288	2326	109	98	27	3683	1116
浙江人民出版社	1002	575	1770	160931	37282	920	535	1557	143538	32601
浙江教育出版社	2550	1120	13727	743853	105919	2163	1008	10957	599130	86145
浙江科学技术出版社	1192	503	3616	171851	37814	1029	449	2982	131087	32708
浙江少年儿童出版社	1609	614	4543	351859	70496	1598	610	4531	351489	70394
浙江文艺出版社	567	283	930	87186	21041	528	279	738	72463	19386
浙江人民美术出版社	673	435	1071	48318	24213	596	387	304	25834	19393
浙江摄影出版社	441	344	792	52855	12967	386	301	271	28919	9035
浙江古籍出版社	432	274	249	24407	6363	429	274	162	17343	5223
杭州出版社	288	258	135	13133	4402	287	257	127	12827	4205
西泠印社出版社	109	109	26	4076	3115	109	109	26	4076	3115
宁波出版社	739	520	603	43523	8449	727	510	588	42480	8288
浙江大学出版社	2519	1380	1448	165284	59668	1555	978	1164	120569	50370
中国美术学院出版社	267	197	87	13455	8756	229	188	75	11878	8325
浙江工商大学出版社	299	255	233	18465	2659	259	228	209	15909	2367
安徽人民出版社	600	599	555	48806	12008	596	595	554	48625	11980
安徽教育出版社	1735	251	4293	343118	50130	1499	229	2873	277480	36740
安徽科学技术出版社	943	351	732	81345	17989	876	323	703	77919	17296
安徽少年儿童出版社	1655	728	3944	243535	53459	1655	728	3944	243535	53459
安徽师范大学出版社	590	498	481	53739	11531	574	485	467	52007	11202
安徽文艺出版社	607	367	489	51984	11762	607	367	489	51984	11762
安徽美术出版社	1049	848	1104	55787	18331	987	832	994	50438	16834
黄山书社	1390	714	2119	161560	32512	1384	709	2117	161303	32471
中国科学技术大学出版社	350	214	115	18550	3741	119	81	32	5229	1157
安徽大学出版社	434	227	840	61774	9229	255	151	441	31309	5061
合肥工业大学出版社	581	430	207	20383	5354	430	343	158	13150	3729
福建人民出版社	332	175	986	76979	13500	305	156	930	71083	12686
福建教育出版社	795	561	2286	163186	25159	670	525	1585	128516	20667
福建科学技术出版社	290	248	167	16426	6582	290	248	167	16426	6582
福建少年儿童出版社	642	285	960	65063	14891	624	273	811	58494	14073
海峡文艺出版社	245	205	177	14167	3681	243	204	177	14137	3674
福建美术出版社	226	195	245	10834	4758	225	195	168	8247	4277

数量（书籍、课本、图片）（续表10）

出版社

准书号》部分					不使用《中国标准书号》部分—图片合计					附：活页文选影印书等用纸		
课本												
种数（种）		印数（万册、张）	印张（千印张）	总定价（万元）	种数（种）		印数（万册、张）	印张（千印张）	总定价（万元）	印数（万册、张）	印张（千印张）	总定价（万元）
合计	初版				合计	初版						
378	235	135	23385	4618								
77	14	40	6333	1191	8		14	277	100	3	69	17
12		8	273	65								
152	125	36	5604	1210								
81	39	161	11940	2440	1	1		16	7	52	5437	2234
387	112	2770	144723	19773								
163	54	629	40701	5080						5	63	27
					11	4	5	49	35	7	320	67
36	1	192	14676	1639	3	3		47	15			
41	12	749	21987	4382	36	36	17	463	366	1	34	71
25	13	505	23454	3543	30	30	15	473	366	1	9	24
3		35	2353	550						52	4711	590
1	1		9	4						8	296	193
12	10	15	1043	161								
964	402	284	44715	9298								
38	9	12	1576	431								
40	27	24	2556	292								
4	4	1	181	28								
236	22	1420	65639	13390								
66	28	22	3366	677	1		1	5	3	6	55	14
16	13	14	1731	329								
62	16	110	5349	1497								
6	5	2	257	41								
231	133	83	13321	2584								
179	76	399	30465	4168								
151	87	49	7233	1625								
27	19	56	5897	814								
125	36	701	34670	4493								
18	12	149	6569	817								
2	1		30	7								
1		77	2519	477							68	4

全国各出版社图书出版

地方

	图书总计					使用《中国标 书籍				
	种数（种）		印数（万册、张）	印张（千印张）	总定价（万元）	种数（种）		印数（万册、张）	印张（千印张）	总定价（万元）
	合计	初版				合计	初版			
海峡书局出版社	89	87	61	8515	2519	89	87	61	8515	2519
福建地图出版社	47	47	39	1295	686	47	47	39	1295	686
鹭江出版社	151	138	369	28321	5066	147	134	363	27979	4946
厦门大学出版社	603	465	330	54163	10631	343	323	173	26460	6075
海风出版社	36	36	7	1233	430	36	36	7	1233	430
江西人民出版社	1028	742	1812	150744	33322	1021	735	1810	150216	33238
江西教育出版社	691	318	4856	221184	28963	665	295	4795	217367	28316
江西科学技术出版社	491	340	589	57893	11276	433	322	250	33086	7356
百花洲文艺出版社	280	262	250	35802	6818	280	262	250	35802	6818
二十一世纪出版社	1463	671	3270	241035	54128	1463	671	3270	241035	54128
江西美术出版社	584	462	1116	47066	14323	503	418	462	27279	10170
江西高校出版社	1353	740	1743	128114	28785	1124	634	1293	93274	23009
山东人民出版社	1697	1697	3658	268216	44792	1506	1506	2247	164067	33863
山东教育出版社	1444	1366	3573	240096	27041	1196	1126	2773	179912	20730
明天出版社	1226	472	4666	343199	61377	1226	472	4666	343199	61377
山东文艺出版社	858	531	1732	97763	17539	795	496	1070	62962	10331
山东美术出版社	786	595	1293	59363	19750	728	595	606	30091	15179
山东画报出版社	283	186	398	32114	11439	242	167	338	30000	10959
山东地图出版社	57	45	49	1308	594	26	23	13	849	283
山东科学技术出版社	1565	653	3575	274880	38724	1361	594	2412	190892	29855
山东友谊出版社	502	167	1258	89550	13392	464	165	1071	82311	12139
齐鲁书社	471	226	1265	70148	11826	428	215	1158	63531	10835
济南出版社	653	315	1510	103733	17137	638	306	1184	75781	14413
泰山出版社	159	37	1689	93866	11935	64	30	427	20158	2989
青岛出版社	3125	943	8385	570067	101405	2915	937	6284	450195	85291
山东大学出版社	347	135	1026	79471	12047	248	128	452	43100	8210
中国石油大学出版社	531	374	692	78383	14791	301	263	504	47329	9318
中国海洋大学出版社	428	261	400	44810	10521	286	158	342	36488	8616
黄河出版社	150	150	130	14654	4784	147	147	122	14286	4624
河南人民出版社	429	377	284	30567	8521	405	357	197	23957	7590
河南科学技术出版社	1248	625	2634	156908	31595	1117	574	975	95049	22802
海燕出版社	1100	432	3978	190259	29636	1015	405	2453	138367	22888
河南文艺出版社	260	186	1411	84502	15906	183	165	113	16036	3529
河南美术出版社	328	256	296	22793	6268	323	251	291	22593	6243
文心出版社	533	223	742	54530	7516	436	178	639	49404	6664
中州古籍出版社	512	399	155	24807	13092	512	399	155	24807	13092

数量（书籍、课本、图片）（续表11）

出版社

准书号》部分					不使用《中国标准书号》部分—图片合计					附：活页文选影印书等用纸		
课　本												
种数（种）		印数（万册、张）	印张（千印张）	总定价（万元）	种数（种）		印数（万册、张）	印张（千印张）	总定价（万元）	印数（万册、张）	印张（千印张）	总定价（万元）
合计	初版				合计	初版						
4	4	6	342	120								
260	142	157	27703	4556								
7	7	2	528	84								
26	23	61	3817	646								
58	18	339	24808	3920								
81	44	654	19787	4152								
229	106	450	34840	5776								
191	191	1411	104149	10929								
248	240	800	60183	6311								
63	35	662	34801	7208								
58		666	27974	4186						21	1298	384
41	19	60	2113	480								
					31	22	36	459	311			
204	59	1163	83988	8869								
11		154	6505	778	27	2	33	733	474			
43	11	107	6617	991								
15	9	325	27865	2699						1	87	25
95	7	1262	73708	8946								
210	6	2101	119873	16114								
99	7	574	36371	3836								
230	111	188	31054	5473								
142	103	58	8323	1906								
3	3	8	368	160								
24	20	87	6610	931								
131	51	1659	61859	8794								
85	27	1525	51892	6748								
77	21	1298	68466	12377								
5	5	5	200	25								
97	45	103	5126	852								

全国各出版社图书出版

地方

	图书总计					使用《中国标 书　籍				
	种数（种）		印数（万册、张）	印张（千印张）	总定价（万元）	种数（种）		印数（万册、张）	印张（千印张）	总定价（万元）
	合计	初版				合计	初版			
中原农民出版社	630	239	660	39172	7435	556	225	504	28494	6044
大象出版社	830	320	4145	472549	54366	504	177	2303	278794	32241
黄河水利出版社	489	356	145	21807	5410	383	302	110	16085	4206
河南大学出版社	484	415	295	32636	6982	447	388	227	22634	5774
郑州大学出版社	862	416	691	64376	9838	529	269	456	38081	5986
湖北人民出版社	539	433	503	66005	14230	498	416	366	57145	13089
湖北教育出版社	1151	279	3641	255586	45119	1128	274	3467	240421	42776
湖北科学技术出版社	1112	759	1523	109706	29146	1083	755	1209	95149	27048
长江少年儿童出版社	1354	336	3653	298772	54772	1328	330	3585	295861	54129
长江文艺出版社	840	400	1512	226092	49405	840	400	1512	226092	49405
崇文书局	921	653	1424	101330	18704	921	653	1424	101330	18704
湖北美术出版社	824	541	1195	72153	24285	811	537	1159	70527	23955
武汉出版社	1073	829	1619	99675	25772	1008	823	1434	90318	24329
华中科技大学出版社	1649	896	690	91198	21950	1181	712	470	60111	15748
华中师范大学出版社	615	395	1093	141162	24393	410	299	804	117683	20457
武汉大学出版社	3835	2608	2939	225066	61904	2703	2039	2556	165539	50196
武汉理工大学出版社	694	420	444	64668	16258	244	233	272	32999	10760
中国地质大学出版社	430	356	90	12877	7416	154	146	21	3222	4496
长江出版社	873	666	211	18518	5740	870	663	210	18436	5715
湖南人民出版社	844	844	1440	120232	29077	809	809	1431	119692	28919
湖南教育出版社	3340	891	13142	1044812	182208	3064	814	13056	1037046	180547
湖南科学技术出版社	596	287	1307	83499	16380	549	285	694	64233	13591
湖南少年儿童出版社	2274	891	4650	284260	61108	2160	845	4523	280784	60525
湖南文艺出版社	962	814	5066	412453	110640	921	794	3370	399500	98114
湖南美术出版社	801	405	3631	133067	31852	727	394	1840	78154	20836
湖南地图出版社	174	157	159	8603	3527	87	72	88	7651	3050
岳麓书社	278	87	815	99079	15062	240	87	386	61846	9578
湖南师范大学出版社	854	429	1494	118701	21969	826	421	1232	102734	20439
中南大学出版社	392	214	134	20412	4876	125	50	42	5170	1351
湖南大学出版社	411	255	824	50756	9127	253	222	706	39206	6329
国防科技大学出版社	165	146	47	7316	1554	56	54	9	1351	362
湘潭大学出版社	249	214	52	11814	7367	178	175	26	7598	6521
广东人民出版社	1129	795	1645	127345	26159	1055	752	951	86190	21853
广东教育出版社	1251	432	8933	654623	77571	843	383	2661	232711	33843
广东高等教育出版社	628	325	1974	195528	22666	336	193	887	97841	10638
广东科技出版社	386	291	1785	113542	13920	210	157	173	25038	5502

数量（书籍、课本、图片）（续表12）

出版社

准书号》部分					不使用《中国标准书号》部分—图片合计					附：活页文选影印书等用纸		
课　本												
种数（种）		印数（万册、张）	印张（千印张）	总定价（万元）	种数（种）		印数（万册、张）	印张（千印张）	总定价（万元）	印数（万册、张）	印张（千印张）	总定价（万元）
合计	初版				合计	初版						
74	14	156	10679	1390								
326	143	1842	193755	22125								
106	54	35	5722	1204								
37	27	68	10002	1208								
333	147	235	26295	3852								
41	17	137	8860	1141								
23	5	174	15165	2343								
29	4	314	14557	2098								
26	6	68	2910	643								
13	4	36	1626	329								
65	6	185	9357	1443								
468	184	220	31087	6203								
205	96	289	23479	3936								
1132	569	383	59527	11708								
450	187	172	31669	5498								
276	210	69	9655	2920								
3	3	1	82	25								
35	35	9	540	158								
276	77	86	7766	1662								
47	2	613	19265	2788								
114	46	127	3476	583								
41	20	1696	12952	12526								
74	11	1791	54913	11016								
					87	85	71	952	477			
38		429	37233	5484								
28	8	262	15967	1530								
267	164	92	15242	3525								
158	33	118	11550	2798								
109	92	35	5585	1121						3	380	71
71	39	26	4216	846								
74	43	694	41155	4306								
408	49	6272	421912	43727								
292	132	1081	97137	12022						6	550	6
176	134	1612	88503	8418								

全国各出版社图书出版

地方

	图书总计					使用《中国标 书籍				
	种数（种）		印数（万册、张）	印张（千印张）	总定价（万元）	种数（种）		印数（万册、张）	印张（千印张）	总定价（万元）
	合计	初版				合计	初版			
广东经济出版社	781	668	1136	95665	18022	748	653	846	89061	17004
广东地图出版社	59	9	46	728	385	59	9	46	728	385
广东旅游出版社	281	212	191	25292	5972	281	212	191	25292	5972
岭南美术出版社	251	229	880	36371	12275	242	224	115	14218	8611
广东新世纪出版社	1322	337	3668	226290	38594	1297	334	3608	222643	38193
花城出版社	378	346	220	31758	6444	371	339	202	30810	6337
海天出版社	269	269	84	11373	3844	269	269	84	11373	3844
广州出版社	315	296	346	33513	7887	305	290	332	31187	7471
华南理工大学出版社	553	343	171	27927	7302	324	219	95	14909	4760
汕头大学出版社	475	455	293	34772	9584	474	454	293	34719	9569
中山大学出版社	537	336	273	42657	9141	337	221	173	26011	5716
暨南大学出版社	558	392	140	21437	5259	355	290	80	11088	2924
南方日报出版社	119	119	39	5155	1468	119	119	39	5155	1468
羊城晚报出版社	97	77	50	6366	1888	97	77	50	6366	1888
深圳报业集团出版社	106	74	246	14890	2925	103	74	220	13858	2754
广西人民出版社	489	448	353	32897	8108	463	434	277	28498	7422
广西教育出版社	1035	300	10754	584918	60986	990	290	10016	553600	55824
广西科学技术出版社	370	206	1163	74603	16138	335	205	519	41976	12111
接力出版社	1401	466	5103	304149	61012	1374	453	4864	294491	58927
广西民族出版社	228	143	1289	80963	8332	170	133	415	31059	4597
广西美术出版社	520	256	887	44370	14811	437	225	455	30670	12048
漓江出版社	748	627	623	61446	13288	727	626	608	60909	13229
广西师范大学出版社	3080	1306	13605	1200446	202445	2935	1278	11107	1056257	186801
海南出版社	1306	636	1973	146472	25504	1268	607	1930	143036	24860
南方出版社	1404	472	1907	152633	29707	1404	472	1907	152633	29707
南海出版公司	869	567	590	74946	19634	869	567	590	74946	19634
三环出版社	168	23	631	26645	4257	147	23	487	22710	3787
重庆出版社	3249	1782	9773	635929	124108	3170	1777	6825	445308	98821
西南师范大学出版社	1242	566	3893	232330	35998	500	261	1049	63670	13346
重庆大学出版社	1571	842	1343	127716	24873	432	317	328	38559	9847
四川人民出版社	432	352	202	26543	6170	427	352	153	23481	5649
四川教育出版社	878	79	9370	627748	83086	720	61	5966	396230	53026
四川科学技术出版社	323	248	110	15367	4996	323	248	110	15367	4996
四川少儿出版社	640	410	1073	48076	17875	640	410	1073	48076	17875
四川文艺出版社	241	144	121	20508	4438	240	143	121	20490	4432
四川民族出版社	490	228	719	59232	7147	271	197	279	27729	4517

数量（书籍、课本、图片）（续表13）

出版社

准书号》部分					不使用《中国标准书号》部分—图片合计					附：活页文选影印书等用纸		
课　本												
种数（种）		印数（万册、张）	印张（千印张）	总定价（万元）	种数（种）		印数（万册、张）	印张（千印张）	总定价（万元）	印数（万册、张）	印张（千印张）	总定价（万元）
合计	初版				合计	初版						
33	15	290	6604	1018								
9	5	765	22154	3664								
25	3	60	3647	401								
7	7	18	948	107								
10	6	14	2326	416								
229	124	76	13018	2542								
1	1		53	14								
200	115	100	16645	3425								
203	102	60	10349	2335								
3		26	1032	172								
26	14	76	4399	686								
45	10	738	31318	5162								
35	1	644	32627	4027								
22	13	239	9553	2047	5			105	38			
58	10	874	49904	3735								
83	31	432	13700	2764								
21	1	15	537	59								
145	28	2498	144190	15644								
38	29	22	3095	566						21	341	78
21		144	3935	470								
79	5	2948	190621	25287								
742	305	2844	168660	22652								
1138	525	1015	89156	15026	1			1	1			
5		49	3062	521								
158	18	3404	231518	30060								
1	1		18	7								
219	31	440	31503	2630								

全国各出版社图书出版

地方

	图书总计					使用《中国标 书 籍				
	种数（种）		印数（万册、张）	印张（千印张）	总定价（万元）	种数（种）		印数（万册、张）	印张（千印张）	总定价（万元）
	合计	初版				合计	初版			
四川美术出版社	398	306	172	19525	6568	398	306	172	19525	6568
四川辞书出版社	108	40	56	11926	1858	108	40	56	11926	1858
天地出版社	272	117	204	16795	3703	272	117	204	16795	3703
巴蜀书社	180	134	44	8745	2973	180	134	44	8745	2973
成都地图出版社	313	174	277	9588	4287	313	174	277	9588	4287
成都时代出版社	362	276	373	41691	11203	362	276	373	41691	11203
电子科技大学出版社	895	728	529	82778	19256	634	559	459	70825	17010
四川大学出版社	1519	814	635	73265	16118	1315	710	539	59783	13669
西南财经大学出版社	668	375	439	53320	11994	378	262	343	38313	8528
西南交通大学出版社	1376	827	342	50754	10829	582	452	137	17557	4052
贵州人民出版社	320	302	1002	46089	10162	308	291	336	19751	6253
贵州教育出版社	252	168	1867	85748	19918	174	145	1259	55711	15678
贵州科技出版社	97	97	22	2923	900	97	97	22	2923	900
贵州民族出版社	98	76	168	8789	1842	87	76	61	5547	1224
贵州大学出版社	78	78	11	2022	1053	63	63	6	1443	751
云南人民出版社	1904	1060	1939	194381	50388	1865	1034	1763	183240	48270
云南教育出版社	1424	823	3515	285592	38072	1354	823	2171	236581	33195
云南科技出版社	1509	586	1591	114289	30162	1509	586	1591	114289	30162
晨光出版社	1059	415	2006	180462	27039	1020	393	1930	177433	26463
德宏民族出版社	95	94	18	3577	1775	95	94	18	3577	1775
云南美术出版社	306	277	421	29878	6367	302	277	360	26186	5890
云南民族出版社	283	277	68	10693	3686	243	237	50	8737	3278
云南大学出版社	378	249	156	21040	4253	361	232	145	20433	4107
西藏人民出版社	487	177	1283	91368	13368	318	169	259	19472	5534
藏文古籍出版社	60	60	20	2503	708	60	60	20	2503	708
陕西人民出版社	628	463	3425	316336	40155	610	456	821	103993	21640
陕西人民教育出版社	2026	417	6000	570831	114044	1993	415	5034	502870	106118
陕西科学技术出版社	479	271	636	36833	8686	453	268	497	31818	7681
未来出版社	595	96	1931	98173	25591	566	96	1111	53762	21243
太白文艺出版社	116	100	40	7209	1383	116	100	40	7209	1383
陕西人民美术出版社	139	82	1146	58181	10133	118	82	394	27415	4392
陕西旅游出版社	168	84	361	29226	6741	144	82	285	25436	6159
三秦出版社	519	328	408	66310	14103	512	328	350	63203	13570
西安出版社	648	423	690	54562	15036	645	423	642	48341	14321
西安地图出版社	28	28	3	281	174	28	28	3	281	174
陕西师范大学出版社	815	440	1437	141699	24911	673	379	1044	118240	21168

数量（书籍、课本、图片）（续表14）

出版社

准书号》部分					不使用《中国标准书号》部分—图片合计					附：活页文选影印书等用纸		
课　本												
种数（种）		印数（万册、张）	印张（千印张）	总定价（万元）	种数（种）		印数（万册、张）	印张（千印张）	总定价（万元）	印数（万册、张）	印张（千印张）	总定价（万元）
合计	初版				合计	初版						
261	169	70	11953	2246								
204	104	96	13482	2449								
290	113	96	15007	3466								
794	375	205	33197	6777								
12	11	666	26338	3909								
78	23	608	30037	4239								
11		107	3243	618								
15	15	5	578	302								
39	26	176	11141	2118								
70		1344	49010	4877								
27	10	69	2968	553	12	12	7	60	23			
4		61	3693	477								
40	40	16	1852	388						2	104	20
17	17	11	607	146								
169	8	1024	71896	7834								
18	7	2604	212343	18516								
33	2	966	67961	7925								
26	3	139	5015	1005								
29		820	44411	4349								
21		752	30766	5742								
24	2	76	3790	582								
7		58	3107	533								
3		48	6221	715								
142	61	393	23458	3743								

全国各出版社图书出版

地方

	图书总计					使用《中国标 书籍				
	种数（种）		印数（万册、张）	印张（千印张）	总定价（万元）	种数（种）		印数（万册、张）	印张（千印张）	总定价（万元）
	合计	初版				合计	初版			
西安电子科技大学出版社	530	289	190	34470	6165	68	59	18	2660	569
西安交通大学出版社	1490	938	1318	119163	26924	935	545	739	65009	17573
西北大学出版社	345	169	936	71406	9582	292	157	291	32699	5332
西北工业大学出版社	397	271	119	14743	3355	121	107	56	5383	1372
西北农林科技大学出版社	115	99	23	3288	859	114	98	23	3273	856
第四军医大学出版社	296	169	117	20838	4602	162	106	76	13547	2978
甘肃人民出版社	108	104	70	16976	2108	108	104	70	16976	2108
甘肃教育出版社	754	138	4147	353008	43101	752	138	842	98142	17456
甘肃科学技术出版社	190	139	35	4401	1325	190	139	35	4401	1325
甘肃少年儿童出版社	474	88	522	30796	7211	466	87	496	30215	6992
甘肃文化出版社	171	171	265	17285	4261	171	171	265	17285	4261
甘肃民族出版社	238	214	77	9176	1976	235	211	74	8961	1938
甘肃人民美术出版社	88	80	30	4841	3202	88	80	30	4841	3202
敦煌文艺出版社	111	109	55	9127	1797	111	109	55	9127	1797
兰州大学出版社	276	276	111	10226	2775	227	227	103	9309	2560
青海人民出版社	212	147	729	55908	7459	212	147	96	11692	2619
青海民族出版社	385	122	339	28250	3186	164	122	42	5537	1847
宁夏人民出版社	233	222	1030	90837	13282	233	222	124	25216	5604
宁夏人民教育出版社	909	542	1353	119810	18118	909	542	1353	119810	18118
阳光出版社	845	489	1299	133637	29725	845	489	1299	133637	29725
新疆人民出版社	1120	845	1782	142864	35957	1038	830	1556	127630	33719
新疆教育出版社	1367	231	3231	191530	20519	188	72	43	3612	449
新疆科学技术出版社	620	228	606	47469	8570	484	219	460	33834	6577
新疆青少年出版社	2700	1105	1333	175375	28377	2553	1049	1267	171604	27740
新疆美术摄影出版社	1064	751	2906	206236	55294	883	634	2337	183086	50952
喀什维吾尔文出版社	188	150	79	6635	1485	186	148	78	6575	1475
克孜勒苏柯尔克孜文出版社	48	48	4	637	297	48	48	4	637	297
伊犁人民出版社	110	95	26	2626	627	109	94	26	2609	623
新疆大学出版社	1	1	1	195	40	1	1	1	195	40
新疆人民卫生出版社	277	254	91	13969	3106	277	254	91	13969	3106
新疆生产建设兵团出版社	237	237	69	9159	3228	232	232	65	8522	3008

数量（书籍、课本、图片）（续表15）

出版社

准书号》部分					不使用《中国标准书号》部分—图片合计					附：活页文选影印书等用纸		
课　本												
种数（种）		印数（万册、张）	印张（千印张）	总定价（万元）	种数（种）		印数（万册、张）	印张（千印张）	总定价（万元）	印数（万册、张）	印张（千印张）	总定价（万元）
合计	初版				合计	初版						
462	230	172	31809	5595								
553	391	579	54142	9331	2	2		12	20			
53	12	645	38708	4249								
276	164	63	9360	1982								
1	1		15	3								
134	63	41	7290	1624								
2		3305	254866	25645								
8	1	26	581	220								
3	3	3	215	38								
49	49	8	917	215								
		633	44216	4840								
221		297	22712	1339								
		906	65621	7678								
82	15	226	15234	2238								
1179	159	3188	187918	20070								
136	9	146	13634	1993								
147	56	66	3771	637								
180	117	569	23102	4330	1			3	1		44	11
2	2	1	60	10								
1	1		17	5								
5	5	4	637	220								

使用《中国标准书号》各类图书的
平均印数、平均印张、平均定价和平均印张定价

全　国

	平均印数（万册/种）			平均印张（印张/册）			平均定价（元/册）			平均印张定价（元/印张）		
	初版	重印	租型	初版	重印	租型	初版	重印	租型	初版	重印	租型
使用《标准书号》部分合计	**1.00**	**2.14**	**14.21**	**10.14**	**8.20**	**7.14**	**25.98**	**14.07**	**7.52**	**2.56**	**1.72**	**1.05**
A 马列主义、毛泽东思想	2.62	2.12		16.64	16.86		30.95	27.07		1.86	1.61	1.63
B 哲学	0.53	0.85	4.43	15.30	15.42	11.10	48.28	31.62	20.16	3.15	2.05	1.82
C 社会科学总论	0.38	0.66		17.42	16.54		48.57	31.89		2.79	1.93	2.62
D 政治、法律	0.95	1.08	6.00	11.85	11.06	3.81	30.08	22.23	6.88	2.54	2.01	1.80
E 军事	0.48	0.79		15.27	13.11		44.64	24.32		2.92	1.85	
F 经济	0.42	0.55	0.67	17.50	16.86	12.95	49.49	34.19	27.50	2.83	2.03	2.12
G 文化、科学、教育、体育	1.86	3.51	14.31	8.10	6.89	7.14	15.21	10.67	7.51	1.88	1.55	1.05
H 语言、文字	0.74	1.15	1.60	13.90	17.80	13.16	32.05	32.98	33.13	2.31	1.85	2.52
I 文学	0.92	1.50	1.38	11.26	10.76	8.67	31.74	21.64	17.83	2.82	2.01	2.06
J 艺术	0.58	0.97	1.00	7.89	7.17	9.33	48.72	20.18	28.13	6.17	2.82	3.02
K 历史、地理	0.63	1.07	0.43	13.16	10.91	11.00	57.84	27.29	18.00	4.39	2.50	1.64
N 自然科学总论	0.58	0.78		10.49	11.74		34.39	30.44		3.28	2.59	
O 数理科学、化学	0.42	0.53	1.00	15.32	16.55	4.32	33.80	28.94	12.60	2.21	1.75	2.92
P 天文学、地球科学	0.38	0.59		10.10	11.18		43.81	27.06		4.34	2.42	
Q 生物科学	0.66	0.52	0.50	8.79	15.13	6.90	28.95	31.18	13.00	3.29	2.06	1.88
R 医药、卫生	0.49	0.79	0.80	16.63	13.83	12.85	50.05	28.37	30.25	3.01	2.05	2.35
S 农业科学	0.43	0.52	0.50	9.27	10.28	12.25	30.73	20.53	24.00	3.31	2.00	1.96
T 工业技术	0.37	0.43	0.33	16.81	17.27	22.30	49.96	34.23	44.00	2.97	1.98	1.97
U 交通运输	0.41	0.77		13.16	13.57		38.76	35.95		2.95	2.65	
V 航空、航天	0.29	0.51		14.11	13.06		57.15	34.96		4.05	2.68	
X 环境科学	0.38	0.50		9.86	11.81		32.70	26.42		3.32	2.24	
Z 综合性图书	0.54	0.99		15.02	12.73		72.88	38.98		4.85	3.06	3.33

使用《中国标准书号》各类图书的平均印数、平均印张、平均定价和平均印张定价（续表1）

中　央

	平均印数（万册/种）			平均印张（印张/册）			平均定价（元/册）			平均印张定价（元/印张）		
	初版	重印	租型	初版	重印	租型	初版	重印	租型	初版	重印	租型
使用《标准书号》部分合计	**0.80**	**1.70**	**7.13**	**12.49**	**10.34**	**7.43**	**35.66**	**17.74**	**7.15**	**2.86**	**1.72**	**0.96**
A 马列主义、毛泽东思想	3.90	2.57		17.01	17.24		31.05	27.57		1.83	1.60	
B 哲学	0.54	0.96		14.53	15.12		57.69	31.37		3.97	2.08	
C 社会科学总论	0.37	0.71		17.71	16.83		53.93	31.31		3.04	1.86	
D 政治、法律	1.10	1.14		11.62	10.70		29.59	21.39		2.55	2.00	
E 军事	0.43	0.54		15.70	16.12		50.23	32.97		3.20	2.05	
F 经济	0.45	0.55		17.64	17.03		48.84	35.40		2.77	2.08	
G 文化、科学、教育、体育	1.90	5.41	7.13	9.67	7.54	7.43	17.48	10.43	7.15	1.81	1.38	0.96
H 语言、文字	0.72	1.24		14.60	19.94		33.49	37.69		2.29	1.89	
I 文学	0.78	1.22		12.07	13.22		45.94	24.55		3.81	1.86	
J 艺术	0.58	0.68		8.92	10.10		61.40	29.56		6.88	2.93	
K 历史、地理	0.81	1.30		12.24	10.24		61.56	26.37		5.03	2.57	
N 自然科学总论	0.42	0.59		13.68	16.55		45.62	38.01		3.33	2.30	
O 数理科学、化学	0.44	0.52		16.96	18.54		37.11	31.52		2.19	1.70	
P 天文学、地球科学	0.29	0.52		11.81	11.41		51.27	26.01		4.34	2.28	
Q 生物科学	0.46	0.41		11.05	20.19		38.15	38.94		3.45	1.93	
R 医药、卫生	0.55	0.61		18.23	19.75		56.78	38.70		3.11	1.96	
S 农业科学	0.34	0.46		10.76	11.45		36.00	22.64		3.35	1.98	
T 工业技术	0.38	0.42		17.96	17.84		50.68	35.05		2.82	1.97	
U 交通运输	0.42	0.84		13.66	13.65		40.82	36.65		2.99	2.69	
V 航空、航天	0.24	0.27		16.50	17.17		71.38	42.71		4.33	2.49	
X 环境科学	0.31	0.39		11.76	14.13		39.37	29.40		3.35	2.08	
Z 综合性图书	0.69	1.25		15.83	13.88		96.31	50.36		6.08	3.63	

使用《中国标准书号》各类图书的
平均印数、平均印张、平均定价和平均印张定价（续表2）

地　方

	平均印数（万册/种）			平均印张（印张/册）			平均定价（元/册）			平均印张定价（元/印张）		
	初版	重印	租型	初版	重印	租型	初版	重印	租型	初版	重印	租型
使用《标准书号》部分合计	**1.15**	**2.43**	**14.26**	**8.95**	**7.21**	**7.14**	**21.09**	**12.38**	**7.52**	**2.36**	**1.72**	**1.05**
A 马列主义、毛泽东思想	0.65	0.80		13.19	13.26		30.05	22.33		2.28	1.68	1.63
B 哲学	0.52	0.70	4.43	16.15	15.97	11.10	37.95	32.07	20.16	2.35	2.01	1.82
C 社会科学总论	0.39	0.57		17.04	15.83		41.62	33.27		2.44	2.10	2.62
D 政治、法律	0.55	0.86	6.00	13.10	12.65	3.81	32.75	25.95	6.88	2.50	2.05	1.80
E 军事	0.61	1.06		14.52	11.41		34.84	19.43		2.40	1.70	
F 经济	0.36	0.54	0.67	17.17	16.42	12.95	51.14	31.13	27.50	2.98	1.90	2.12
G 文化、科学、教育、体育	1.84	3.12	14.35	7.68	6.66	7.14	14.60	10.75	7.51	1.90	1.62	1.05
H 语言、文字	0.76	1.02	1.60	13.24	14.13	13.16	30.68	24.92	33.13	2.32	1.76	2.52
I 文学	0.98	1.60	1.38	10.96	10.13	8.67	26.47	20.88	17.83	2.42	2.06	2.06
J 艺术	0.58	1.11	1.00	7.46	6.27	9.33	43.44	17.30	28.13	5.82	2.76	3.02
K 历史、地理	0.48	0.82	0.43	14.51	12.11	11.00	52.42	28.96	18.00	3.61	2.39	1.64
N 自然科学总论	0.69	0.87		9.11	10.30		29.52	28.17		3.24	2.73	
O 数理科学、化学	0.39	0.55	1.00	12.76	12.10	4.32	28.63	23.17	12.60	2.24	1.92	2.92
P 天文学、地球科学	0.53	0.67		8.76	10.96		37.94	28.06		4.33	2.56	
Q 生物科学	0.85	0.72	0.50	7.64	10.03	6.90	24.27	23.33	13.00	3.18	2.33	1.88
R 医药、卫生	0.42	1.24	0.80	14.36	6.61	12.85	40.52	15.78	30.25	2.82	2.39	2.35
S 农业科学	0.56	0.69	0.50	7.78	8.44	12.25	25.46	17.26	24.00	3.27	2.04	1.96
T 工业技术	0.36	0.47	0.33	14.20	15.08	22.30	48.31	31.08	44.00	3.40	2.06	1.97
U 交通运输	0.41	0.45		12.06	12.82		34.23	29.49		2.84	2.30	
V 航空、航天	0.40	0.80		10.68	11.29		36.72	31.63		3.44	2.80	
X 环境科学	0.52	0.82		7.70	8.59		25.16	22.29		3.27	2.59	
Z 综合性图书	0.48	0.86		14.55	11.91		59.07	30.91		4.06	2.60	3.33

各地区使用《中国标准书号》图书的平均印数、平均印张、平均定价和平均印张定价

使用《标准书号》部分合计

	平均印数（万册/种）			平均印张（印张/册）			平均定价（元/册）			平均印张定价（元/印张）		
	初版	重印	租型	初版	重印	租型	初版	重印	租型	初版	重印	租型
全国总计	**1.00**	**2.14**	**14.21**	**10.14**	**8.20**	**7.14**	**25.98**	**14.07**	**7.52**	**2.56**	**1.72**	**1.05**
中　央	**0.80**	**1.70**	**7.13**	**12.49**	**10.34**	**7.43**	**35.66**	**17.74**	**7.15**	**2.86**	**1.72**	**0.96**
地　方	**1.15**	**2.43**	**14.26**	**8.95**	**7.21**	**7.14**	**21.09**	**12.38**	**7.52**	**2.36**	**1.72**	**1.05**
北　京	1.48	1.66		9.06	9.39		24.02	18.05		2.65	1.92	
天　津	0.46	1.09	5.43	10.57	9.16	7.20	37.99	19.19	7.58	3.59	2.10	1.05
河　北	1.82	2.28	25.41	7.20	7.49	7.39	13.61	14.05	7.16	1.89	1.88	0.97
山　西	2.19	2.80	15.82	14.39	7.15	7.53	21.43	15.45	8.10	1.49	2.16	1.08
内蒙古	0.51	1.65	9.21	8.41	6.31	7.63	21.24	6.99	7.79	2.53	1.11	1.02
辽　宁	0.80	1.49	7.00	8.63	7.79	8.66	19.98	14.39	8.29	2.32	1.85	0.96
吉　林	0.84	1.07	6.71	9.74	9.08	6.99	22.54	18.07	7.83	2.31	1.99	1.12
黑龙江	0.40	1.70	6.63	11.04	8.24	7.47	22.52	12.22	8.51	2.04	1.48	1.14
上　海	0.81	1.89	3.00	10.95	8.64	1.00	33.30	17.38	3.67	3.04	2.01	3.67
江　苏	1.35	2.98	26.76	8.55	6.22	6.79	18.19	9.86	6.95	2.13	1.59	1.02
浙　江	1.66	3.03	20.79	6.93	6.19	6.95	18.14	10.94	7.21	2.62	1.77	1.04
安　徽	0.88	2.17	13.75	8.56	7.26	7.33	22.62	11.85	8.27	2.64	1.63	1.13
福　建	1.32	2.26	15.73	8.38	7.10	7.32	18.38	12.06	6.83	2.19	1.70	0.93
江　西	1.27	3.88	24.89	8.09	5.68	7.84	19.47	9.88	7.47	2.41	1.74	0.95
山　东	1.55	3.48	17.42	7.97	6.47	5.67	15.39	9.96	7.03	1.93	1.54	1.24
河　南	0.92	3.27	28.90	8.32	7.53	7.46	20.89	9.99	6.98	2.51	1.33	0.94
湖　北	0.97	1.63	12.66	9.22	8.42	7.41	24.60	15.90	8.46	2.67	1.89	1.14
湖　南	2.22	3.57	23.08	8.91	6.36	6.30	20.70	11.74	7.22	2.32	1.85	1.15
广　东	1.13	4.39	50.27	8.62	7.31	8.02	18.95	9.32	7.10	2.20	1.28	0.89
广　西	2.29	5.78	21.11	8.90	6.38	7.75	18.66	8.93	7.74	2.10	1.40	1.00
海　南	1.17	1.51	5.00	8.03	7.78	6.80	16.15	15.18	7.61	2.01	1.95	1.12
重　庆	1.33	2.77	11.01	8.92	5.50	6.40	18.84	10.27	8.24	2.11	1.87	1.29
四　川	0.58	2.62	18.06	10.54	7.47	7.62	29.81	10.79	7.79	2.83	1.45	1.02
贵　州	2.63	5.28	13.60	4.59	5.52	6.96	13.39	8.02	7.43	2.92	1.45	1.07
云　南	0.87	1.98	19.83	9.37	8.18	7.76	21.78	14.05	7.31	2.32	1.72	0.94
西　藏	0.50	1.51	2.44	12.01	5.72	7.38	40.13	7.57	8.05	3.34	1.32	1.09
陕　西	0.73	2.30	10.15	11.46	8.51	7.32	29.20	16.58	7.52	2.55	1.95	1.03
甘　肃	0.61	1.10	13.35	11.70	8.87	7.73	25.88	17.65	7.81	2.21	1.99	1.01
青　海	0.25	0.89	3.23	13.90	9.07	6.80	52.50	6.56	7.28	3.78	0.72	1.07
宁　夏	1.11	1.89	4.62	11.04	9.03	7.24	20.93	17.57	8.47	1.90	1.94	1.17
新　疆	1.12	1.05	3.77	8.44	8.16	5.73	19.20	15.76	5.84	2.27	1.93	1.02

各地区使用《中国标准书号》各类图书的平均印数、平均印张、平均定价和平均印张定价（续表1）

A　马克思主义、列宁主义、毛泽东思想

	平均印数（万册/种）			平均印张（印张/册）			平均定价（元/册）			平均印张定价（元/印张）		
	初版	重印	租型	初版	重印	租型	初版	重印	租型	初版	重印	租型
全国总计	**2.62**	**2.12**		**16.64**	**16.86**		**30.95**	**27.07**		**1.86**	**1.61**	**1.63**
中　　央	**3.90**	**2.57**		**17.01**	**17.24**		**31.05**	**27.57**		**1.83**	**1.60**	
地　　方	**0.65**	**0.80**		**13.19**	**13.26**		**30.05**	**22.33**		**2.28**	**1.68**	**1.63**
北　　京	0.50	1.00		29.45	10.30		51.50	19.00		1.75	1.84	
天　　津		2.50			10.77			19.70		2.50	1.83	
河　　北	0.25			13.70			30.00			2.19		
山　　西	0.20	0.50		17.80	5.50		42.00	7.00		2.36	1.27	
内 蒙 古										2.73		
辽　　宁	0.39	0.14		18.28	15.80		36.25	33.00		1.98	2.09	
吉　　林	0.27	0.50		15.47	13.90		33.33	31.50		2.16	2.27	
黑 龙 江	0.20			15.20			27.00			1.78		
上　　海	0.32	0.33		26.51	19.50		65.43	30.00		2.47	1.54	
江　　苏	0.43	1.00		18.38	9.34		44.10	17.20		2.40	1.84	
浙　　江	12.00	0.33		6.35	7.40		8.37	15.00		1.32	2.03	
安　　徽	0.17	2.00		10.30	14.53		27.00	16.17		2.62	1.11	
福　　建	0.67			17.25			38.00			2.20		
江　　西												
山　　东	0.50			11.10			22.00			1.98	1.89	
河　　南												
湖　　北	0.33	0.43		13.30	18.07		36.00	33.67		2.71	1.86	1.36
湖　　南	0.27			17.27			56.33			3.26	2.00	
广　　东	0.53			5.80			20.63			3.56	1.74	
广　　西	0.60	1.50		24.97	8.93		56.33	22.33		2.26	2.50	
海　　南												
重　　庆											1.52	
四　　川	0.55	0.33		22.07	15.57		85.73	25.67		3.88	1.65	
贵　　州												
云　　南										3.11		
西　　藏												
陕　　西	0.08	2.33		15.20	13.59		34.00	20.64		2.24	1.52	
甘　　肃										1.70		2.86
青　　海												
宁　　夏												
新　　疆	0.83			22.46			33.20			1.48		

各地区使用《中国标准书号》各类图书的平均印数、平均印张、平均定价和平均印张定价（续表2）

B 哲 学

	平均印数（万册/种）			平均印张（印张/册）			平均定价（元/册）			平均印张定价（元/印张）		
	初版	重印	租型	初版	重印	租型	初版	重印	租型	初版	重印	租型
全国总计	**0.53**	**0.85**	**4.43**	**15.30**	**15.42**	**11.10**	**48.28**	**31.62**	**20.16**	**3.15**	**2.05**	**1.82**
中 央	**0.54**	**0.96**		**14.53**	**15.12**		**57.69**	**31.37**		**3.97**	**2.08**	
地 方	**0.52**	**0.70**	**4.43**	**16.15**	**15.97**	**11.10**	**37.95**	**32.07**	**20.16**	**2.35**	**2.01**	**1.82**
北 京	0.77	0.58		14.37	14.17		39.08	24.38		2.72	1.72	
天 津	0.58	0.68		15.45	14.26		32.40	51.18		2.10	3.59	
河 北	0.25	1.67	5.00	21.10	19.58	10.82	47.00	34.60	19.67	2.23	1.77	1.82
山 西	0.35	0.80		16.34	11.13		43.14	25.50		2.64	2.29	
内蒙古	0.27	0.17		16.70	16.40		37.33	27.00		2.24	1.65	
辽 宁	0.40	0.61		12.86	15.64		27.90	39.41		2.17	2.52	
吉 林	0.85	1.11		21.31	19.63		37.78	33.15		1.77	1.69	
黑龙江	0.15	0.25		17.69	22.20		39.64	45.00		2.24	2.03	
上 海	0.40	0.63		16.10	15.28		44.18	33.41		2.74	2.19	
江 苏	0.67	0.49		14.89	12.25		31.38	27.44		2.11	2.24	
浙 江	0.38	0.78		11.99	13.34		44.84	24.29		3.74	1.82	
安 徽	0.49	0.54		9.45	16.89		22.52	30.00		2.38	1.78	
福 建	0.35	0.57		15.30	14.18		47.00	24.50		3.07	1.73	
江 西	0.66	1.17		16.99	10.71		33.90	21.71		2.00	2.03	
山 东	0.75	0.58		18.99	13.77		54.09	27.79		2.85	2.02	
河 南	0.44	0.60		12.85	13.61		37.10	28.56		2.89	2.10	
湖 北	0.48	0.49	1.00	14.55	13.12	19.50	30.89	25.17	35.00	2.12	1.92	1.79
湖 南	0.37	0.50		11.98	10.20		35.60	20.00		2.97	1.96	
广 东	0.37	0.98		17.23	14.13		41.62	28.54		2.42	2.02	
广 西	1.17	1.32		9.68	15.18		32.23	43.98		3.33	2.90	
海 南	0.47	0.84		18.54	18.74		39.26	36.31		2.12	1.94	
重 庆	0.41	0.31		11.69	13.80		32.42	30.25		2.77	2.19	
四 川	0.44	0.52		19.18	14.85		52.31	25.38		2.73	1.71	
贵 州	0.22			14.18			35.75			2.52		
云 南	0.33			14.95			36.25			2.42	3.33	
西 藏	0.23	0.36		23.00	9.18		53.90	18.75		2.34	2.04	
陕 西	0.39	0.66		14.44	28.53		38.46	36.41		2.66	1.28	
甘 肃	0.28			13.76			63.40			4.61		
青 海	0.27	0.40		13.83	19.40		31.67	25.75		2.29	1.33	
宁 夏	0.82	1.00		45.31	14.30		30.11	30.50		0.66	2.13	
新 疆	0.23	0.50		9.40	7.57		22.57	14.00		2.40	1.85	

各地区使用《中国标准书号》各类图书的平均印数、平均印张、平均定价和平均印张定价（续表3）

C 社会科学总论

	平均印数（万册/种）			平均印张（印张/册）			平均定价（元/册）			平均印张定价（元/印张）		
	初版	重印	租型	初版	重印	租型	初版	重印	租型	初版	重印	租型
全国总计	**0.38**	**0.66**		**17.42**	**16.54**		**48.57**	**31.89**		**2.79**	**1.93**	**2.62**
中　　央	**0.37**	**0.71**		**17.71**	**16.83**		**53.93**	**31.31**		**3.04**	**1.86**	
地　　方	**0.39**	**0.57**		**17.04**	**15.83**		**41.62**	**33.27**		**2.44**	**2.10**	**2.62**
北　　京	0.54	0.47		14.98	16.47		36.03	27.73		2.40	1.68	
天　　津	0.42	0.56		13.92	16.10		33.08	35.56		2.38	2.21	
河　　北	0.15	2.00		18.26	10.85		51.00	22.00		2.79	2.03	
山　　西	0.36			13.86			35.40			2.55	1.58	
内 蒙 古	0.14	2.67		21.83	13.11		56.25	21.00		2.58	1.60	
辽　　宁	0.36	0.56		15.05	16.75		32.55	31.18		2.16	1.86	
吉　　林	0.63	1.00		29.64	18.48		64.10	34.05		2.16	1.84	
黑 龙 江	0.27	0.11		17.81	35.50		40.10	56.00		2.25	1.58	
上　　海	0.36	0.66		19.45	17.74		45.25	39.36		2.33	2.22	
江　　苏	0.50	0.97		15.48	13.12		44.60	28.90		2.88	2.20	
浙　　江	0.38	0.43		14.06	15.36		40.91	38.67		2.91	2.52	
安　　徽	0.31	0.22		14.26	15.93		31.00	30.25		2.17	1.90	
福　　建	0.38	0.44		11.86	23.00		24.67	37.75		2.08	1.64	
江　　西	0.40	0.50		14.81	8.10		31.50	14.00		2.13	1.73	
山　　东	0.53	0.71		14.42	8.23		48.31	19.50		3.35	2.37	
河　　南	0.33	0.33		14.18	18.70		36.27	32.00		2.56	1.71	
湖　　北	0.30	0.29		15.64	17.95		37.77	30.80		2.42	1.72	2.62
湖　　南	0.23	0.20		16.98	21.25		39.80	37.00		2.34	1.74	
广　　东	0.28	0.34		16.18	20.66		48.58	40.50		3.00	1.96	
广　　西	0.86	2.35		12.96	12.92		36.48	32.18		2.81	2.49	
海　　南	0.40	0.50		20.58	22.52		56.00	45.17		2.72	2.01	
重　　庆	0.29	0.21		15.98	16.56		40.33	34.80		2.52	2.10	
四　　川	0.41	0.64		15.95	10.83		39.53	20.86		2.48	1.93	
贵　　州	0.22			13.00			31.00			2.38		
云　　南	0.21	0.33		12.81	9.20		44.35	14.00		3.46	1.52	
西　　藏												
陕　　西	0.32	0.31		15.83	14.44		35.50	29.20		2.24	2.02	
甘　　肃	0.63	0.50		9.32	17.50		23.30	23.00		2.50	1.31	
青　　海	0.25			10.00			44.00			4.40		
宁　　夏	0.88			55.76			30.86			0.55		
新　　疆	0.22	1.00		8.80	3.80		25.50	8.00		2.90	2.11	

各地区使用《中国标准书号》各类图书的平均印数、平均印张、平均定价和平均印张定价（续表4）

D　政治、法律

	平均印数（万册/种）			平均印张（印张/册）			平均定价（元/册）			平均印张定价（元/印张）		
	初版	重印	租型	初版	重印	租型	初版	重印	租型	初版	重印	租型
全国总计	**0.95**	**1.08**	**6.00**	**11.85**	**11.06**	**3.81**	**30.08**	**22.23**	**6.88**	**2.54**	**2.01**	**1.80**
中　　央	**1.10**	**1.14**		**11.62**	**10.70**		**29.59**	**21.39**		**2.55**	**2.00**	
地　　方	**0.55**	**0.86**	**6.00**	**13.10**	**12.65**	**3.81**	**32.75**	**25.95**	**6.88**	**2.50**	**2.05**	**1.80**
北　　京	0.49	0.80		14.28	13.15		34.70	33.83		2.43	2.57	
天　　津	0.20	0.47		15.52	11.69		41.08	29.10		2.65	2.49	
河　　北	0.21	2.00		18.43	12.95		41.43	27.50		2.25	2.12	
山　　西	0.43	0.83		12.72	7.38		49.50	15.00		3.89	2.03	
内 蒙 古	0.11			14.40			32.67			2.27	1.92	
辽　　宁	0.34	0.42		17.81	15.75		44.91	29.55		2.52	1.88	
吉　　林	0.33	1.38		16.26	11.05		36.30	30.34		2.23	2.75	
黑 龙 江	0.46	1.33		13.29	13.08		24.98	16.50		1.88	1.26	
上　　海	0.33	0.80	3.00	17.94	17.38	1.00	50.87	32.67	3.67	2.84	1.88	3.67
江　　苏	0.72	0.59		10.88	14.18		31.06	30.18		2.86	2.13	
浙　　江	0.45	2.10		16.08	14.83		46.31	34.43		2.88	2.32	
安　　徽	0.49	2.33		15.93	4.24		33.49	9.37		2.10	2.21	
福　　建	0.25	0.39		25.61	22.83		67.09	36.43		2.62	1.60	
江　　西	0.47	1.00	10.50	14.06	18.08	3.88	35.12	38.00	6.76	2.50	2.10	1.74
山　　东	0.72	0.46		10.76	16.53		32.37	29.00		3.01	1.75	
河　　南	0.38	0.56		15.21	14.18		54.37	30.21		3.57	2.13	
湖　　北	0.30	0.83		14.79	8.71		38.34	12.41		2.59	1.43	1.69
湖　　南	0.88	0.19		8.56	20.97		22.30	39.67		2.60	1.89	
广　　东	0.34	0.43		16.48	16.03		42.99	30.52		2.61	1.90	
广　　西	1.46	1.36		10.82	8.63		22.08	21.53		2.04	2.50	
海　　南	1.56	0.25		11.70	9.97		22.78	23.67		1.95	2.37	
重　　庆	0.17	0.38		22.50	10.37		52.00	18.33		2.31	1.77	
四　　川	0.36	1.01		14.58	13.90		40.67	24.30		2.79	1.75	
贵　　州	0.48	0.50		13.11	11.50		35.91	20.33		2.74	1.77	
云　　南	0.31	4.00		16.46	7.11		61.58	10.10		3.74	1.42	
西　　藏	0.63			10.17			26.90			2.65	5.00	
陕　　西	2.62	0.63		9.07	16.53		15.14	33.10		1.67	2.00	
甘　　肃	0.35			13.75			34.37			2.50		
青　　海	0.13			18.30			59.00			3.22	1.30	
宁　　夏	0.30			22.14	16.20		59.22	23.50		2.67	1.45	
新　　疆	0.43	0.27		13.23	11.68		35.35	28.00		2.67	2.40	

各地区使用《中国标准书号》各类图书的平均印数、平均印张、平均定价和平均印张定价（续表5）

E 军 事

	平均印数（万册/种）			平均印张（印张/册）			平均定价（元/册）			平均印张定价（元/印张）		
	初版	重印	租型	初版	重印	租型	初版	重印	租型	初版	重印	租型
全国总计	**0.48**	**0.79**		**15.27**	**13.11**		**44.64**	**24.32**		**2.92**	**1.85**	
中　　央	**0.43**	**0.54**		**15.70**	**16.12**		**50.23**	**32.97**		**3.20**	**2.05**	
地　　方	**0.61**	**1.06**		**14.52**	**11.41**		**34.84**	**19.43**		**2.40**	**1.70**	
北　　京	0.82	0.57		17.21	16.55		43.50	31.75		2.53	1.92	
天　　津	1.00			17.10			48.00			2.81	2.73	
河　　北	0.80			12.08			22.75			1.88		
山　　西	0.25			18.20			49.00			2.69		
内 蒙 古		1.00			2.90			5.00		2.21	1.72	
辽　　宁	0.38	0.25		16.26	24.50		38.00	54.00		2.34	2.20	
吉　　林	0.54	0.52		11.49	11.31		36.14	24.09		3.15	2.13	
黑 龙 江	0.45			14.26			25.80			1.81	1.28	
上　　海	0.67	0.50		14.49	15.94		32.44	26.00		2.24	1.63	
江　　苏	1.00	0.43		15.15	17.37		31.90	41.33		2.11	2.38	
浙　　江	1.33	4.43		11.58	6.19		26.75	8.00		2.31	1.29	
安　　徽	1.38	0.75		14.28	13.08		25.18	21.67		1.76	1.66	
福　　建		10.00			23.00			32.00			1.39	
江　　西	0.20	2.67		12.90	8.79		42.00	12.38		3.26	1.41	
山　　东	0.46	7.00		17.53	7.85		40.91	16.07		2.33	2.05	
河　　南	0.30	1.50		12.03	14.77		29.67	23.33		2.47	1.58	
湖　　北	0.56	1.00		15.17	5.62		31.29	9.20		2.06	1.64	
湖　　南	0.38	0.33		16.82	13.50		33.36	27.50		1.98	2.04	
广　　东	0.94	0.50		14.68	10.30		58.20	23.75		3.96	2.31	
广　　西	1.86	0.80		5.29	19.13		13.46	32.50		2.54	1.70	
海　　南	0.33			21.50			47.00			2.19		
重　　庆	1.00			13.60			36.00			2.65		
四　　川	0.53	0.38		13.94	10.76		28.13	19.80		2.02	1.84	
贵　　州										1.43		
云　　南												
西　　藏												
陕　　西	0.32	0.65		16.34	18.69		37.00	29.00		2.26	1.55	
甘　　肃	1.50			19.80			49.33			2.49		
青　　海										2.14		
宁　　夏												
新　　疆										3.75		

各地区使用《中国标准书号》各类图书的平均印数、平均印张、平均定价和平均印张定价（续表6）

F 经 济

	平均印数（万册/种）			平均印张（印张/册）			平均定价（元/册）			平均印张定价（元/印张）		
	初版	重印	租型	初版	重印	租型	初版	重印	租型	初版	重印	租型
全国总计	**0.42**	**0.55**	**0.67**	**17.50**	**16.86**	**12.95**	**49.49**	**34.19**	**27.50**	**2.83**	**2.03**	**2.12**
中　　央	**0.45**	**0.55**		**17.64**	**17.03**		**48.84**	**35.40**		**2.77**	**2.08**	
地　　方	**0.36**	**0.54**	**0.67**	**17.17**	**16.42**	**12.95**	**51.14**	**31.13**	**27.50**	**2.98**	**1.90**	**2.12**
北　　京	0.46	0.66		16.82	9.82		47.97	19.30		2.85	1.96	
天　　津	0.18	0.25		18.56	18.14		51.59	33.67		2.78	1.86	
河　　北	0.37	0.26		9.60	10.62		23.27	22.33		2.42	2.10	
山　　西	0.48	0.63		19.26	11.34		69.72	21.20		3.62	1.87	
内 蒙 古	0.08			18.93			66.67			3.52	1.70	
辽　　宁	0.40	0.76		15.44	17.74		37.00	30.73		2.40	1.73	
吉　　林	0.50	0.88		22.00	20.69		39.64	36.58		1.80	1.77	
黑 龙 江	0.36	0.42		7.49	10.76		29.70	22.07		3.97	2.05	
上　　海	0.49	0.59		19.68	17.76		63.65	34.23		3.23	1.93	
江　　苏	0.30	0.34		16.37	15.27		52.23	31.10		3.19	2.04	
浙　　江	0.36	0.69		12.91	13.22		36.85	36.21		2.86	2.74	
安　　徽	0.23	0.49		17.16	11.42		44.79	24.00		2.61	2.10	
福　　建	0.38	0.38		15.95	18.66		49.89	29.54		3.13	1.58	
江　　西	0.28	0.25		17.17	14.70		49.62	39.00		2.89	2.65	
山　　东	0.64	0.62		12.93	12.82		32.52	22.67		2.51	1.77	
河　　南	0.32	0.41		16.43	14.09		69.65	29.38		4.24	2.09	
湖　　北	0.23	0.27	0.67	16.99	15.68	12.95	46.90	27.42	27.50	2.76	1.75	2.12
湖　　南	0.23	0.23		16.21	17.73		49.63	32.38		3.06	1.83	
广　　东	0.35	0.37		15.63	15.56		42.64	31.59		2.73	2.03	
广　　西	0.24	2.25		20.36	31.64		125.77	47.30		6.18	1.49	
海　　南	0.52	0.67		19.64	21.78		41.54	43.50		2.11	2.00	
重　　庆	0.29	0.22		15.09	15.58		37.54	32.00		2.49	2.05	
四　　川	0.38	0.35		15.60	15.00		44.36	28.89		2.84	1.93	
贵　　州	0.18	2.00		15.87	6.30		50.00	11.50		3.15	1.83	
云　　南	0.38	0.14		18.12	18.70		74.72	57.00		4.12	3.05	
西　　藏	0.17			12.00			25.00			2.08	4.17	
陕　　西	0.21	0.38		18.61	12.36		50.46	24.19		2.71	1.96	
甘　　肃	0.19			17.14			54.25			3.17	1.62	
青　　海	0.11			28.70			100.00			3.48	1.43	
宁　　夏	0.20			21.13			60.50			2.86		
新　　疆	0.15			19.60			62.20			3.17	2.00	

各地区使用《中国标准书号》各类图书的平均印数、平均印张、平均定价和平均印张定价（续表7）

G 文化、科学、教育、体育

	平均印数（万册/种）			平均印张（印张/册）			平均定价（元/册）			平均印张定价（元/印张）		
	初版	重印	租型	初版	重印	租型	初版	重印	租型	初版	重印	租型
全国总计	**1.86**	**3.51**	**14.31**	**8.10**	**6.89**	**7.14**	**15.21**	**10.67**	**7.51**	**1.88**	**1.55**	**1.05**
中　央	**1.90**	**5.41**	**7.13**	**9.67**	**7.54**	**7.43**	**17.48**	**10.43**	**7.15**	**1.81**	**1.38**	**0.96**
地　方	**1.84**	**3.12**	**14.35**	**7.68**	**6.66**	**7.14**	**14.60**	**10.75**	**7.51**	**1.90**	**1.62**	**1.05**
北　京	2.38	1.94		7.52	8.72		16.31	15.58		2.17	1.79	
天　津	0.60	1.75	5.43	8.17	9.21	7.20	24.58	16.07	7.58	3.01	1.74	1.05
河　北	2.75	2.40	25.98	6.61	7.64	7.38	11.27	13.18	7.11	1.71	1.73	0.96
山　西	4.22	3.03	15.82	14.36	7.03	7.53	18.75	15.29	8.10	1.31	2.17	1.08
内蒙古	0.88	1.75	9.21	6.54	6.17	7.63	12.17	6.65	7.79	1.86	1.08	1.02
辽　宁	1.50	2.42	7.00	7.19	6.18	8.66	12.86	10.67	8.29	1.79	1.73	0.96
吉　林	0.98	1.11	6.71	7.68	8.15	6.99	18.11	16.43	7.83	2.36	2.02	1.12
黑龙江	0.80	2.32	6.63	9.76	7.96	7.47	14.66	11.51	8.51	1.50	1.45	1.14
上　海	1.61	3.31		7.49	6.40		22.89	13.57		3.06	2.12	
江　苏	2.00	3.99	26.76	7.54	5.67	6.79	12.91	8.47	6.95	1.71	1.49	1.02
浙　江	2.65	3.40	20.79	5.93	5.93	6.95	9.84	9.28	7.21	1.66	1.56	1.04
安　徽	1.22	3.05	13.75	7.43	6.99	7.33	16.99	10.87	8.27	2.29	1.56	1.13
福　建	2.72	2.78	15.73	7.72	6.63	7.32	12.30	11.00	6.83	1.59	1.66	0.93
江　西	1.96	4.87	25.01	6.49	5.39	7.85	14.23	8.30	7.47	2.19	1.54	0.95
山　东	1.95	4.17	17.47	7.84	6.23	5.67	11.87	8.63	7.03	1.51	1.38	1.24
河　南	1.76	4.37	29.09	6.71	7.30	7.46	11.97	9.17	6.98	1.78	1.26	0.94
湖　北	1.49	2.24	13.41	8.07	6.84	7.39	19.94	12.84	8.39	2.47	1.88	1.14
湖　南	3.15	4.36	23.08	6.78	6.06	6.30	13.57	10.96	7.22	2.00	1.81	1.15
广　东	2.14	6.13	50.27	7.47	7.15	8.02	11.59	8.48	7.10	1.55	1.19	0.89
广　西	3.82	7.11	21.15	7.89	5.94	7.74	12.17	7.30	7.72	1.54	1.23	1.00
海　南	1.69	1.61	5.00	6.19	7.22	6.80	9.82	13.44	7.61	1.59	1.86	1.12
重　庆	2.42	3.83	11.01	7.24	4.78	6.40	11.50	8.77	8.24	1.59	1.84	1.29
四　川	0.86	4.46	18.21	8.08	7.15	7.62	21.49	9.67	7.79	2.66	1.35	1.02
贵　州	6.41	5.92	13.60	3.86	5.23	6.96	8.69	7.27	7.43	2.25	1.39	1.07
云　南	1.16	2.04	19.83	8.99	8.18	7.76	15.94	13.96	7.31	1.77	1.71	0.94
西　藏	0.98	1.84	2.45	8.40	5.56	7.37	14.85	6.84	7.94	1.77	1.23	1.08
陕　西	1.29	2.85	10.35	10.53	8.01	7.32	23.87	15.46	7.51	2.27	1.93	1.03
甘　肃	1.27	1.06	13.73	8.78	9.46	7.72	13.75	18.80	7.77	1.57	1.99	1.01
青　海	0.37	1.05	3.23	10.87	8.91	6.80	14.69	6.03	7.28	1.35	0.68	1.07
宁　夏	1.44	1.92	4.62	10.00	9.02	7.24	17.20	17.23	8.47	1.72	1.91	1.17
新　疆	1.35	1.10	3.77	8.69	8.14	5.73	19.20	15.71	5.84	2.21	1.93	1.02

各地区使用《中国标准书号》各类图书的平均印数、平均印张、平均定价和平均印张定价（续表8）

H 语言、文字

	平均印数（万册/种）			平均印张（印张/册）			平均定价（元/册）			平均印张定价（元/印张）		
	初版	重印	租型	初版	重印	租型	初版	重印	租型	初版	重印	租型
全国总计	**0.74**	**1.15**	**1.60**	**13.90**	**17.80**	**13.16**	**32.05**	**32.98**	**33.13**	**2.31**	**1.85**	**2.52**
中　央	**0.72**	**1.24**		**14.60**	**19.94**		**33.49**	**37.69**		**2.29**	**1.89**	
地　方	**0.76**	**1.02**	**1.60**	**13.24**	**14.13**	**13.16**	**30.68**	**24.92**	**33.13**	**2.32**	**1.76**	**2.52**
北　京	1.28	1.03		10.67	12.85		25.77	21.51		2.42	1.67	
天　津	0.29	0.37		13.57	12.69		28.24	24.89		2.08	1.96	
河　北	1.30	0.70		3.42	4.28		11.13	14.81		3.26	3.46	
山　西	0.41	0.63		12.81	13.50		29.43	21.60		2.30	1.60	
内蒙古	0.73	0.26		7.33	16.58		16.67	21.17		2.28	1.28	
辽　宁	0.47	0.44		12.84	12.86		29.09	26.98		2.27	2.10	
吉　林	0.66	1.07		14.08	15.88		26.69	26.74		1.90	1.68	
黑龙江	0.17	0.29		14.90	15.73		32.36	29.93		2.17	1.90	
上　海	1.20	1.43		14.65	16.81		33.71	28.58		2.30	1.70	
江　苏	0.62	0.54		14.10	12.22		32.00	23.24		2.27	1.90	
浙　江	0.56	1.09		10.41	9.56		26.45	18.29		2.54	1.91	
安　徽	0.69	0.53		8.23	9.98		22.18	20.84		2.69	2.09	
福　建	0.27	0.52		16.50	10.30		37.00	21.00		2.24	2.04	
江　西	0.61	2.09		12.20	8.32		26.23	13.23		2.15	1.59	
山　东	1.41	1.18		8.20	11.49		20.41	22.51		2.49	1.96	
河　南	0.38	0.72		17.23	11.17		46.95	21.28		2.73	1.91	1.74
湖　北	0.47	0.38	2.00	15.51	14.87	12.88	40.04	27.47	32.63	2.58	1.85	2.53
湖　南	0.33	0.73		15.93	19.06		42.00	33.95		2.64	1.78	
广　东	0.51	0.84		10.59	17.34		26.01	31.17		2.46	1.80	
广　西	0.85	0.54		12.10	13.66		31.21	33.14		2.58	2.43	
海　南	0.37			23.05			39.82			1.73		
重　庆	0.31	0.43		14.96	12.78		33.07	27.73		2.21	2.17	
四　川	0.43	0.73		19.53	12.09		41.97	23.23		2.15	1.92	
贵　州	0.30	3.20		12.80	13.55		30.90	25.44		2.41	1.88	
云　南	1.03	0.33		5.08	11.60		16.24	23.67		3.20	2.04	
西　藏	0.71	0.71		8.78	8.00		27.40	12.80		3.12	1.60	
陕　西	0.70	0.56		11.74	14.15		39.90	29.23		3.40	2.07	
甘　肃	0.85	1.57		17.56	6.79		28.99	12.68		1.65	1.87	
青　海	0.17	0.33		8.90	9.53		25.00	10.50		2.81	1.10	
宁　夏	0.40	1.00		8.05	3.75		22.00	10.00		2.73	2.67	
新　疆	0.33	0.32		10.06	5.51		24.88	13.00		2.47	2.36	

各地区使用《中国标准书号》各类图书的平均印数、平均印张、平均定价和平均印张定价（续表9）

I 文 学

	平均印数（万册/种）			平均印张（印张/册）			平均定价（元/册）			平均印张定价（元/印张）		
	初版	重印	租型	初版	重印	租型	初版	重印	租型	初版	重印	租型
全国总计	**0.92**	**1.50**	**1.38**	**11.26**	**10.76**	**8.67**	**31.74**	**21.64**	**17.83**	**2.82**	**2.01**	**2.06**
中　央	**0.78**	**1.22**		**12.07**	**13.22**		**45.94**	**24.55**		**3.81**	**1.86**	
地　方	**0.98**	**1.60**	**1.38**	**10.96**	**10.13**	**8.67**	**26.47**	**20.88**	**17.83**	**2.42**	**2.06**	**2.06**
北　京	1.13	1.67		12.05	11.47		29.57	26.39		2.45	2.30	
天　津	0.79	1.51		10.64	6.79		28.63	18.42		2.69	2.71	
河　北	0.83	1.41	6.00	11.27	5.20	5.03	23.22	22.55	9.00	2.06	4.34	1.79
山　西	0.34	1.55		14.07	7.43		35.46	13.57		2.52	1.83	
内蒙古	0.31	1.14		12.06	8.50		26.92	16.17		2.23	1.90	
辽　宁	0.64	1.40		10.17	8.83		23.79	18.52		2.34	2.10	
吉　林	0.84	0.71		11.30	15.67		23.83	26.08		2.11	1.66	
黑龙江	0.23	0.25		13.03	14.45		27.42	29.50		2.10	2.04	
上　海	0.63	1.18		11.55	13.69		31.76	27.63		2.75	2.02	
江　苏	0.94	1.60		12.10	12.62		27.03	21.17		2.23	1.68	
浙　江	1.98	3.61		8.47	8.50		20.20	16.81		2.38	1.98	
安　徽	0.87	0.74		9.94	9.11		26.27	19.28		2.64	2.12	
福　建	0.71	0.79		10.22	8.75		23.68	19.48		2.32	2.23	
江　西	1.21	1.94		9.69	5.40		21.69	14.36		2.24	2.66	
山　东	1.29	2.12		7.08	6.72		19.28	16.77		2.72	2.49	1.43
河　南	0.58	1.02		9.48	10.20		24.30	22.08		2.56	2.16	
湖　北	1.00	1.93	1.67	11.14	15.39	9.40	27.70	28.81	20.10	2.49	1.87	2.14
湖　南	2.79	1.19		13.22	12.36		32.23	23.16		2.44	1.87	
广　东	0.52	0.87		12.87	13.32		30.89	27.22		2.40	2.04	
广　西	1.71	2.32		11.65	11.59		26.79	24.92		2.30	2.15	
海　南	0.66	1.13		12.30	11.02		32.73	29.00		2.66	2.63	
重　庆	1.34	2.58		9.66	7.48		21.91	14.07		2.27	1.88	
四　川	0.58	0.75		11.81	8.38		29.30	17.99		2.48	2.15	
贵　州	1.06			3.99			13.55			3.40	1.21	
云　南	0.27	0.73		13.98	9.68		36.75	26.25		2.63	2.71	
西　藏	0.30	0.50		14.03	10.08		29.67	9.88		2.11	0.98	
陕　西	0.37	1.27		10.74	15.01		36.33	26.63		3.38	1.77	
甘　肃	0.30	1.17	0.50	14.90	10.47	14.50	30.65	17.71	31.00	2.06	1.69	2.14
青　海	0.28	0.33		13.33	10.50		34.23	18.50		2.57	1.76	
宁　夏	0.34	0.38		12.00	10.15		45.98	59.50		3.83	5.86	
新　疆	0.32	0.25		12.20	9.01		33.25	16.90		2.72	1.88	

各地区使用《中国标准书号》各类图书的平均印数、平均印张、平均定价和平均印张定价（续表10）

J 艺 术

	平均印数（万册/种）			平均印张（印张/册）			平均定价（元/册）			平均印张定价（元/印张）		
	初版	重印	租型	初版	重印	租型	初版	重印	租型	初版	重印	租型
全国总计	**0.58**	**0.97**	**1.00**	**7.89**	**7.17**	**9.33**	**48.72**	**20.18**	**28.13**	**6.17**	**2.82**	**3.02**
中　央	**0.58**	**0.68**		**8.92**	**10.10**		**61.40**	**29.56**		**6.88**	**2.93**	
地　方	**0.58**	**1.11**	**1.00**	**7.46**	**6.27**	**9.33**	**43.44**	**17.30**	**28.13**	**5.82**	**2.76**	**3.02**
北　京	0.64	0.66		9.11	10.49		84.40	29.84		9.27	2.84	
天　津	0.47	0.41		6.59	7.03		47.95	24.18		7.28	3.44	
河　北	0.19	3.84		6.78	4.07		63.15	31.46		9.31	7.73	
山　西	0.27	0.65		10.83	17.14		73.40	31.60		6.78	1.84	
内蒙古	0.46			8.07			65.76			8.15		
辽　宁	0.23	0.29		9.42	7.48		48.35	33.08		5.14	4.42	
吉　林	0.88	1.76		7.04	8.22		24.21	13.69		3.44	1.66	
黑龙江	0.13	0.17		9.52	19.80		37.28	42.00		3.91	2.12	
上　海	0.44	1.12		8.96	6.41		48.61	13.69		5.42	2.14	
江　苏	0.87	1.45		6.11	5.09		29.00	15.82		4.75	3.11	
浙　江	0.39	0.41		11.46	8.49		156.39	26.33		13.64	3.10	
安　徽	0.46	0.54		8.71	6.80		46.84	18.47		5.38	2.72	
福　建	0.51	1.94		4.80	5.75		37.31	11.47		7.78	1.99	
江　西	0.44	3.48		7.91	2.35		48.56	11.87		6.14	5.06	
山　东	0.58	1.19		5.72	4.10		41.06	23.85		7.17	5.82	
河　南	0.42	0.39		9.46	9.27		42.40	21.79		4.48	2.35	
湖　北	0.62	0.95		8.33	7.14		35.48	20.97		4.26	2.94	2.86
湖　南	0.74	1.20		8.34	5.92		25.98	19.15		3.12	3.24	
广　东	1.10	1.52		6.53	4.78		29.69	14.50		4.55	3.04	
广　西	0.57	0.83		8.56	12.71		56.36	47.99		6.59	3.78	
海　南	0.45	0.25		12.21	10.40		59.87	56.67		4.90	5.45	
重　庆	0.51	0.35		10.65	14.42		41.76	34.34		3.92	2.38	
四　川	0.62	0.81		8.10	7.35		34.31	15.96		4.24	2.17	
贵　州	1.00	2.00		4.58	9.00		26.96	26.50		5.88	2.94	
云　南	1.01	0.25		4.44	10.80		24.12	34.00		5.44	3.15	
西　藏	0.85	0.57	1.40	9.39	5.04	8.31	34.24	16.54	19.00	3.65	3.28	2.29
陕　西	0.27	0.67		10.98	8.83		61.32	25.27		5.58	2.86	
甘　肃	0.17	0.80	0.50	18.71	10.45	15.70	203.92	43.00	90.00	10.90	4.11	5.73
青　海	0.19	1.00		17.88	1.80		207.60	4.00		11.61	2.22	
宁　夏	0.29			9.20			85.33			9.28	1.86	
新　疆	4.42	0.25		2.87	7.30		6.75	15.00		2.35	2.05	

各地区使用《中国标准书号》各类图书的平均印数、平均印张、平均定价和平均印张定价（续表11）

K 历史、地理

	平均印数（万册/种）			平均印张（印张/册）			平均定价（元/册）			平均印张定价（元/印张）		
	初版	重印	租型	初版	重印	租型	初版	重印	租型	初版	重印	租型
全国总计	**0.63**	**1.07**	**0.43**	**13.16**	**10.91**	**11.00**	**57.84**	**27.29**	**18.00**	**4.39**	**2.50**	**1.64**
中　　央	**0.81**	**1.30**		**12.24**	**10.24**		**61.56**	**26.37**		**5.03**	**2.57**	
地　　方	**0.48**	**0.82**	**0.43**	**14.51**	**12.11**	**11.00**	**52.42**	**28.96**	**18.00**	**3.61**	**2.39**	**1.64**
北　　京	0.68	0.74		15.53	12.29		42.91	28.17		2.76	2.29	
天　　津	0.46	0.46		22.39	12.55		119.75	35.52		5.35	2.83	
河　　北	0.34	0.50	1.00	17.76	15.92	6.80	67.18	26.00	8.00	3.78	1.63	1.18
山　　西	0.30	0.38		18.49	9.57		81.69	23.33		4.42	2.44	
内 蒙 古	0.18	0.13		17.90	34.20		81.70	88.00		4.56	2.57	
辽　　宁	0.45	0.32		12.72	15.35		38.27	36.80		3.01	2.40	
吉　　林	0.76	0.88		18.95	9.49		48.68	27.28		2.57	2.88	
黑 龙 江	0.35	0.90		7.60	4.52		34.33	15.93		4.52	3.52	
上　　海	0.37	0.54		15.79	22.99		57.64	38.86		3.65	1.69	
江　　苏	0.78	0.81		10.72	12.76		35.32	27.92		3.29	2.19	
浙　　江	0.41	1.83		14.81	12.61		56.93	28.64		3.84	2.27	
安　　徽	0.36	0.56		14.77	9.93		68.67	24.21		4.65	2.44	
福　　建	0.52	0.35		9.72	20.55		44.86	38.67		4.61	1.88	
江　　西	0.88	2.65		13.26	11.44		34.06	23.42		2.57	2.05	
山　　东	0.57	0.80		12.84	16.78		41.62	48.45		3.24	2.89	
河　　南	0.34	0.59		17.36	10.68		87.92	22.26		5.06	2.08	
湖　　北	0.35	0.70	0.33	14.38	14.26	17.20	55.05	28.98	29.00	3.83	2.03	1.69
湖　　南	0.61	1.04		12.70	4.36		52.28	14.17		4.12	3.25	
广　　东	0.33	0.65		17.68	5.54		71.74	25.13		4.06	4.53	
广　　西	0.83	1.23		18.22	15.91		63.23	45.31		3.47	2.85	
海　　南	0.33	0.25		23.55	37.80		67.50	48.00		2.87	1.27	
重　　庆	0.53	0.50		12.69	10.60		49.05	41.67		3.87	3.93	
四　　川	0.49	0.69	0.33	8.33	4.56	9.00	39.05	15.08	17.00	4.69	3.30	1.89
贵　　州	0.52	1.00		9.72	34.60		42.24	123.00		4.35	3.55	
云　　南	0.27	0.38		18.44	15.10		79.10	48.20		4.29	3.19	
西　　藏	0.39	0.33		13.64	13.50		41.82	18.00		3.07	1.33	
陕　　西	0.34	0.76		17.71	19.67		71.62	32.16		4.04	1.64	
甘　　肃	0.24	0.94		26.09	9.87		111.65	21.73		4.28	2.20	
青　　海	0.31	0.12		15.40	7.37		73.10	10.67		4.75	1.45	
宁　　夏	0.38	0.50		29.65	18.40		71.80	51.00		2.42	2.77	
新　　疆	0.45	0.17		16.95	32.40		37.27	61.00		2.20	1.88	

各地区使用《中国标准书号》各类图书的平均印数、平均印张、平均定价和平均印张定价（续表12）

N　自然科学总论

	平均印数（万册/种）			平均印张（印张/册）			平均定价（元/册）			平均印张定价（元/印张）		
	初版	重印	租型	初版	重印	租型	初版	重印	租型	初版	重印	租型
全国总计	**0.58**	**0.78**		**10.49**	**11.74**		**34.39**	**30.44**		**3.28**	**2.59**	
中　　央	**0.42**	**0.59**		**13.68**	**16.55**		**45.62**	**38.01**		**3.33**	**2.30**	
地　　方	**0.69**	**0.87**		**9.11**	**10.30**		**29.52**	**28.17**		**3.24**	**2.73**	
北　　京	0.64	1.00		8.36	8.23		24.22	18.33		2.90	2.23	
天　　津	0.50	0.27		8.03	10.78		23.00	29.00		2.86	2.69	
河　　北		0.80			32.65			55.75		5.00	1.71	
山　　西		2.00			15.93			31.67			1.99	
内 蒙 古	0.40			13.50			26.00			1.93		
辽　　宁	0.33	0.17		15.37	27.30		47.00	80.00		3.06	2.93	
吉　　林	1.00	0.50		9.86	10.72		28.58	23.70		2.90	2.21	
黑 龙 江	0.50			5.90			18.00			3.05		
上　　海	0.41	0.52		13.24	13.08		33.69	20.06		2.54	1.53	
江　　苏	0.33	0.19		9.67	11.63		37.67	33.00		3.90	2.84	
浙　　江	0.56	0.63		11.26	12.46		37.20	25.18		3.30	2.02	
安　　徽	0.64	0.33		10.62	12.20		28.33	31.67		2.67	2.60	
福　　建	0.25			11.40			54.00			4.74		
江　　西	1.00	2.15		10.86	10.40		27.00	23.21		2.49	2.23	
山　　东	0.20	0.50		14.25	10.16		40.50	28.75		2.84	2.83	
河　　南	0.23	0.50		12.47	11.60		29.33	47.50		2.35	4.09	
湖　　北	0.33	0.50		9.07	14.73		21.67	25.00		2.39	1.70	
湖　　南	1.80			7.88			25.78			3.27		
广　　东	1.00	0.25		8.38	5.10		19.00	12.00		2.27	2.35	
广　　西	1.58	3.28		7.13	7.76		31.37	30.27		4.40	3.90	
海　　南											2.12	
重　　庆	0.50			13.60			52.00			3.82		
四　　川	0.67	0.20		8.48	7.70		24.33	20.00		2.87	2.60	
贵　　州	7.00			1.93			9.57			4.96		
云　　南										2.93		
西　　藏												
陕　　西	0.71			9.06			28.80			3.18	1.92	
甘　　肃	0.18	0.27		16.15	9.07		62.50	33.29		3.87	3.67	
青　　海												
宁　　夏												
新　　疆											3.00	

各地区使用《中国标准书号》各类图书的平均印数、平均印张、平均定价和平均印张定价（续表13）

O 数理科学、化学

	平均印数（万册/种）			平均印张（印张/册）			平均定价（元/册）			平均印张定价（元/印张）		
	初版	重印	租型	初版	重印	租型	初版	重印	租型	初版	重印	租型
全国总计	**0.42**	**0.53**	**1.00**	**15.32**	**16.55**	**4.32**	**33.80**	**28.94**	**12.60**	**2.21**	**1.75**	**2.92**
中　央	**0.44**	**0.52**		**16.96**	**18.54**		**37.11**	**31.52**		**2.19**	**1.70**	
地　方	**0.39**	**0.55**	**1.00**	**12.76**	**12.10**	**4.32**	**28.63**	**23.17**	**12.60**	**2.24**	**1.92**	**2.92**
北　京	0.46	2.16		7.99	8.22		32.25	17.65		4.04	2.15	
天　津	0.24	0.82		13.69	7.05		27.75	14.31		2.03	2.03	
河　北	0.57	4.33		10.88	10.92		25.50	13.77		2.34	1.26	
山　西	0.43			3.57			15.50			4.35		
内蒙古	0.12	0.20		16.30	18.00		23.00	26.00		1.41	1.44	
辽　宁	0.35	0.26		15.55	14.77		33.76	28.44		2.17	1.93	
吉　林	0.53	0.47		8.86	9.39		24.90	17.00		2.81	1.81	
黑龙江	0.21	0.21		16.90	16.84		34.55	30.60		2.04	1.82	
上　海	0.38	0.47		16.55	17.21		36.17	32.45		2.19	1.89	
江　苏	0.44	0.42		14.94	12.80		34.30	24.90		2.30	1.95	
浙　江	0.59	0.71		6.75	8.40		18.57	16.17		2.75	1.92	
安　徽	0.41	0.80		16.20	12.25		33.50	20.24		2.07	1.65	
福　建	0.25	0.27		14.45	20.53		34.00	30.75		2.35	1.50	
江　西	0.88	1.27		10.64	10.06		23.68	22.58		2.23	2.24	
山　东	0.81	0.90		10.57	10.21		16.62	15.98		1.57	1.57	
河　南	0.30	0.56		12.13	13.24		24.29	20.36		2.00	1.54	
湖　北	0.35	0.34	1.00	14.58	14.13	4.32	29.10	24.11	12.60	2.00	1.71	2.92
湖　南	0.27	0.33		14.75	14.70		33.63	31.00		2.28	2.11	
广　东	0.27	0.21		13.07	15.47		31.00	28.17		2.37	1.82	
广　西	0.29	0.50		9.75	14.03		24.50	30.50		2.51	2.17	
海　南	0.50	0.33		15.35	23.70		37.00	40.00		2.41	1.69	
重　庆	0.27	0.28		14.38	13.83		30.50	26.00		2.12	1.88	
四　川	0.37	0.28		7.57	13.57		20.60	25.21		2.72	1.86	
贵　州	3.80			4.96			15.74			3.17		
云　南		0.20			15.20			27.00		3.33	1.78	
西　藏												
陕　西	0.29	0.70		16.56	12.17		33.56	34.54		2.03	2.84	
甘　肃	0.07	0.29		15.20	9.30		33.00	32.50		2.17	3.49	
青　海										3.64	1.82	
宁　夏												
新　疆												

各地区使用《中国标准书号》各类图书的平均印数、平均印张、平均定价和平均印张定价（续表14）

P 天文学、地球科学

	平均印数（万册/种）			平均印张（印张/册）			平均定价（元/册）			平均印张定价（元/印张）		
	初版	重印	租型	初版	重印	租型	初版	重印	租型	初版	重印	租型
全国总计	**0.38**	**0.59**		**10.10**	**11.18**		**43.81**	**27.06**		**4.34**	**2.42**	
中　　央	**0.29**	**0.52**		**11.81**	**11.41**		**51.27**	**26.01**		**4.34**	**2.28**	
地　　方	**0.53**	**0.67**		**8.76**	**10.96**		**37.94**	**28.06**		**4.33**	**2.56**	
北　　京	0.66	1.14		7.42	7.00		29.65	19.70		4.00	2.81	
天　　津	0.25	0.31		9.27	13.33		28.00	31.50		3.02	2.36	
河　　北	0.25	0.67		12.10	6.90		48.00	130.50		3.97	18.91	
山　　西	0.25			13.20			62.00			4.70		
内 蒙 古										2.33		
辽　　宁	0.20			11.55			29.75			2.58	1.94	
吉　　林	0.98	0.85		9.31	9.48		27.37	25.96		2.94	2.74	
黑 龙 江	0.41			16.69			46.33			2.78		
上　　海	0.37	0.29		11.11	16.37		48.32	31.29		4.35	1.91	
江　　苏	0.45	0.29		6.50	11.32		20.80	25.67		3.20	2.27	
浙　　江	0.55	0.67		9.45	6.60		45.67	13.50		4.83	2.05	
安　　徽	0.45	0.36		10.02	11.16		29.28	24.20		2.92	2.17	
福　　建	0.73	0.50		8.20	1.90		24.75	6.00		3.02	3.16	
江　　西	1.63	3.82		12.23	12.38		26.00	25.07		2.13	2.03	
山　　东	0.38	1.14		11.96	9.67		37.30	22.46		3.12	2.32	
河　　南	0.29	0.63		11.06	9.98		32.50	21.73		2.94	2.18	
湖　　北	0.20	0.30		13.26	17.39		147.90	32.47		11.15	1.87	
湖　　南	0.25			19.27			65.33			3.39	2.74	
广　　东	0.18	0.18		17.05	11.60		80.50	20.00		4.72	1.72	
广　　西	1.14	0.50		4.90	10.85		13.29	28.00		2.71	2.58	
海　　南	1.00			9.50			49.00			5.16		
重　　庆	0.33	0.33		6.85	9.60		31.00	17.50		4.53	1.82	
四　　川	0.42	0.27		7.76	10.68		30.53	23.83		3.93	2.23	
贵　　州	9.50			5.36			21.51			4.12		
云　　南	0.10			17.80			128.00			7.19	5.00	
西　　藏	0.33			3.90			10.00			2.56	1.54	
陕　　西	0.42	2.50		12.61	12.14		28.88	60.67		2.29	5.00	
甘　　肃	0.17	0.50		11.90	4.90		44.00	18.00		3.70	3.67	
青　　海	0.25			9.80			33.00			3.37	2.00	
宁　　夏	0.75			8.13			22.67			2.79		
新　　疆	0.40			4.20			17.50			4.17		

各地区使用《中国标准书号》各类图书的平均印数、平均印张、平均定价和平均印张定价（续表15）

Q 生物科学

	平均印数（万册/种）			平均印张（印张/册）			平均定价（元/册）			平均印张定价（元/印张）		
	初版	重印	租型	初版	重印	租型	初版	重印	租型	初版	重印	租型
全国总计	**0.66**	**0.52**	**0.50**	**8.79**	**15.13**	**6.90**	**28.95**	**31.18**	**13.00**	**3.29**	**2.06**	**1.88**
中　　央	**0.46**	**0.41**		**11.05**	**20.19**		**38.15**	**38.94**		**3.45**	**1.93**	
地　　方	**0.85**	**0.72**	**0.50**	**7.64**	**10.03**	**6.90**	**24.27**	**23.33**	**13.00**	**3.18**	**2.33**	**1.88**
北　　京	1.44	1.29		9.69	7.69		23.87	15.91		2.46	2.07	
天　　津	1.29	0.21		2.45	8.83		17.26	19.33		7.05	2.19	
河　　北	0.20			18.33			63.33			3.45		
山　　西	0.29			22.30			30.50			1.37	2.14	
内 蒙 古		0.50			5.10			7.00		3.02	1.37	
辽　　宁	0.33	0.33		9.41	18.10		26.67	36.00		2.83	1.99	
吉　　林	0.74	1.28		8.16	9.67		23.19	22.02		2.84	2.28	
黑 龙 江	0.55	0.20		7.71	9.30		18.06	15.00		2.34	1.61	
上　　海	0.45	0.29		9.88	15.26		38.50	34.30		3.90	2.25	
江　　苏	0.37	0.36		11.16	13.43		37.47	25.81		3.36	1.92	
浙　　江	0.61	0.42		9.52	10.83		35.94	23.30		3.78	2.15	
安　　徽	0.46	0.35		10.38	10.55		29.94	25.50		2.89	2.42	
福　　建	0.33			13.10			124.00			9.47	1.48	
江　　西	0.27	1.63		11.45	11.70		52.50	24.55		4.59	2.10	
山　　东	0.70	0.25		7.37	6.90		23.25	17.00		3.16	2.46	
河　　南	0.25	0.33		12.00	14.80		45.33	21.00		3.78	1.42	
湖　　北	0.50	0.30	0.50	9.77	14.72	6.90	29.52	27.30	13.00	3.02	1.85	1.88
湖　　南	0.25	0.50		7.00	15.70		22.00	28.00		3.14	1.78	
广　　东	0.54	0.63		9.78	7.66		33.36	20.20		3.41	2.64	
广　　西	1.43	0.63		7.38	10.75		23.52	34.42		3.19	3.20	
海　　南	0.14	2.00		11.10	2.50		133.00	25.00		11.98	10.00	
重　　庆	0.38	0.40		17.12	6.10		59.60	16.50		3.48	2.70	
四　　川	0.92	0.15		8.55	11.25		23.92	30.00		2.80	2.67	
贵　　州	18.00			4.29			14.60			3.40		
云　　南	0.21			16.03			132.33			8.25	1.90	
西　　藏		1.00			1.20			5.00		3.16	4.17	
陕　　西	0.37	1.00		8.03	4.88		30.31	28.12		3.78	5.76	
甘　　肃	0.13	0.25		16.00	9.80		40.50	36.00		2.53	3.67	
青　　海	0.25			5.40			28.00			5.19		
宁　　夏										4.78		
新　　疆	0.22			5.75			23.00			4.00		

各地区使用《中国标准书号》各类图书的平均印数、平均印张、平均定价和平均印张定价（续表16）

R 医药、卫生

	平均印数（万册/种）			平均印张（印张/册）			平均定价（元/册）			平均印张定价（元/印张）		
	初版	重印	租型	初版	重印	租型	初版	重印	租型	初版	重印	租型
全国总计	**0.49**	**0.79**	**0.80**	**16.63**	**13.83**	**12.85**	**50.05**	**28.37**	**30.25**	**3.01**	**2.05**	**2.35**
中　　央	**0.55**	**0.61**		**18.23**	**19.75**		**56.78**	**38.70**		**3.11**	**1.96**	
地　　方	**0.42**	**1.24**	**0.80**	**14.36**	**6.61**	**12.85**	**40.52**	**15.78**	**30.25**	**2.82**	**2.39**	**2.35**
北　　京	0.51	0.58		14.42	15.66		49.56	37.34		3.44	2.38	
天　　津	0.20	0.35		19.87	18.39		48.11	45.32		2.42	2.46	
河　　北	0.55	1.00		19.84	13.66		32.19	22.25		1.62	1.63	
山　　西	0.43	0.41		11.19	15.17		29.59	29.68		2.65	1.96	
内 蒙 古	0.11			18.98			57.00			3.00	1.29	
辽　　宁	0.27	0.32		13.42	12.56		50.96	52.65		3.80	4.19	
吉　　林	0.28	0.86		17.85	15.84		41.71	32.22		2.34	2.03	
黑 龙 江	0.28			18.93			33.64			1.78	1.56	
上　　海	0.37	0.35		15.66	16.26		48.98	36.52		3.13	2.25	
江　　苏	0.61	0.49		13.75	14.11		45.63	35.22		3.32	2.50	
浙　　江	0.87	18.43		9.05	1.32		31.34	4.65		3.46	3.52	
安　　徽	0.54	0.37		12.97	14.93		30.53	28.19		2.35	1.89	
福　　建	1.09	0.77		8.64	10.56		25.83	33.82		2.99	3.20	
江　　西	0.43	0.69		17.71	12.08		41.31	26.20		2.33	2.17	
山　　东	1.17	1.00		12.25	17.68		34.72	32.08		2.83	1.81	
河　　南	0.44	0.69		13.08	10.49		38.38	20.62		2.93	1.97	
湖　　北	0.34	0.22	1.00	13.81	17.78	9.30	39.40	41.89	26.00	2.85	2.36	2.80
湖　　南	0.49	0.62		16.69	19.16		37.53	35.11		2.25	1.83	
广　　东	0.63	1.16		10.55	11.59		28.54	25.89		2.70	2.23	
广　　西	0.64	0.65	6.00	10.12	15.30	13.38	34.50	41.19	32.33	3.41	2.69	2.42
海　　南	0.33	1.00		17.99	25.30		40.38	34.50		2.24	1.36	
重　　庆	0.46	0.40		9.89	15.15		25.31	28.67		2.56	1.89	
四　　川	0.49	0.38		14.46	9.71		47.00	22.08		3.25	2.27	
贵　　州	0.26			13.98			37.69			2.70	1.63	
云　　南	0.54	0.60		4.79	11.22		20.92	34.50		4.37	3.08	
西　　藏	0.25	0.33		30.45	18.60		211.13	65.00		6.93	3.49	
陕　　西	0.34	0.41	0.13	17.17	14.85	13.20	44.46	36.89	22.00	2.59	2.48	1.67
甘　　肃	0.13	0.50		20.30	9.90		59.42	21.00		2.93	2.12	
青　　海	0.18			14.85			36.50			2.46	1.67	
宁　　夏	0.43			6.70			25.56			3.81		
新　　疆	0.27	0.61		17.80	10.05		40.64	19.36		2.28	1.93	

各地区使用《中国标准书号》各类图书的平均印数、平均印张、平均定价和平均印张定价（续表17）

S 农业科学

	平均印数（万册/种）			平均印张（印张/册）			平均定价（元/册）			平均印张定价（元/印张）		
	初版	重印	租型	初版	重印	租型	初版	重印	租型	初版	重印	租型
全国总计	**0.43**	**0.52**	**0.50**	**9.27**	**10.28**	**12.25**	**30.73**	**20.53**	**24.00**	**3.31**	**2.00**	**1.96**
中　　央	**0.34**	**0.46**		**10.76**	**11.45**		**36.00**	**22.64**		**3.35**	**1.98**	
地　　方	**0.56**	**0.69**	**0.50**	**7.78**	**8.44**	**12.25**	**25.46**	**17.26**	**24.00**	**3.27**	**2.04**	**1.96**
北　　京	0.54	1.30		10.76	7.45		33.71	11.08		3.13	1.49	
天　　津	0.14	0.10		15.05	11.90		61.00	30.00		4.05	2.52	
河　　北	0.40	1.20		9.47	9.55		25.73	15.58		2.72	1.63	
山　　西	0.23	0.43		11.93	10.63		36.33	18.33		3.04	1.72	
内 蒙 古	0.16			11.20			30.00			2.68	1.27	
辽　　宁	3.49	0.36		3.09	13.83		8.90	27.75		2.88	2.01	
吉　　林	0.25	0.51		13.08	6.81		36.85	17.86		2.82	2.62	
黑 龙 江	0.11			13.90			51.17			3.68	2.19	
上　　海	0.31	0.47		18.48	19.71		99.14	39.78		5.37	2.02	
江　　苏	0.54	0.49		6.13	6.15		20.28	13.66		3.31	2.22	
浙　　江	0.26	0.37		9.96	9.79		40.27	20.86		4.04	2.13	
安　　徽	0.43	0.45		10.20	9.60		33.55	27.40		3.29	2.85	
福　　建	0.49	0.38		10.58	10.67		34.84	34.67		3.29	3.25	
江　　西	0.40	2.85		9.08	6.69		27.88	13.68		3.07	2.04	
山　　东	0.23	1.90		10.98	8.11		41.75	16.53		3.80	2.04	
河　　南	0.43	0.63		13.34	9.83		35.69	23.66		2.67	2.41	
湖　　北	0.42	0.38	0.50	10.42	8.21	12.25	31.76	23.33	24.00	3.05	2.84	1.96
湖　　南	0.54	2.50		10.72	8.73		31.32	12.30		2.92	1.41	
广　　东	0.93	1.40		7.05	13.14		20.96	23.43		2.97	1.78	
广　　西	0.29	0.23		7.46	9.07		52.60	24.00		7.05	2.65	
海　　南	0.13			8.93			32.67			3.66		
重　　庆	0.26	0.25		16.10	15.03		36.20	39.33		2.25	2.62	
四　　川	0.20	0.33		10.49	8.21		31.00	16.57		2.95	2.02	
贵　　州	10.67			4.90			16.14			3.29		
云　　南	0.17	0.38		10.60	3.75		46.63	11.55		4.40	3.08	
西　　藏	0.80	0.17		7.01	8.00		30.63	35.00		4.37	4.38	
陕　　西	0.20	0.59		13.10	5.70		53.00	10.40		4.05	1.82	
甘　　肃	0.15			13.62			44.44			3.26	2.64	
青　　海	0.11	0.50		16.50	6.50		80.00	9.00		4.85	1.38	
宁　　夏	0.54			12.72			25.57			2.01	7.73	
新　　疆	0.36	0.20		7.24	18.20		22.33	36.00		3.08	1.98	

各地区使用《中国标准书号》各类图书的平均印数、平均印张、平均定价和平均印张定价（续表18）

T 工业技术

	平均印数（万册/种）			平均印张（印张/册）			平均定价（元/册）			平均印张定价（元/印张）		
	初版	重印	租型	初版	重印	租型	初版	重印	租型	初版	重印	租型
全国总计	**0.37**	**0.43**	**0.33**	**16.81**	**17.27**	**22.30**	**49.96**	**34.23**	**44.00**	**2.97**	**1.98**	**1.97**
中　　央	**0.38**	**0.42**		**17.96**	**17.84**		**50.68**	**35.05**		**2.82**	**1.97**	
地　　方	**0.36**	**0.47**	**0.33**	**14.20**	**15.08**	**22.30**	**48.31**	**31.08**	**44.00**	**3.40**	**2.06**	**1.97**
北　　京	0.64	2.15		11.03	10.75		48.57	32.41		4.40	3.02	
天　　津	0.21	0.32		14.36	22.18		47.06	45.63		3.28	2.06	
河　　北	0.70	0.29		19.69	12.90		37.64	26.00		1.91	2.02	
山　　西	0.17	0.40		21.12	23.95		72.22	39.50		3.42	1.65	
内 蒙 古	0.10	0.23		20.07	16.97		57.67	25.00		2.87	1.47	
辽　　宁	0.32	0.29		14.31	14.90		58.76	33.91		4.11	2.28	
吉　　林	0.64	0.68		12.64	10.30		29.56	24.42		2.34	2.37	
黑 龙 江	0.19	0.18		16.71	19.09		41.58	30.44		2.49	1.60	
上　　海	0.35	0.32		15.42	17.60		50.36	38.15		3.27	2.17	
江　　苏	0.37	0.42		15.21	16.46		56.25	34.37		3.70	2.09	
浙　　江	0.28	0.98		13.17	5.29		45.86	13.50		3.48	2.55	
安　　徽	0.33	0.24		12.19	19.31		31.68	33.90		2.60	1.76	
福　　建	0.51	1.00		9.77	16.83		47.75	28.41		4.89	1.69	
江　　西	0.35	2.00		14.05	24.97		43.22	43.90		3.08	1.76	
山　　东	0.86	1.15		12.47	14.90		31.55	26.61		2.53	1.79	
河　　南	0.43	0.43		11.67	14.30		39.81	32.75		3.41	2.29	
湖　　北	0.30	0.36	0.50	15.49	18.39	17.20	55.87	32.73	35.00	3.61	1.78	2.03
湖　　南	0.27	0.35		15.75	15.20		46.20	31.61		2.93	2.08	
广　　东	0.32	0.36		14.71	13.67		65.61	25.23		4.46	1.85	
广　　西	0.48	1.94		16.75	12.88		130.84	38.87		7.81	3.02	
海　　南	0.55	0.64		12.91	27.70		35.00	51.00		2.71	1.84	
重　　庆	0.25	0.31		15.59	14.66		36.84	28.95		2.36	1.97	
四　　川	0.34	0.22		15.33	15.71		35.66	30.52		2.33	1.94	
贵　　州	2.46			5.74			19.81			3.45		
云　　南	0.55	0.43		16.36	12.39		107.82	45.33		6.59	3.66	
西　　藏	0.20			4.40			15.00			3.41		
陕　　西	0.29	0.37		16.49	17.80		37.54	32.39		2.28	1.82	1.76
甘　　肃	0.13	0.29		14.93	6.15		41.33	20.50		2.77	3.33	
青　　海	0.20			17.90			63.00			3.52		
宁　　夏	0.27			14.73			162.50			11.03		
新　　疆	0.33	0.50		8.91	2.10		30.43	6.00		3.41	2.86	

各地区使用《中国标准书号》各类图书的平均印数、平均印张、平均定价和平均印张定价（续表19）

U 交通运输

	平均印数（万册/种）			平均印张（印张/册）			平均定价（元/册）			平均印张定价（元/印张）		
	初版	重印	租型	初版	重印	租型	初版	重印	租型	初版	重印	租型
全国总计	**0.41**	**0.77**		**13.16**	**13.57**		**38.76**	**35.95**		**2.95**	**2.65**	
中　　央	**0.42**	**0.84**		**13.66**	**13.65**		**40.82**	**36.65**		**2.99**	**2.69**	
地　　方	**0.41**	**0.45**		**12.06**	**12.82**		**34.23**	**29.49**		**2.84**	**2.30**	
北　　京	0.30	0.75		9.13	5.60		22.67	27.67		2.48	4.94	
天　　津	0.27	0.42		13.90	18.34		36.50	34.40		2.63	1.88	
河　　北	0.50			9.80			36.00			3.67		
山　　西	0.14			24.30			49.00			2.02		
内 蒙 古										3.00		
辽　　宁	0.39	0.44		14.76	17.03		33.92	46.72		2.30	2.74	
吉　　林	0.57	0.43		8.56	14.50		25.75	37.33		3.01	2.57	
黑 龙 江	0.34	0.17		9.61	14.60		26.60	28.25		2.77	1.93	
上　　海	0.28	0.29		15.41	18.50		50.87	32.00		3.30	1.73	
江　　苏	0.27	0.37		15.56	19.39		47.47	40.57		3.05	2.09	
浙　　江	3.65	7.57		6.75	4.20		19.19	7.70		2.84	1.83	
安　　徽	0.32	0.22		13.46	12.15		30.86	25.50		2.29	2.10	
福　　建	0.20			7.10			30.00			4.23		
江　　西											1.71	
山　　东	0.33	0.43		10.96	19.83		24.71	44.67		2.26	2.25	
河　　南	0.32	0.33		13.56	20.30		54.88	40.00		4.05	1.97	
湖　　北	0.32	0.20		14.65	15.53		41.92	24.25		2.86	1.56	
湖　　南	0.28	0.50		14.02	15.40		38.20	36.00		2.72	2.34	
广　　东	0.28	0.25		12.40	14.20		39.80	25.00		3.21	1.76	
广　　西	0.38			12.88			48.00			3.73		
海　　南	0.25			10.70			30.00			2.80		
重　　庆	0.21	0.26		14.34	16.05		29.60	31.50		2.06	1.96	
四　　川	0.28	0.24		15.05	14.33		35.75	28.78		2.38	2.01	
贵　　州												
云　　南	0.09			15.90			227.00			14.28		
西　　藏										3.33		
陕　　西	0.50	0.71		10.79	9.96		42.35	42.80		3.93	4.30	
甘　　肃	0.25			10.95			33.50			3.06		
青　　海	0.33			7.70			18.00			2.34		
宁　　夏	1.50			8.67			27.83			3.21		
新　　疆	0.33			4.40			22.00			5.00		

各地区使用《中国标准书号》各类图书的平均印数、平均印张、平均定价和平均印张定价（续表20）

V 航空、航天

	平均印数（万册/种）			平均印张（印张/册）			平均定价（元/册）			平均印张定价（元/印张）		
	初版	重印	租型	初版	重印	租型	初版	重印	租型	初版	重印	租型
全国总计	**0.29**	**0.51**		**14.11**	**13.06**		**57.15**	**34.96**		**4.05**	**2.68**	
中　央	**0.24**	**0.27**		**16.50**	**17.17**		**71.38**	**42.71**		**4.33**	**2.49**	
地　方	**0.40**	**0.80**		**10.68**	**11.29**		**36.72**	**31.63**		**3.44**	**2.80**	
北　京	0.50	2.00		6.48	7.20		20.00	17.50		3.09	2.43	
天　津		0.50			16.40			39.00		4.67	2.38	
河　北										2.50		
山　西												
内蒙古												
辽　宁										2.00		
吉　林		0.91			9.52			27.40			2.88	
黑龙江	0.10			14.10			32.00			2.27	2.00	
上　海	0.19			21.30			70.50			3.31	4.90	
江　苏	0.67			4.75			59.50			12.53	2.05	
浙　江	0.67			17.85			41.50			2.32		
安　徽	0.33			16.10			28.00			1.74	2.33	
福　建												
江　西	0.50	3.00		9.10	12.97		85.00	26.33		9.34	2.03	
山　东	0.50			4.00			7.00			1.75		
河　南												
湖　北	0.50	1.50		11.70	20.90		19.00	25.00		1.62	1.20	
湖　南	0.67			7.75			28.50			3.68		
广　东		1.00			6.70			14.00		6.53	2.09	
广　西	0.75			7.13			29.67			4.16	1.96	
海　南												
重　庆												
四　川	0.33	0.30		8.22	19.04		22.40	35.00		2.73	1.84	
贵　州	6.00			6.59			21.33			3.24		
云　南										2.86		
西　藏												
陕　西	0.20	1.00		14.83	5.69		47.00	47.09		3.17	8.27	
甘　肃										2.50		
青　海												
宁　夏												
新　疆												

各地区使用《中国标准书号》各类图书的平均印数、平均印张、平均定价和平均印张定价（续表21）

X　环境科学

	平均印数（万册/种）			平均印张（印张/册）			平均定价（元/册）			平均印张定价（元/印张）		
	初版	重印	租型	初版	重印	租型	初版	重印	租型	初版	重印	租型
全国总计	**0.38**	**0.50**		**9.86**	**11.81**		**32.70**	**26.42**		**3.32**	**2.24**	
中　　央	**0.31**	**0.39**		**11.76**	**14.13**		**39.37**	**29.40**		**3.35**	**2.08**	
地　　方	**0.52**	**0.82**		**7.70**	**8.59**		**25.16**	**22.29**		**3.27**	**2.59**	
北　　京	1.13	0.70		5.92	10.19		20.46	20.43		3.45	2.01	
天　　津	0.74	0.25		5.04	23.50		14.36	46.00		2.85	1.96	
河　　北	0.09			26.40			126.00			4.77		
山　　西	0.43			6.03			19.33			3.20		
内 蒙 古										1.88		
辽　　宁	0.20	0.22		13.74	13.60		35.80	38.50		2.61	2.83	
吉　　林	0.70	1.45		8.60	7.73		26.38	15.97		3.07	2.07	
黑 龙 江	0.25			15.25			73.00			4.79	1.75	
上　　海	0.85	0.50		4.58	6.90		16.91	20.00		3.69	2.90	
江　　苏	0.25	0.72		15.07	11.63		39.20	23.15		2.60	1.99	
浙　　江	1.50	1.14		3.81	4.51		10.93	10.50		2.87	2.33	
安　　徽	0.41	0.50		10.97	5.80		26.89	18.00		2.45	3.10	
福　　建	0.29			10.40			36.50			3.51	2.00	
江　　西	0.25			9.75			23.00			2.36		
山　　东	0.62	0.50		6.95	7.30		22.38	26.00		3.22	3.56	
河　　南	0.38			10.22			29.00			2.84	2.25	
湖　　北	0.24	0.31		16.10	13.68		58.44	28.00		3.63	2.05	
湖　　南	0.50			11.30			38.67			3.42	1.82	
广　　东	0.24	0.33		11.20	4.80		50.00	16.75		4.46	3.49	
广　　西	1.40	0.67		6.76	9.05		19.33	21.50		2.86	2.38	
海　　南	0.25			25.20			47.00			1.87		
重　　庆	0.20	3.00		20.50	4.87		40.00	10.17		1.95	2.09	
四　　川	0.14	1.43		9.33	8.72		32.00	21.90		3.43	2.51	
贵　　州	0.07			24.30			128.00			5.27		
云　　南	0.14	0.67		17.20	7.90		105.00	14.00		6.10	1.77	
西　　藏	1.00	0.50		3.60	2.30		16.00	12.00		4.44	5.22	
陕　　西	0.67	0.75		8.75	11.30		29.00	103.67		3.31	9.17	
甘　　肃		0.50			10.20			20.00		2.22	1.96	
青　　海										2.00	1.67	
宁　　夏		7.00			7.75			26.71		6.98	3.45	
新　　疆										2.86		

各地区使用《中国标准书号》各类图书的平均印数、平均印张、平均定价和平均印张定价（续表22）

Z　综合性图书

	平均印数（万册/种）			平均印张（印张/册）			平均定价（元/册）			平均印张定价（元/印张）		
	初版	重印	租型	初版	重印	租型	初版	重印	租型	初版	重印	租型
全国总计	**0.54**	**0.99**		**15.02**	**12.73**		**72.88**	**38.98**		**4.85**	**3.06**	**3.33**
中　央	**0.69**	**1.25**		**15.83**	**13.88**		**96.31**	**50.36**		**6.08**	**3.63**	
地　方	**0.48**	**0.86**		**14.55**	**11.91**		**59.07**	**30.91**		**4.06**	**2.60**	**3.33**
北　京	1.10	1.05		11.81	11.08		28.72	24.17		2.43	2.18	
天　津	0.29	0.33		21.70	8.20		195.60	20.00		9.01	2.44	
河　北	0.53	0.73		10.63	9.14		43.17	40.82		4.06	4.47	
山　西	0.13			35.60			216.00			6.07		
内蒙古	0.13			25.43			101.33			3.98		
辽　宁	0.21	0.29		13.49	8.58		45.88	41.50		3.40	4.84	
吉　林	0.66	0.83		16.76	16.01		32.46	28.93		1.94	1.81	
黑龙江	0.34			15.20			41.36			2.72		
上　海	1.44	1.93		14.79	24.44		51.24	52.55		3.47	2.15	
江　苏	0.43	0.08		16.19	30.90		99.26	133.00		6.13	4.30	
浙　江	0.62	0.80		13.04	12.74		46.34	29.53		3.55	2.32	
安　徽	0.74	0.51		9.92	7.05		34.15	22.21		3.44	3.15	
福　建	0.09	1.00		29.30	7.00		198.00	16.00		6.76	2.29	
江　西	0.77	4.00		14.48	10.54		57.50	23.50		3.97	2.23	
山　东	0.61	1.09		15.33	5.35		49.30	24.12		3.22	4.51	
河　南	0.15	0.67		34.30	10.85		236.33	21.00		6.89	1.94	
湖　北	0.33	0.64		13.01	14.76		48.86	25.57		3.75	1.73	3.33
湖　南	0.17			27.46			270.22			9.84		
广　东	0.28	0.64		11.19	5.47		61.96	26.33		5.54	4.81	
广　西	0.50	1.17		7.61	2.23		46.75	18.20		6.14	8.17	
海　南	0.28			20.08			80.40			4.00	2.46	
重　庆										3.50		
四　川	0.31	0.75		13.95	7.30		58.18	20.00		4.17	2.74	
贵　州	0.17			20.72			74.83			3.61		
云　南	0.20	0.40		25.04	25.85		130.76	44.00		5.22	1.70	
西　藏										2.73		
陕　西	0.20	2.75		16.43	5.54		129.22	45.82		7.86	8.28	
甘　肃	0.24	0.56		20.94	9.78		75.11	22.80		3.59	2.33	
青　海										7.18		
宁　夏	0.29			52.94			113.40			2.14		
新　疆	0.16	0.50		19.50	30.00		108.67	40.00		5.57	1.33	

各类课本的平均印数、平均印张、平均定价和平均印张定价

	平均印数（万册/种）			平均印张（印张/册）			平均定价（元/册）			平均印张定价（元/印张）		
	初版	重印	租型	初版	重印	租型	初版	重印	租型	初版	重印	租型
课　本　合　计	**1.42**	**2.81**	**15.75**	**9.35**	**7.97**	**7.13**	**16.33**	**11.40**	**7.39**	**1.75**	**1.43**	**1.04**
（1）大专及以上课本	0.50	0.60	1.06	16.92	18.08	13.61	35.22	32.56	17.03	2.08	1.80	1.25
（2）中专、技校课本	0.58	1.18		12.89	12.45		26.05	21.65		2.02	1.74	1.90
（3）中学课本	8.12	10.85	14.86	6.89	6.85	8.21	8.09	7.58	8.16	1.17	1.11	0.99
（4）小学课本	8.88	11.69	18.32	4.83	4.81	5.71	6.35	5.90	6.35	1.31	1.23	1.11
（5）业余教育课本	0.61	0.95	1.00	19.17	13.77	11.00	45.80	34.48	18.00	2.39	2.50	1.64
（6）扫盲课本		5.25			3.36			4.38			1.30	
（7）教学用书	0.48	0.74	0.69	13.65	11.98	12.79	39.23	23.34	24.63	2.87	1.95	1.93

全国少数民族文字图书出版数量与去年相比增减百分比

	图书总计				使用《中国标准书号》部分							
					书籍				课本			
	种数		印数	印张	种数		印数	印张	种数		印数	印张
	合计	初版			合计	初版			合计	初版		
全国总计	**-15.56**	**1.54**	**-18.35**	**-9.89**	**-20.91**	**1.19**	**-27.46**	**-7.76**	**-5.99**	**3.38**	**-9.55**	**-12.14**
中　　央	-37.45		-20.72	1.88	-39.23	-1.90	-22.00	0.82	300.00	200.00	300.00	169.00
地　　方	-13.66	1.68	-18.26	-10.91	-18.32	1.52	-27.88	-9.33	-6.35	2.13	-9.64	-12.33

续表

	不使用《中国标准书号》部分—图片合计			
	种　数		印　数	印　张
	合　计	初　版		
全国总计	**50.00**		**100.00**	**46.67**
中　　央				
地　　方	50.00		100.00	46.67

全国少数民族文字

	图书总计				使用《中国标			
					书籍			
	种数（种）		印数	印张	种数（种）		印数	印张
	合计	初版	（万册、张）	（千印张）	合计	初版	（万册、张）	（千印张）
全国合计	**8031**	**3883**	**5853**	**474667**	**4838**	**3391**	**2554**	**248507**
中央合计	**476**	**319**	**199**	**42928**	**460**	**310**	**195**	**42199**
民族出版社	440	283	178	34640	424	274	174	33911
国家图书馆出版社	2	2		3	2	2		3
中国农业出版社	3	3	2	118	3	3	2	118
知识产权出版社	1	1	1	15	1	1	1	15
中央民族大学出版社	2	2		27	2	2		27
中国人民公安大学出版社	2	2	3	1675	2	2	3	1675
中国藏学出版社	24	24	14	6364	24	24	14	6364
华龄出版社	2	2	1	86	2	2	1	86
地　　方	**7555**	**3564**	**5654**	**431739**	**4378**	**3081**	**2359**	**206308**
内蒙古	1688	787	1253	92481	935	660	429	32438
辽　　宁	177	109	53	2957	154	99	43	2530
吉　　林	866	334	261	20318	478	282	135	10591
黑龙江	96	81	20	2606	89	75	18	2114
上　　海	2	2	1	89	2	2	1	89
广　　西	74	71	17	1399	62	61	10	993
四　　川	402	160	262	24521	188	129	102	14374
贵　　州	13	13	2	265	13	13	2	265
云　　南	102	101	65	5363	62	61	47	3407
西　　藏	451	181	505	37411	287	173	190	17593
陕　　西	2			30				
甘　　肃	138	130	34	4586	138	130	34	4586
青　　海	318	56	324	25476	98	56	27	2815
新　　疆	3226	1539	2857	214237	1872	1340	1321	114513

图书出版数量

准书号》部分 课本				不使用《中国标准书号》部分 图片合计				附：活页文选、影印书等用纸	
种数（种）		印数	印张	种数（种）		印数	印张	印数	印张
合计	初版	（万册、张）	（千印张）	合计	初版	（万册、张）	（千印张）	（万册、张）	（千印张）
3187	**489**	**3295**	**225990**	**6**	**3**	**2**	**22**	**2**	**148**
16	**9**	**4**	**729**						
16	9	4	729						
3171	**480**	**3291**	**225261**	**6**	**3**	**2**	**22**	**2**	**148**
753	127	824	60043						
18	7	8	408	5	3	2	19		
388	52	126	9727						
7	6	2	492						
12	10	7	406						
214	31	160	10147						
40	40	16	1852					2	104
164	8	315	19818						
2			30						
220		297	22661						
1353	199	1536	99677	1			3		44

二、期刊出版

	合计					
	种数（种）	平均期印数（万册）	总印数（万册）	总印张（千印张）	总金额（万元）	种数（种）
全国总计	**9966**	**15661.24**	**309452**	**18357932**	**2493834**	**365**
中　央	**2951**	**5672.68**	**95746**	**7115160**	**988788**	**66**
地　方	**7015**	**9988.55**	**213706**	**11242773**	**1505046**	**299**
北　京	172	194.18	3792	288921	43072	2
天　津	254	239.91	3833	192011	31884	3
河　北	229	222.46	4833	226516	32453	9
山　西	201	152.24	2930	193191	30942	3
内蒙古	147	119.63	2423	120549	14140	3
辽　宁	323	514.97	8965	383770	54632	6
吉　林	239	321.14	9490	431489	59914	3
黑龙江	315	241.92	5279	280704	38156	8
上　海	636	803.72	14471	810248	110113	15
江　苏	468	406.41	11817	507880	90733	19
浙　江	225	507.23	7765	376511	55981	21
安　徽	186	354.99	5627	244736	47845	23
福　建	176	207.80	4397	214501	26235	8
江　西	164	272.06	7616	238456	31924	6
山　东	269	490.60	11939	619574	85177	19
河　南	248	354.64	8674	401568	53890	22
湖　北	424	1111.31	28089	1662399	160637	19
湖　南	253	574.11	13442	627524	85427	14
广　东	388	760.29	15520	917005	123088	28
广　西	185	196.36	4808	196245	32828	23
海　南	44	47.32	797	57413	9830	2
重　庆	138	251.59	5498	352263	55502	4
四　川	353	376.27	6382	440331	57012	14
贵　州	90	83.78	1523	78903	14032	5
云　南	127	216.03	4000	219440	28568	6
西　藏	35	16.88	230	13990	2130	1
陕　西	286	264.84	5305	378577	52642	6
甘　肃	136	487.28	10871	542126	48219	7
青　海	53	29.61	378	22163	3317	
宁　夏	37	47.73	1286	120929	12683	1
新　疆	214	121.27	1725	82840	12041	9

注：含高校学报、公报、政报、年鉴 1532 种，平均期印数 363 万册，总印数 4934 万册，总印张 577047 千印张。

出版数量

综合				哲学、社会科学				
平均期印数（万册）	总印数（万册）	总印张（千印张）	总金额（万元）	种数（种）	平均期印数（万册）	总印数（万册）	总印张（千印张）	总金额（万元）
1102.92	**22893**	**1205355**	**133983**	**2618**	**7263.56**	**137315**	**7270172**	**1073718**
122.48	**3029**	**208440**	**30924**	**890**	**3631.15**	**61738**	**3343389**	**525558**
980.44	**19864**	**996915**	**103058**	**1728**	**3632.41**	**75577**	**3926783**	**548161**
0.35	1	169	77	49	74.23	1619	114062	15454
1.80	21	1181	206	49	65.61	1025	48719	7126
2.62	32	1790	422	59	94.37	1862	90747	12167
0.90	26	1996	390	52	57.38	978	52706	9093
0.75	8	517	69	51	70.35	971	39777	5255
8.15	122	11506	1251	71	283.62	5893	233972	31451
2.80	65	4335	826	61	75.13	2063	97108	18223
3.10	29	1967	407	78	121.79	2317	122881	15975
25.07	762	41215	5257	142	241.95	5001	276566	39356
5.65	102	6492	1736	103	135.80	4009	177323	30648
3.46	23	1600	297	47	114.03	2038	109329	17049
2.42	12	1209	207	35	72.77	1238	62275	11085
4.06	45	1935	453	55	139	3095	144154	16146
3.82	128	6927	1010	44	72.17	1496	53708	7774
11.44	359	17006	3408	73	273.93	5377	360061	51914
3.00	18	1840	256	68	169.67	4124	206204	26584
455.50	7759	363107	33833	102	256.31	7396	343214	40403
1.87	10	1173	277	54	140.37	3115	138476	18852
31.01	503	36001	5963	102	341.71	7405	411470	51174
8.78	256	12210	1820	48	75.14	1452	70730	10502
3.22	36	4800	718	12	17.37	257	15376	3752
2.70	62	5045	1290	32	151.12	2369	145356	25168
24.20	751	24246	4993	77	143.66	2249	120538	19756
2.66	40	2371	706	30	54.77	929	53277	9452
1.04	22	1730	307	37	96.36	1283	89573	11255
0.30	1	60	3	12	8.39	95	4484	620
1.88	19	1866	409	56	108.34	2105	124528	15677
360.28	8561	436925	35934	35	66.74	1312	52556	5516
				18	9.01	150	6418	1055
0.50	6	521	240	14	36.29	1123	107074	10951
7.12	86	5173	293	62	65.39	1229	54123	8728

	自然科学、技术						
	种数（种）	平均期印数（万册）	总印数（万册）	总印张（千印张）	总金额（万元）	种数（种）	平均期印数（万册）
全国总计	**4974**	**2851.84**	**42587**	**3441932**	**491913**	**1363**	**3119.61**
中　央	**1518**	**1110.28**	**15212**	**1764873**	**230167**	**342**	**635.76**
地　方	**3456**	**1741.56**	**27375**	**1677060**	**261746**	**1021**	**2483.86**
北　京	77	40.52	566	44807	8268	31	68.91
天　津	147	76.23	1055	53744	12485	37	45.50
河　北	112	55.47	819	55022	10136	35	56.59
山　西	92	43.30	689	58332	7413	33	26.63
内蒙古	50	12.68	215	14965	1716	20	11.39
辽　宁	184	109.38	1342	76276	13194	45	102.40
吉　林	105	32.46	559	52011	7950	42	50.82
黑龙江	159	42.49	728	41693	5954	51	57.63
上　海	366	210.14	2519	201378	28289	75	108.51
江　苏	263	127.43	2646	108639	21148	57	110.05
浙　江	109	49.92	493	28035	4957	32	311.85
安　徽	89	55.56	663	41094	5529	26	198.43
福　建	73	25.75	226	19321	32410	29	24.45
江　西	71	24.34	366	18099	2857	34	161.31
山　东	131	63.16	1456	76213	9774	32	116.59
河　南	114	54.43	1206	62265	8869	24	92.37
湖　北	211	84.48	1044	75476	12932	62	81.54
湖　南	130	111.37	1645	79625	12921	40	292.19
广　东	181	218.79	4636	235551	33530	46	138.85
广　西	79	41.01	642	30102	5248	30	66.46
海　南	15	8.36	139	8440	1091	12	15.52
重　庆	80	36.67	862	71040	10515	19	60.59
四　川	202	89.08	1062	116253	15826	41	108.58
贵　州	33	7.10	67	5066	808	15	13.73
云　南	51	23.61	368	19713	3029	20	22.69
西　藏	4	0.34	1	66	8	13	7.04
陕　西	172	58.26	1005	59544	9950	38	82.50
甘　肃	67	14.25	139	11259	1858	20	24.93
青　海	18	2.01	10	600	92	9	3.18
宁　夏	11	3.43	34	2519	515	7	6.61
新　疆	60	19.53	173	9911	1673	46	16.03

出版数量（续表1）

文化、教育			文学、艺术				
总印数（万册）	总印张（千印张）	总金额（万元）	种数（种）	平均期印数（万册）	总印数（万册）	总印张（千印张）	总金额（万元）
71349	**4316538**	**541136**	**646**	**1323.30**	**35309**	**2123936**	**253084**
11941	**1542019**	**155178**	**135**	**173.01**	**3826**	**256439**	**46961**
59408	**2774519**	**385958**	**511**	**1150.30**	**31483**	**1867496**	**206124**
1412	115110	17417	13	10.17	194	14771	1856
1033	41901	6515	18	50.77	699	46467	5552
1860	60745	7413	14	13.41	259	18211	2314
844	57308	7880	21	24.03	393	22850	6166
297	15243	1546	23	24.46	933	50047	5553
1373	47725	6910	17	11.41	235	14290	1825
1408	52501	8722	28	159.93	5395	225534	24193
1760	88399	12680	19	16.91	4445	25763	3140
1575	97634	16972	38	218.05	4614	193454	20238
4297	178852	29946	26	27.48	763	36574	7256
4561	181977	27758	16	27.97	650	55571	5920
3329	100611	14893	13	25.81	385	39546	16131
738	34112	4435	11	14.91	292	14980	1991
5354	148876	18966	9	10.42	272	10845	1318
3890	140699	16259	14	25.48	857	25594	3821
2272	81837	10123	20	35.17	1054	49421	8058
2064	103333	13862	30	233.48	9826	777269	59608
7961	372633	48939	15	28.32	710	35617	4437
2550	199327	27694	31	29.92	426	34657	4728
2417	80733	14804	15	4.98	41	2470	454
336	25650	3787	3	2.85	30	3147	482
2202	130509	18491	3	0.51	3	313	38
2028	149733	12635	19	10.75	293	29561	3802
389	10299	1796	7	5.51	98	7890	1269
605	29995	4917	13	72.33	1723	78429	9061
129	9126	1468	5	0.81	4	255	32
1903	175328	24040	14	14	272	17312	2566
530	25769	3229	7	21.09	330	15617	1682
28	1582	214	8	15.42	190	13563	1956
114	9951	897	4	0.90	9	864	80
150	7021	750	37	13	88	6613	596

全国各地区少儿期刊、画刊出版数量

	少儿期刊					画刊				
	种数（种）	平均期印数（万册）	总印数（万册）	总印张（千印张）	总金额（万元）	种数（种）	平均期印数（万册）	总印数（万册）	总印张（千印张）	总金额（万元）
全国总计	**209**	**1795.48**	**51983**	**1994850**	**307787**	**61**	**72.25**	**1182**	**108847**	**18275**
中　　央	**37**	**335.68**	**9923**	**285603**	**72020**	**25**	**41.35**	**576**	**62258**	**8555**
地　　方	**172**	**1459.80**	**42060**	**1709247**	**235767**	**36**	**30.89**	**606**	**46589**	**9720**
北　　京	4	6.79	99	3250	604					
天　　津	7	12.30	304	8609	2470	1	0.93	6	392	111
河　　北	3	23.25	852	14507	2585	2	1.90	29	1485	372
山　　西	3	3.55	76	2488	524	1	0.70	25	1875	378
内 蒙 古	5	37.40	1096	54584	5961	1	0.25	2	60	18
辽　　宁	6	56.02	955	27005	6486					
吉　　林	7	9.45	266	11392	2727	2	0.82	23	1251	374
黑 龙 江	6	14.77	475	22430	2922	1	1.00	12	1094	180
上　　海	25	86.77	1710	55756	11536	1	0.37	4	216	66
江　　苏	11	83.72	3769	124641	29328	1	0.20	7	245	113
浙　　江	7	235.69	3090	85454	16414	2	1.05	13	643	121
安　　徽	7	51.39	1137	31088	6789					
福　　建	2	5.90	145	4233	1162	1	0.36	4	217	52
江　　西	8	30.98	921	18840	3194	1	1.00	36	1530	540
山　　东	6	75.71	2731	67170	9459	2	2.00	60	3545	1080
河　　南	4	14.07	374	12101	2718					
湖　　北	6	245.72	10572	661449	50966	2	1.50	42	2957	708
湖　　南	8	170.48	4566	193819	27683	2	2.48	33	2783	526
广　　东	10	54.02	1389	40056	7326	4	9.28	206	21175	3356
广　　西	10	42.26	1718	47991	10469	3	1.30	13	679	224
海　　南										
重　　庆	2	16.89	811	36801	6080					
四　　川	7	27.83	812	30043	6390	1	0.50	6	595	60
贵　　州	1	0.10	0.10	6	2	1	1.50	36	1757	540
云　　南	4	77.46	1815	78206	9285	1	0.50	18	1395	270
西　　藏	1	1.20	29	864	202					
陕　　西	4	27.79	928	35372	6465	2	1.65	20	1897	380
甘　　肃	3	32.58	1003	29065	3386					
青　　海	1	2.00	72	2268	360					
宁　　夏						1	0.50	6	521	240
新　　疆	4	13.70	343	9755	2276	3	1.10	6	278	10

各类期刊占期刊出版总数的百分比

	种数	总印数	总印张	总金额
综　　合	3.66	7.40	6.57	5.37
哲学、社会科学	26.27	44.37	39.60	43.05
自然科学、技术	49.91	13.76	18.75	19.73
文　化、教　育	13.68	23.06	23.51	21.70
文　学、艺　术	6.48	11.41	11.57	10.15
少　儿　期　刊	2.10	16.80	10.87	12.34
画　　刊	0.61	0.38	0.59	0.73
动　漫　期　刊	0.32	4.17	4.79	3.00

平均期印数在25万册以上的期刊

期刊名称	刊期	平均期印数（册）
中央		
时事报告（大学生版）	半年刊	3237550
求是	半月刊	1570000
中共中央办公厅通讯	月刊	1360000
时事（《时事报告》中学生版）	月刊	1306033
青年文摘	半月刊	1184500
半月谈	半月刊	1093200
特别文摘	半月刊	1058739
中国税务	月刊	838615
中国监察	半月刊	730000
人生	月刊	650000
党建	月刊	646583
幼儿画报	旬刊	639085
时事画刊	季刊	569575
长安	月刊	535441
党建研究	月刊	515250
保密工作	月刊	506500
时事报告（职教版）	半年刊	481769
中国国家地理	月刊	479948
党风廉政建设	月刊	434797
时事报告	月刊	417567
嘉人	半月刊	400000
半月选读	半月刊	400000
风尚志	旬刊	370000
我们爱科学	周刊	354038
中国民航	月刊	350000
商业周刊（中文版）	半月刊	337000
党建研究内参	月刊	335500
半月谈内部版	月刊	333641
财经	周刊	300000
人民调解	月刊	289500
秘书工作	月刊	288000
时事资料手册	双月刊	260062
中国火炬	月刊	250000
河北		
老人世界	月刊	342000
辽宁		
共产党员	半月刊	680000

平均期印数在25万册以上的期刊（续表1）

期刊名称	刊期	平均期印数（册）
党建文汇	半月刊	460000
老同志之友	半月刊	340000
小学生优秀作文	月刊	307415
新少年	月刊	296961
医食参考	月刊	250000
吉林		
意林	旬刊	1300000
黑龙江		
党的生活	月刊	450000
格言	旬刊	250000
上海		
故事会	半月刊	1287500
浙江		
小学生时代	月刊	1265000
中学生天地	月刊	907450
浙江共产党员	月刊	325500
安徽		
小学生导读	月刊	700000
初中生必读	月刊	450000
江淮	月刊	347000
福建		
福建支部生活	月刊	315000
每周大象文摘	周刊	270000
江西		
小学生之友	旬刊	700000
初中生之友	旬刊	317000
山东		
37°女人	月刊	620478
当代小学生	旬刊	510000
支部生活	月刊	479000
党员干部之友	月刊	390000
河南		
老人春秋	半月刊	360000
招生考试之友	半月刊	320000
中学生阅读（初中版）	半月刊	317553
妇女生活	半月刊	261000
湖北		
特别关注	月刊	3576146

平均期印数在25万册以上的期刊（续表2）

期刊名称	刊期	平均期印数（册）
知音漫客	周刊	1473916
知音	旬刊	752659
小学生天地	旬刊	660000
情感读本	旬刊	355000
新传奇	旬刊	290688
湖南		
小学生导刊	旬刊	652661
初中生	旬刊	330840
湖南农业	月刊	305000
爱你	半月刊	300000
放学后	半月刊	300000
新湘评论	半月刊	278500
老年人	月刊	260400
第二课堂	月刊	252275
广东		
家庭医生	半月刊	1032000
南方	其他	575296
家庭	半月刊	470462
人之初	半月刊	396000
鞋包世界	半月刊	320000
南方航空	月刊	280000
广西		
当代广西	半月刊	339000
重庆		
党员文摘	月刊	656416
当代党员	月刊	330000
四川		
都市丽人	月刊	460000
四川党的建设（农村版）	月刊	356507
云南		
漫画派对	半月刊	680000
党的生活	月刊	479000
陕西		
当代陕西	月刊	307500
甘肃		
读者	半月刊	3262406
党的建设	月刊	300000

主要刊期的期刊出版数量

	月刊					双月刊					季刊				
	种数（种）	平均期印数（万册）	总印数（万册）	总印张（千印张）	总金额（万元）	种数（种）	平均期印数（万册）	总印数（万册）	总印张（千印张）	总金额（万元）	种数（种）	平均期印数（万册）	总印数（万册）	总印张（千印张）	总金额（万元）
全　国	**3403**	**6838**	**81745**	**5324883**	**814061**	**908**	**3925**	**91305**	**5522377**	**679147**	**1194**	**272**	**1088**	**69679**	**17577**
中　央	**1336**	**2788**	**33487**	**2419271**	**394512**	**305**	**1444**	**33017**	**2594179**	**321594**	**225**	**124**	**495**	**27057**	**8098**
地　方	**2067**	**4051**	**48258**	**2905612**	**419549**	**603**	**2481**	**58288**	**2928198**	**357553**	**969**	**148**	**593**	**42621**	**9479**
北　京	68	103	1196	107588	15391	15	37	888	62722	8785	21	4	15	1297	197
天　津	96	126	1511	94166	13016	15	50	1198	47818	7813	23	3	14	858	206
河　北	58	87	1049	61180	9792	30	54	1306	65431	9681	36	4	18	1509	170
山　西	60	64	761	49370	11471	17	20	476	26008	4619	30	7	26	1820	485
内蒙古	43	62	743	33918	4422	12	15	369	17407	1868	16	2	7	585	69
辽　宁	125	266	3176	144364	23355	16	178	4279	178056	20728	34	5	21	1724	245
吉　林	75	36	434	32746	5200	35	63	1500	70846	10415	26	3	12	1027	651
黑龙江	104	97	1170	62770	9148	33	36	838	44132	6105	31	3	13	909	189
上　海	246	390	4614	297364	50074	35	245	5805	249082	25120	76	12	48	2856	760
江　苏	92	90	1065	67222	10712	26	54	1289	58543	10075	85	10	42	3029	505
浙　江	78	369	4408	210779	29669	20	78	1883	106699	15434	36	5	19	1197	410
安　徽	49	263	3162	121139	28496	12	23	534	25532	3723	27	4	16	988	157
福　建	51	102	1212	59614	9790	8	36	857	41439	6303	38	5	20	1447	159
江　西	37	57	645	36486	5161	19	34	828	34279	4557	26	3	13	898	128
山　东	58	191	2296	127543	13782	21	24	571	38254	5433	34	6	25	1688	314
河　南	54	46	554	34591	5817	35	215	5160	215619	27492	34	5	19	1460	224
湖　北	118	480	5707	340348	34347	48	114	2450	183864	22445	39	5	19	1532	301
湖　南	66	181	2170	117168	19235	22	159	3425	159358	19760	38	5	22	1545	207
广　东	119	218	2607	221749	32476	48	328	7597	418456	51160	42	5	20	1285	222
广　西	66	72	881	49411	7880	8	44	1056	52927	7467	28	5	18	1118	193
海　南	20	25	303	23773	3532	8	13	321	17063	4080	5	0.48	2	131	19
重　庆	41	146	1756	88202	13292	16	13	319	22816	4130	4	1	3	109	31
四　川	101	206	2412	211318	23500	22	61	1432	77925	11038	55	7	29	2044	436
贵　州	22	29	335	22383	3522	9	11	267	13426	2580	14	12	46	3976	2193
云　南	37	107	1278	91672	11109	6	77	1843	80191	9304	15	2	8	492	72
西　藏	5	6	75	6028	998	4	3	66	1621	234	12	3	16	932	149
陕　西	75	100	1177	96976	11499	28	72	1731	116669	13658	40	7	26	1993	322
甘　肃	34	50	599	37685	4355	18	403	9496	478590	40909	14	2	8	667	92
青　海	12	20	242	15541	2343	1	1	16	590	62	23	4	15	1150	130
宁　夏	13	7	72	5879	1101	4	5	123	7298	840	6	1	3	239	29
新　疆	44	54	644	36638	5064	12	15	367	15537	1734	61	8	32	2114	214

各类期刊的平均印张和平均定价

	每册		每印张定价（元）
	印张	定价（元）	
综　　合	5.27	5.85	1.11
哲学、社会科学	5.29	7.82	1.48
自然科学、技术	8.08	11.55	1.43
文 化、教 育	6.05	7.58	1.25
文 学、艺 术	6.02	7.17	1.19
少 儿 期 刊	3.84	5.92	1.54
画　　刊	9.21	15.46	1.68
动　　漫	6.81	5.80	0.85

全国少数民族文字期刊分类出版数量

	合计					综合					哲学、社会科学				
	种数（种）	平均期印数（万册）	总印数（万册）	总印张（千印张）	总金额（万元）	种数（种）	平均期印数（万册）	总印数（万册）	总印张（千印张）	总金额（万元）	种数（种）	平均期印数（万册）	总印数（万册）	总印张（千印张）	总金额（万元）
全国总计	**227**	**129.55**	**1254.50**	**58488.60**	**6585.82**	**11**	**3.19**	**39.89**	**1920.89**	**356.44**	**76**	**80.72**	**843.65**	**36447.91**	**4111.51**
中　　央	**21**	**19.93**	**126.43**	**6662.52**	**1001.85**	**5**	**1.53**	**18.32**	**778.56**	**219.84**	**11**	**16.92**	**99.23**	**5173.56**	**675.45**
地　　方	**206**	**109.62**	**1128.07**	**51826.08**	**5583.97**	**6**	**1.66**	**21.57**	**1142.33**	**136.60**	**65**	**63.79**	**744.42**	**31274.35**	**3436.06**
内 蒙 古	42	34.73	397.71	17127.74	1773.93						19	30.55	362.05	14749.51	1524.59
吉　　林	13	3.92	42.26	2650.35	243.77						4	2.72	32.69	1671.10	162.01
黑 龙 江	2	0.58	3.96	218.45	24.60										
广　　西	1	0.18	1.28	38.41	3.84										
四　　川	4	0.95	3.60	177.76	30.36						2	0.80	3.20	160.00	28.80
云　　南	3	0.38	1.68	79.68	11.40										
西　　藏	14	4.61	39.33	1587.06	162.91	1	0.30	0.60	59.54	3.00	5	2.88	32.21	1075.56	112.78
甘　　肃	3	0.66	2.32	144.61	8.80						2	0.16	0.32	32.26	1.60
青　　海	12	2.57	12.44	908.38	69.59						4	0.66	4.40	211.38	14.48
新　　疆	112	61.05	623.49	28893.64	3254.77	5	1.36	20.97	1082.79	133.60	29	26.02	309.55	13374.54	1591.80

续表 1

	自然科学、技术					文化、教育					文学、艺术				
	种数（种）	平均期印数（万册）	总印数（万册）	总印张（千印张）	总金额（万元）	种数（种）	平均期印数（万册）	总印数（万册）	总印张（千印张）	总金额（万元）	种数（种）	平均期印数（万册）	总印数（万册）	总印张（千印张）	总金额（万元）
全国总计	**38**	**13.10**	**123.42**	**5719.44**	**791.28**	**38**	**14.73**	**134.76**	**5666.13**	**511.43**	**64**	**17.82**	**112.78**	**8734.23**	**815.16**
中　　央											**5**	**1.48**	**8.88**	**710.40**	**106.56**
地　　方	**38**	**13.10**	**123.42**	**5719.44**	**791.28**	**38**	**14.73**	**134.76**	**5666.13**	**511.43**	**59**	**16.34**	**103.90**	**8023.83**	**708.60**
内 蒙 古	8	1.32	10.04	439.76	74.10	3	0.56	6.84	373.56	36.96	12	2.30	18.78	1564.91	138.28
吉　　林	2	0.17	1.69	113.81	12.61	2	0.35	3.30	187.92	16.50	5	0.68	4.58	677.52	52.65
黑 龙 江											2	0.58	3.96	218.45	24.60
广　　西											1	0.18	1.28	38.41	3.84
四　　川											2	0.15	0.40	17.76	1.56
云　　南											3	0.38	1.68	79.68	11.40
西　　藏	1	0.07	0.28	24.30	2.80	4	0.90	4.30	292.54	30.45	3	0.46	1.94	135.12	13.88
甘　　肃											1	0.50	2.00	112.35	7.20
青　　海	2	0.16	0.64	50.02	6.11	3	0.70	3.20	254.07	17.80	3	1.05	4.20	392.91	31.20
新　　疆	25	11.38	110.77	5091.55	695.66	26	12.22	117.12	4558.04	409.72	27	10.07	65.08	4786.72	423.99

续表 2

	少儿期刊					画刊				
	种数（种）	平均期印数（万册）	总印数（万册）	总印张（千印张）	总金额（万元）	种数（种）	平均期印数（万册）	总印数（万册）	总印张（千印张）	总金额（万元）
全国总计	**5**	**24.07**	**276.87**	**10403.46**	**1020.51**	**7**	**2.13**	**20.92**	**908.00**	**224.64**
中　　央						**5**	**1.53**	**18.32**	**778.56**	**219.84**
地　　方	**5**	**24.07**	**276.87**	**10403.46**	**1020.51**	**2**	**0.60**	**2.60**	**129.44**	**4.80**
内 蒙 古	2	18.12	217.44	8617.06	869.76					
吉　　林	1	0.75	9.03	512.00	45.15					
黑 龙 江										
广　　西										
四　　川										
云　　南										
西　　藏										
甘　　肃										
青　　海										
新　　疆	2	5.20	50.40	1274.40	105.60	2	0.60	2.60	129.44	4.80

全国少数民族文字期刊出版数量与上年相比增减百分比

	种数	总印数	总印张	总金额
全国	-1.73	-1.36	6.06	8.48
中央	0	10.23	5.11	19.17
地方	-1.90	-2.50	6.19	6.76

三、报纸出版

全国各级报纸出版数量

	合计					中央及省、自治区、直辖市级				
	种数（种）	平均期印数（万份）	总印数（万份）	总印张（千印张）	总金额（万元）	种数（种）	平均期印数（万份）	总印数（万份）	总印张（千印张）	总金额（万元）
全国总计	**1912**	**22265.00**	**4638987**	**192229822**	**4436610**	**1013**	**16588.81**	**3128159**	**126473004**	**3102634**
中　　央	**221**	**3206.58**	**804300**	**23524465**	**905336**	**221**	**3206.58**	**804300**	**23524465**	**905336**
地　　方	**1691**	**19058.42**	**3834687**	**168705357**	**3531274**	**792**	**13382.23**	**2323859**	**102948539**	**2197298**
北　　京	35	343.75	94640	5404739	85048	35	343.75	94640	5404739	85048
天　　津	24	260.20	75996	3619848	75824	24	260.20	75996	3619848	75824
河　　北	65	785.61	157641	4158395	118237	29	582.10	105430	2420647	73861
山　　西	60	2479.81	216020	2531441	198998	36	2332.69	186492	1880083	171919
内 蒙 古	58	145.78	33599	855142	31559	23	88.17	17824	537710	18264
辽　　宁	70	713.90	150582	7670953	114104	19	464.34	83421	4430905	56251
吉　　林	52	987.89	92605	3130344	102025	24	896.13	70087	2410416	81140
黑 龙 江	68	399.52	69039	2321295	66609	27	178.58	35261	1104192	25418
上　　海	72	513.56	114002	4892067	106199	72	513.56	114002	4892067	106199
江　　苏	81	1224.60	282063	12853459	265823	30	722.20	157962	7887659	147410
浙　　江	69	1113.56	337367	14795017	277756	22	434.93	118217	4558840	106602
安　　徽	51	499.55	121176	4646228	90436	19	264.98	58057	1574685	48771
福　　建	42	487.78	111945	5040723	104731	19	331.02	59693	2974445	58947
江　　西	41	1029.80	113322	3075003	92897	19	931.95	80924	1996991	64245
山　　东	87	1045.98	306553	15059857	231320	29	575.07	175762	9794577	126272
河　　南	78	1528.77	209722	6857270	208351	33	1252.45	141548	4533086	140708
湖　　北	74	777.12	190374	8261072	191328	27	329.37	86822	4241769	97236
湖　　南	48	675.93	136738	5144636	124753	22	494.68	89983	3733686	97869
广　　东	101	1513.22	389869	31458182	468787	34	741.28	189122	16431539	245594
广　　西	54	259.94	72972	2326772	60004	21	131.66	34481	1229310	28679
海　　南	14	87.59	24603	799469	26452	10	68.66	19804	645783	21516
重　　庆	27	281.43	61855	3863235	64435	24	275.60	60308	3812164	63341
四　　川	88	653.23	167700	7523198	171751	38	386.95	89014	4192778	101179
贵　　州	30	141.14	36348	1462207	34828	13	70.95	16418	662088	15529
云　　南	42	211.57	61279	2720834	45167	18	157.00	44143	2359030	34480
西　　藏	25	37.43	7651	198322	5585	11	24.03	5206	111028	3306
陕　　西	43	297.86	68245	4355040	64500	27	193.24	43445	3526870	40777
甘　　肃	50	206.71	50982	1060569	40015	23	122.76	25599	554791	24156
青　　海	26	52.94	13730	483494	9010	15	31.88	7107	222917	5591
宁　　夏	14	45.57	10987	317747	11617	9	33.97	7323	201417	7899
新　　疆	102	256.68	55082	1818799	43125	40	148.08	29768	1002479	23267

全国各级报纸出版数量（续表）

	地、市级					县级				
	种数（种）	平均期印数（万份）	总印数（万份）	总印张（千印张）	总金额（万元）	种数（种）	平均期印数（万份）	总印数（万份）	总印张（千印张）	总金额（万元）
全国总计	**880**	**5645.52**	**1502566**	**65597629**	**1327464**	**19**	**30.67**	**8262**	**159189**	**6512**
中央										
地方	**880**	**5645.52**	**1502566**	**65597629**	**1327464**	**19**	**30.67**	**8262**	**159189**	**6512**
北京										
天津										
河北	35	202.51	51977	1735398	44099	1	1.00	235	2350	277
山西	23	145.78	29274	650085	26951	1	1.37	254	1272	127
内蒙古	32	56.00	15498	314759	13209	3	1.60	277	2673	85
辽宁	48	247.86	66874	3238612	57572	3	1.70	287	1436	281
吉林	28	91.75	22519	719928	20885					
黑龙江	41	220.94	33777	1217103	41191					
上海										
江苏	51	502.40	124100	4965801	118413					
浙江	45	664.22	214054	10107419	167023	2	14.40	5095	128757	4131
安徽	32	234.57	63120	3071544	41665					
福建	23	156.76	52252	2066278	45784					
江西	20	94.50	31861	1072640	28292	2	3.35	537	5372	360
山东	58	470.90	130791	5265280	105048					
河南	45	276.32	68174	2324184	67643					
湖北	44	443.28	102445	4008239	93279	3	4.47	1106	11064	814
湖南	26	181.24	46755	1410950	26884					
广东	67	771.94	200747	15026642	223193					
广西	33	128.28	38491	1097462	31325					
海南	4	18.93	4799	153687	4936					
重庆	3	5.83	1547	51071	1094					
四川	50	266.28	78686	3330420	70572					
贵州	17	70.19	19929	800119	19299					
云南	24	54.57	17136	361804	10687					
西藏	14	13.40	2445	87294	2279					
陕西	15	103.50	24530	825468	23453	1	1.13	270	2702	270
甘肃	27	83.95	25384	505778	15859					
青海	9	19.64	6445	257127	3266	2	1.42	178	3450	153
宁夏	5	11.60	3664	116330	3718					
新疆	61	108.38	25292	816207	19845	1	0.23	23	113	14

各级综合报纸出版数量

	合计					中央及省、自治区、直辖市级				
	种数（种）	平均期印数（万份）	总印数（万份）	总印张（千印张）	总金额（万元）	种数（种）	平均期印数（万份）	总印数（万份）	总印张（千印张）	总金额（万元）
全国总计	**823**	**9122.95**	**3110253**	**158546049**	**2831558**	**197**	**5264.61**	**1802851**	**98469722**	**1696951**
中　央	**22**	**1134.86**	**386869**	**12253692**	**419526**	**22**	**1134.86**	**386869**	**12253692**	**419526**
地　方	**801**	**7988.09**	**2723384**	**146292357**	**2412032**	**175**	**4129.75**	**1415982**	**86216030**	**1277425**
北　京	8	202.21	70721	4699921	61241	8	202.21	70721	4699921	61241
天　津	6	173.77	63135	3327544	63122	6	173.77	63135	3327544	63122
河　北	25	260.71	86906	2970087	67004	3	115.50	40136	1427520	27243
山　西	23	125.47	40426	1181465	39011	5	52.22	16320	585014	16794
内蒙古	33	92.26	28556	734683	25980	5	41.30	13664	426861	12949
辽　宁	38	361.54	121904	7158060	94151	7	193.82	66952	4231798	42327
吉　林	22	122.26	40135	2116182	31265	4	61.12	21368	1442586	15253
黑龙江	28	135.82	43992	1825201	29587	6	60.43	19708	820774	12279
上　海	12	167.83	59645	3381482	60593	12	167.83	59645	3381482	60593
江　苏	47	594.38	211545	11643315	202720	10	304.18	109121	7363983	109790
浙　江	40	781.10	280217	13259916	236798	5	263.87	94085	4133947	85924
安　徽	28	267.48	85734	3904622	65570	3	85.00	26333	913410	26842
福　建	22	256.59	92955	4240622	86831	5	113.79	41423	2201886	42191
江　西	28	191.79	63842	2679084	50684	7	95.95	31846	1603083	22353
山　东	39	722.53	253402	13682540	189473	8	415.06	147277	9264328	103723
河　南	33	373.12	116907	5698173	126628	3	176.67	59517	3635452	71317
湖　北	34	455.55	158986	7263364	147247	3	188.54	68009	3548002	68009
湖　南	28	259.89	89111	3892416	55572	5	145.26	50563	2768171	31920
广　东	45	1004.23	332650	29024501	372103	5	517.29	158759	14664725	178729
广　西	27	175.61	60076	2066328	46038	6	71.57	23859	1028380	18136
海　南	5	38.79	13846	542646	13846	3	29.23	10400	416015	10400
重　庆	10	164.63	56370	3640060	50813	8	158.80	54823	3588989	49720
四　川	41	332.80	113863	6445329	107768	5	136.46	46930	3424819	47467
贵　州	17	93.25	32082	1361370	28813	4	37.74	13259	599310	11481
云　南	29	154.92	51913	2344588	34318	5	100.35	34777	1982784	23631
西　藏	17	22.50	5606	186396	4109	3	9.09	3161	99102	1830
陕　西	18	162.50	55367	4069500	51103	4	91.62	32335	3296772	29652
甘　肃	23	96.55	32178	706688	21559	3	23.10	7929	222945	7001
青　海	14	34.84	11612	444458	6667	5	16.01	5473	194089	3516
宁　夏	9	26.58	8566	258745	8780	4	14.98	4903	142415	5062
新　疆	52	136.59	41136	1543071	32638	15	66.99	19551	779923	16930

各级综合报纸出版数量（续表）

	地、市级					县级				
	种数（种）	平均期印数（万份）	总印数（万份）	总印张（千印张）	总金额（万元）	种数（种）	平均期印数（万份）	总印数（万份）	总印张（千印张）	总金额（万元）
全国总计	**609**	**3837.67**	**1302360**	**60013738**	**1131315**	**17**	**20.67**	**5042**	**62589**	**3292**
中央										
地方	**609**	**3837.67**	**1302360**	**60013738**	**1131315**	**17**	**20.67**	**5042**	**62589**	**3292**
北京										
天津										
河北	21	144.21	46535	1540217	39484	1	1.00	235	2350	277
山西	17	71.88	23852	595179	22090	1	1.37	254	1272	127
内蒙古	25	49.35	14616	305150	12945	3	1.60	277	2673	85
辽宁	28	166.02	54665	2924826	51543	3	1.70	287	1436	281
吉林	18	61.14	18766	673596	16013					
黑龙江	22	75.39	24284	1004427	17309					
上海										
江苏	37	290.20	102424	4279333	92930					
浙江	34	511.80	184205	9092251	149911	1	5.40	1927	33717	963
安徽	25	182.48	59401	2991212	38729					
福建	17	142.80	51532	2038736	44640					
江西	19	92.50	31459	1070630	27971	2	3.35	537	5372	360
山东	31	307.47	106125	4418213	85750					
河南	30	196.45	57390	2062722	55311					
湖北	28	262.53	89870	3704299	78424	3	4.47	1106	11064	814
湖南	23	114.62	38547	1124245	23652					
广东	40	486.98	173890	14359771	193372					
广西	21	104.04	36217	1037947	27902					
海南	2	9.57	3446	126631	3446					
重庆	2	5.83	1547	51071	1094					
四川	36	196.34	66933	3020510	60301					
贵州	13	55.51	18824	762060	17332					
云南	24	54.57	17136	361804	10687					
西藏	14	13.40	2445	87294	2279					
陕西	13	69.75	22762	770026	21181	1	1.13	270	2702	270
甘肃	20	73.45	24249	483743	14558					
青海	8	18.41	6013	248479	3049	1	0.42	126	1890	101
宁夏	5	11.60	3664	116330	3718					
新疆	36	69.38	21563	763036	15694	1	0.23	23	113	14

各级专业报纸出版数量

	合　计					中央及省、自治区、直辖市级				
	种数（种）	平　均期印数（万份）	总印数（万份）	总印张（千印张）	总金额（万元）	种数（种）	平　均期印数（万份）	总印数（万份）	总印张（千印张）	总金额（万元）
全国总计	**1089**	**13142.05**	**1528734**	**33683773**	**1605052**	**816**	**11324.20**	**1325308**	**28003282**	**1405683**
中　　央	**199**	**2071.72**	**417431**	**11270773**	**485810**	**199**	**2071.72**	**417431**	**11270773**	**485810**
地　　方	**890**	**11070.33**	**1111303**	**22413000**	**1119242**	**617**	**9252.48**	**907877**	**16732509**	**919873**
北　　京	27	141.54	23919	704818	23807	27	141.54	23919	704818	23807
天　　津	18	86.43	12861	292304	12702	18	86.43	12861	292304	12702
河　　北	40	524.90	70735	1188308	51233	26	466.60	65294	993127	46618
山　　西	37	2354.34	175594	1349976	159987	31	2280.47	170172	1295069	155125
内 蒙 古	25	53.52	5043	120459	5579	18	46.87	4160	110849	5315
辽　　宁	32	352.36	28678	512893	19953	12	270.52	16469	199107	13924
吉　　林	30	865.63	52470	1014162	70760	20	835.01	48719	967830	65887
黑 龙 江	40	263.70	25047	496094	37022	21	118.15	15553	283418	13139
上　　海	60	345.73	54357	1510585	45606	60	345.73	54357	1510585	45606
江　　苏	34	630.22	70518	1210144	63103	20	418.02	48841	523676	37620
浙　　江	29	332.46	57150	1535101	40958	17	171.06	24132	424893	20678
安　　徽	23	232.07	35442	741606	24866	16	179.98	31724	661275	21929
福　　建	20	231.19	18990	800101	17900	14	217.23	18270	772559	16756
江　　西	13	838.01	49480	395919	42213	12	836.00	49078	393908	41892
山　　东	48	323.45	53151	1377317	41847	21	160.01	28485	530249	22549
河　　南	45	1155.65	92815	1159097	81723	30	1075.78	82031	897634	69391
湖　　北	40	321.57	31388	997708	44081	24	140.83	18813	693767	29227
湖　　南	20	416.04	47627	1252220	69181	17	349.42	39420	965515	65949
广　　东	56	508.99	57219	2433681	96684	29	223.99	30363	1766814	66865
广　　西	27	84.33	12896	260444	13966	15	60.09	10622	200930	10543
海　　南	9	48.80	10757	256823	12606	7	39.43	9404	229768	11116
重　　庆	17	116.80	5485	223175	13622	16	116.80	5485	223175	13621
四　　川	47	320.43	53837	1077869	63983	33	250.49	42084	767959	53712
贵　　州	13	47.89	4266	100837	6015	9	33.21	3159	62778	4048
云　　南	13	56.65	9366	376246	10849	13	56.65	9366	376246	10849
西　　藏	8	14.93	2045	11926	1476	8	14.94	2045	11926	1476
陕　　西	25	135.36	12878	285540	13397	23	101.62	11110	230098	11125
甘　　肃	27	110.16	18804	353881	18456	20	99.66	17670	331846	17155
青　　海	12	18.10	2118	39036	2343	10	15.87	1634	28828	2075
宁　　夏	5	18.99	2421	59002	2837	5	18.99	2420	59002	2837
新　　疆	50	120.09	13946	275728	10487	25	81.09	10217	222556	6337

各级专业报纸出版数量（续表）

	地、市级					县 级				
	种数（种）	平均期印数（万份）	总印数（万份）	总印张（千印张）	总金额（万元）	种数（种）	平均期印数（万份）	总印数（万份）	总印张（千印张）	总金额（万元）
全国总计	**271**	**1807.85**	**200206**	**5583891**	**196149**	**2**	**10.00**	**3220**	**96600**	**3220**
中　央										
地　方	**271**	**1807.85**	**200206**	**5583891**	**196149**	**2**	**10.00**	**3220**	**96600**	**3220**
北　京										
天　津										
河　北	14	58.30	5442	195181	4615					
山　西	6	73.90	5422	54906	4861					
内蒙古	7	6.65	882	9609	264					
辽　宁	20	81.84	12209	313786	6029					
吉　林	10	30.61	3753	46332	4872					
黑龙江	19	145.55	9493	212676	23882					
上　海										
江　苏	14	212.20	21676	686468	25483					
浙　江	11	152.42	29849	1015168	17112	1	9.00	3168	95040	3168
安　徽	7	52.09	3719	80332	2936					
福　建	6	13.96	720	27542	1144					
江　西	1	2.00	402	2010	321					
山　东	27	163.43	24666	847067	19298					
河　南	15	79.87	10784	261462	12332					
湖　北	16	180.75	12575	303940	14855					
湖　南	3	66.62	8208	286705	3232					
广　东	27	284.96	26857	666871	29821					
广　西	12	24.24	2274	59515	3423					
海　南	2	9.36	1353	27056	1490					
重　庆	1									
四　川	14	69.94	11753	309910	10271					
贵　州	4	14.68	1105	38059	1967					
云　南										
西　藏										
陕　西	2	33.75	1768	55442	2272					
甘　肃	7	10.50	1135	22035	1301					
青　海	1	1.23	432	8648	217	1	1.00	52	1560	52
宁　夏										
新　疆	25	39.00	3729	53171	4151					

中央及省、自治区、直辖市级综合报纸出版数量

	开张	版数	刊期	期数	平均期印数（万份）	总印数（万份）	总印张（千印张）	总金额（万元）
参考消息	4	16	周七刊	365	260.91	95232	1622864	95232
21 世纪报·中学生版（英文）	4	16	周三刊	145	15.58	2260	45194	3615
新华每日电讯	2	8	周七刊	365	162.85	59441	1152989	47553
人民日报	2	24	周七刊	365	316.58	115551	5707891	138661
参考消息大字版	2	16	周七刊	365	1.36	498	16956	995
中国新闻报	4	12	周五刊	264	1.00	264	3960	264
环球时报（英文版）	4	40	周六刊	308	10.00	3080	138400	6160
经济日报	2	16	周七刊	365	72.00	26280	1051200	26280
世界新闻报	4	24	周一刊	54	5.00	270	8100	540
环球时报	4	16	周六刊	288	130.68	37637	752736	56455
华夏时报	2	40	周二刊	100	10.00	1000	100000	5000
21 世纪英文报（英文）	4	16	周一刊	50	7.10	355	7103	888
光明日报	2	16	周七刊	365	71.32	26030	962761	20824
国际先驱导报	4	32	周一刊	49	6.16	302	12066	603
人民政协报	2	12	周六刊	300	13.10	3930	117900	4127
人民日报海外版	2	8	周六刊	312	3.88	1210	24199	1210
人民日报（藏文版）	2	4	周七刊	365	5.00	1825	18250	730
参考消息·北京参考	4	16	周五刊	239	20.00	4780	95600	
中国日报（英文）	2	24	周六刊	310	22.34	6925	415524	10388
北京青年报	2	32	周七刊	365	30.00	10950	876000	10950
北京娱乐信报	4	24	周五刊	243	24.00	5832	169320	
京华时报	4	52	周七刊	365	31.37	11450	744256	11450
今日北京（英文）	4	8	周一刊	52	0.50	26	260	39
北京晨报	4	56	周七刊	365	19.86	7248	507339	7248
新京报	4	80	周七刊	365	33.43	12203	1220268	8542
北京晚报	4	24	周七刊	365	37.04	13520	815272	13520
北京日报	2	20	周七刊	365	26.01	9492	367206	9492
今晚报	2	20	周七刊	365	81.50	29749	1487457	29749
天津日报	2	16	周七刊	365	31.20	11388	455520	11388
城市快报	2	28	周七刊	365	18.10	6607	462455	6607
渤海早报	4	48	周七刊	365	12.00	4380	262800	4380
每日新报	4	48	周七刊	365	30.10	10987	659190	10987
大众生活报	4	4	周一刊	28	0.87	24	122	12
燕赵都市报	2	16	周七刊	356	74.00	26344	1053760	13172
燕赵都市报冀东版	4	8	周五刊	250	8.00	2000	20000	1100
河北日报	2	12	周七刊	352	33.50	11792	353760	12971
山西政协报	2	4	周二刊	104	2.10	219	2189	399
三晋都市报	2	12	周七刊	335	8.00	2681	88104	1340

中央及省、自治区、直辖市级综合报纸出版数量（续表1）

	开张	版数	刊期	期数	平均期印数（万份）	总印数（万份）	总印张（千印张）	总金额（万元）
山西晚报	4	40	周七刊	350	15.00	5250	262500	5250
山西日报	2	12	周七刊	365	18.86	6882	206467	8259
人民代表报	2	8	周三刊	156	8.25	1288	25754	1545
内蒙古商报	2	16	周一刊	50	0.50	25	1000	
内蒙古日报（蒙文版）	2	8	周七刊	355	2.78	985	19710	1015
内蒙古晨报	4	24	周六刊	312	9.00	2808	84240	2808
内蒙古日报（汉文报）	2	12	周七刊	359	20.03	7190	215711	6471
北方新报	4	32	周六刊	295	9.00	2655	106200	2655
友报	2	8	周一刊	52	3.00	156	3120	312
辽宁日报	2	16	周七刊	365	18.30	6681	267228	6681
辽沈晚报	4	48	周七刊	348	87.76	30539	1832324	15269
半岛晨报	4	64	周七刊	358	26.90	9630	770416	9630
北方晨报	2	32	周六刊	294	5.24	1541	123245	1232
时代商报	2	20	周七刊	337	4.62	1557	56105	779
华商晨报	2	28	周七刊	351	48.00	16848	1179360	8424
协商新报	2	4	周二刊	100	0.60	60	600	42
吉林日报	2	12	周七刊	344	12.50	4300	129000	3440
城市晚报	2	36	周七刊	360	17.00	6120	550800	3060
新文化报	2	28	周七刊	351	31.02	10888	762186	8711
北方时报	4	8	周三刊	134	1.23	165	1648	115
生活报	4	32	周七刊	345	26.77	9235	545522	4617
黑龙江晨报	4	24	周七刊	345	15.00	5175	155250	2588
黑龙江日报	2	12	周七刊	345	13.43	4634	108854	4634
远东经贸导报（俄文版）	4	8	周一刊	50	1.00	50	500	100
解放日报	2	20	周七刊	365	30.22	11001	550056	11001
文汇报	2	16	周七刊	365	19.23	7020	451973	7020
新民晚报	4	48	周七刊	365	70.36	25680	1352799	25680
上海日报	4	40	周七刊	362	2.37	858	27144	1717
青年报	4	48	周七刊	365	5.44	1985	119109	1985
东方早报	4	64	周七刊	365	9.54	3482	278558	3482
联合时报	2	8	周二刊	96	3.11	298	5969	388
新闻晨报	4	88	周七刊	365	24.90	9089	583204	9089
上海侨报	4	32	周一刊	49	1.23	60	2418	60
天天新报	4	48	周七刊	120	1.42	171	10253	171
城市导报	4	16	周三刊	144	1.00	144	2880	115
现代快报	4	64	周七刊	365	47.82	17456	1396446	17456
扬子晚报	4	60	周七刊	362	170.00	61540	4615500	61540
靖江日报	4	24	周六刊	294	2.98	876	26284	876

中央及省、自治区、直辖市级综合报纸出版数量（续表2）

	开张	版数	刊期	期数	平均期印数（万份）	总印数（万份）	总印张（千印张）	总金额（万元）
江南时报	4	24	周五刊	264	3.69	974	29225	974
南京晨报	4	48	周七刊	359	13.65	4902	294103	3431
东台日报	2	8	周六刊	302	2.92	882	17637	441
新华日报	2	16	周七刊	360	40.95	14743	589720	17692
海门日报	4	20	周六刊	298	2.56	763	19072	610
江南晚报	4	48	周七刊	358	16.50	5907	354420	5907
昆山日报	2	8	周七刊	348	3.10	1079	21576	863
浙江日报	2	20	周七刊	365	40.88	14921	717421	14921
青年时报	4	24	周七刊	365	28.00	10220	306600	5110
联谊报	2	4	周三刊	145	9.80	1421	19110	924
现代金报	4	32	周七刊	360	14.19	5108	204336	2554
钱江晚报	4	24	周七刊	365	171.00	62415	2886480	62415
安徽日报	2	12	周七刊	365	35.00	12775	310450	19163
今日生活报	4	48	周一刊	50	12.00	600	36000	1200
安徽商报	4	24	周七刊	341	38.00	12958	566960	6479
东南早报	4	32	周七刊	365	20.00	7300	292000	5110
东南快报	4	40	周七刊	365	6.66	2430	121518	1701
海峡导报	2	56	周七刊	358	15.71	5623	787210	2811
海峡都市报	4	48	周七刊	365	35.81	13071	784285	13071
福建日报	2	12	周七刊	365	35.61	12998	216874	19497
江南都市报	4	56	周七刊	344	42.00	14448	1011360	7224
江西晨报	4	48	周七刊	338	9.39	3172	190338	3172
信息日报	4	32	周七刊	342	12.08	4133	121450	2066
江西商报	4	36	周二刊	88	1.70	150	6732	150
光华时报	2	4	周二刊	101	2.50	253	2525	131
江西日报	2	12	周七刊	365	22.28	8131	239478	8050
经济晚报	4	16	周五刊	260	6.00	1560	31200	1560
联合日报	2	4	周六刊	288	5.70	1642	16416	1313
生活日报	4	32	周七刊	358	13.32	4769	190742	2384
齐鲁晚报	4	40	周七刊	358	161.30	57745	2887270	28873
城市信报	2	32	周七刊	245	10.00	2450	196000	2450
半岛都市报	4	80	周七刊	358	120.00	42960	4296000	42960
鲁中晨报	4	40	周七刊	345	6.74	2326	116300	988
大众日报	2	12	周七刊	365	43.00	15695	537500	14910
山东商报	4	48	周七刊	358	55.00	19690	1024100	9845
东方今报	4	56	周六刊	295	40.00	11800	826000	23600
大河报	4	64	周七刊	346	83.00	28718	2297440	28718
河南日报	2	12	周七刊	354	53.67	18999	512012	18999

中央及省、自治区、直辖市级综合报纸出版数量（续表3）

	开张	版数	刊期	期数	平均期印数（万份）	总印数（万份）	总印张（千印张）	总金额（万元）
湖北日报	2	16	周七刊	365	56.00	20440	817600	20440
楚天金报	4	24	周七刊	358	11.52	4125	123754	4125
楚天都市报	4	48	周七刊	359	121.01	43444	2606648	43444
当代商报	4	24	周七刊	351	3.50	1229	36855	614
三湘都市报	4	32	周七刊	358	51.34	18381	735246	9191
湘声报	2	4	周二刊	108	7.02	758	7580	758
湖南日报	2	24	周七刊	365	34.30	12520	751170	12520
潇湘晨报	2	28	周七刊	360	49.10	17676	1237320	8838
南方日报	2	24	周七刊	365	74.28	27113	1626802	27113
羊城晚报	2	32	周七刊	365	65.00	23725	1898000	23725
南方都市报	4	98	周七刊	365	185.00	67525	8271813	67525
新快报	4	56	周七刊	365	97.00	35405	2478350	35405
南方周末	2	32	周一刊	52	96.00	4992	389760	24960
广西政协报	2	4	周三刊	159	3.00	477	4770	477
华声晨报	4	32	周三刊	150	6.52	978	39115	1467
南国早报	4	48	周七刊	358	20.00	7160	463200	5728
当代生活报	4	40	周七刊	358	8.05	2882	144095	1441
南国今报	4	40	周七刊	361	12.00	4332	216600	2599
广西日报	2	8	周七刊	365	22.00	8030	160600	6424
南岛晚报	4	32	周七刊	352	2.00	704	28160	704
南国都市报	4	32	周七刊	345	12.10	4174	166948	4174
海南日报	2	16	周七刊	365	15.13	5523	220907	5523
重庆商报	2	32	周七刊	360	28.10	10116	809280	5058
重庆青年报	2	40	周一刊	49	5.44	266	26638	799
重庆晚报	4	44	周七刊	354	19.40	6868	377718	6868
重庆日报	2	35	周七刊	365	22.46	8198	717316	8198
巴渝都市报	4	16	周七刊	350	3.30	1155	23100	578
三峡都市报	4	24	周七刊	353	5.50	1942	58245	1942
重庆时报	4	48	周七刊	351	43.40	15233	914004	15233
重庆晨报	4	48	周七刊	354	31.20	11045	662688	11045
四川日报	2	16	周七刊	365	32.22	11760	470412	14112
天府早报	4	32	周七刊	358	7.05	2525	100996	1262
华西都市报	2	36	周七刊	359	87.82	31526	2837322	31526
四川政协报	2	4	周三刊	144	4.37	629	6289	566
华西社区报	4	16	周二刊	98	5.00	490	9800	
贵州商报	16	32	周七刊	358	3.37	1207	10304	603
贵州都市报	4	56	周七刊	358	16.01	5733	401318	5733
贵州日报	2	12	周七刊	365	16.09	5871	156358	4697
贵州政协报	2	28	周四刊	197	2.27	448	31330	448

中央及省、自治区、直辖市级综合报纸出版数量（续表4）

	开张	版数	刊期	期数	平均期印数（万份）	总印数（万份）	总印张（千印张）	总金额（万元）
云南政协报	2	8	周三刊	149	3.40	507	10268	547
云南日报	2	12	周七刊	365	19.12	6978	183350	5583
生活新报	4	40	周七刊	350	30.20	10571	528535	5285
都市时报	4	56	周七刊	350	22.03	7711	539735	7711
春城晚报	4	64	周七刊	352	25.60	9011	720896	4506
西藏日报（藏文版）	2	8	周七刊	365	4.05	1478	29569	591
西藏日报	2	8	周七刊	365	3.04	1111	22212	666
西藏商报	2	32	周七刊	286	2.00	572	47320	572
各界导报	2	12	周六刊	295	3.00	885	26550	885
三秦都市报	4	24	周七刊	344	15.00	5160	154800	2477
陕西日报	2	16	周七刊	365	20.62	7528	301122	7528
华商报	2	60	周七刊	354	53.00	18762	2814300	18762
甘肃日报	2	8	周七刊	365	14.47	5282	105631	5651
民主协商报	2	4	周一刊	52	1.00	52	520	52
西部商报	4	36	周七刊	340	7.63	2595	116794	1298
青海日报	2	8	周七刊	365	3.94	1438	28762	1438
西海都市报	4	32	周七刊	360	10.90	3924	164209	1962
海南报	4	8	周三刊	146	0.55	80	803	64
青海日报（藏文版）	8	24	周一刊	50	0.32	16	244	41
海南报（藏文版）	4	4	周一刊	48	0.30	14	72	12
宁夏日报	2	16	周七刊	365	5.81	2120	56996	2120
银川日报	2	8	周七刊	339	2.50	848	15650	848
华兴时报	2	12	周五刊	245	2.17	532	15950	691
银川晚报	4	32	周六刊	312	4.50	1404	53820	1404
新疆都市报	4	48	周六刊	298	13.00	3874	232440	2712
新早报	2	12	周三刊	144	3.00	432	12960	346
兵团日报	2	8	周七刊	347	9.90	3435	58608	4122
亚洲中心时报	2	4	周一刊	50	0.13	7	65	5
兵团日报（维文版）	4	4	周二刊	99	0.35	35	173	42
生活晚报	2	8	周二刊	100	6.40	640	12800	499
亚洲中心时报	2	4	周三刊	149	1.03	153	2091	92
新疆日报（哈文版）	2	4	周七刊	354	1.08	382	3823	191
新疆日报（蒙文版）	2	4	周七刊	354	0.58	205	2053	103
新疆日报（维文版）	2	8	周七刊	354	5.83	2064	41276	2064
新疆日报	2	8	周七刊	354	9.00	3186	63720	3186
亚洲中心时报（维文版）	2	4	周二刊	98	0.31	30	304	18
都市消费晨报	4	56	周六刊	312	15.98	4986	349003	3490
参考消息（维文版）	4	4	周六刊	302	0.26	79	394	39
参考消息（哈文版）	4	4	周六刊	302	0.14	42	211	21

主要刊期的报纸出版数量

	周七刊				周六刊				周五刊				周四刊			
	种数（种）	总印数（万份）	总印张（千印张）	总金额（万元）	种数（种）	总印数（万份）	总印张（千印张）	总金额（万元）	种数（种）	总印数（万份）	总印张（千印张）	总金额（万元）	种数（种）	总印数（万份）	总印张（千印张）	总金额（万元）
全国总计	**509**	**3108168**	**156667897**	**2757897**	**259**	**461272**	**14205958**	**475057**	**220**	**274219**	**5940042**	**246376**	**58**	**54554**	**908815**	**62293**
中　　央	**19**	**496055**	**13827286**	**486191**	**16**	**114665**	**4804907**	**155449**	**39**	**86790**	**1663892**	**88389**	**5**	**8976**	**180659**	**13332**
地　　方	**490**	**2612113**	**142840611**	**2271706**	**243**	**346607**	**9401051**	**319608**	**181**	**187429**	**4276150**	**157987**	**53**	**45578**	**728156**	**48961**
北　　京	8	75019	5007212	71358	2	6450	56720	4952	4	7967	231154	2526				
天　　津	8	70856	3468333	68875									3	1389	22567	1682
河　　北	14	97995	2896467	67216	15	27602	643718	25596	7	6548	122077	5041	3	878	8775	439
山　　西	17	45938	1208933	46375	11	27919	298421	22222	3	8677	67700	7106	4	1600	25640	1897
内 蒙 古	8	14205	367224	12948	13	11697	321674	10522	12	4365	82869	3582	3	146	916	55
辽　　宁	14	106315	6610249	80989	14	13590	499553	10297	11	10202	249191	5239	2	736	6382	439
吉　　林	11	38447	2200709	28299	8	3798	50841	3062	2	3587	31956	4524	2	1377	24992	2448
黑 龙 江	14	37721	1626729	24533	12	16668	337517	10970	7	3419	60359	3102	5	2099	16382	2166
上　　海	14	73819	3951749	72983	3	5977	229356	7814	3	9317	296350	3816	2	2236	22359	1262
江　　苏	37	204982	11457720	200557	14	24637	399748	21579	9	18459	354200	15461	5	8691	136491	5412
浙　　江	40	296431	13881351	244894	8	12424	212685	7594	4	8260	226994	3218	2	4983	68447	4546
安　　徽	14	82660	3996284	58557	12	12361	267099	9735	7	5402	78485	4414				
福　　建	22	94809	4277886	87898					2	1649	32797	1900	1	925	9250	1110
江　　西	11	50984	2409323	40648	10	9516	207069	7035	5	4241	81310	4057	2	1104	9030	743
山　　东	35	254112	13738252	185057	11	18281	451389	13597	9	11272	210675	8134	1	2340	46800	1825
河　　南	4	56449	3025492	57368	22	58984	2700239	70085	20	22364	525219	21700				
湖　　北	20	146951	7236061	131599	14	16038	408874	19894	9	6779	149077	9105	1	338	3383	338
湖　　南	21	87067	3971166	50283	3	3457	60119	2352	6	5091	100206	3276				
广　　东	43	327715	28672358	346906	4	7029	496148	13308	10	17455	793420	24822	2	3316	94731	9475
广　　西	22	57932	2018019	42404	6	6416	118953	6810	1	938	11271	750	2	2623	36220	2623
海　　南	6	17416	665046	16702	2	2578	81556	4078	1	2801	28012	3361				
重　　庆	7	54556	3562351	48921	3	1547	51071	1094	2	577	2887	289				
四　　川	29	112167	6528279	119918	14	20947	287690	15451	8	9554	244569	8334	5	6447	95432	7124
贵　　州	10	25754	1188543	23187	5	5257	116538	4555	3	1833	42956	1765	2	777	38679	761
云　　南	15	50285	2515718	34893	8	5812	95700	4848	2	1420	37063	1038				
西　　藏	4	4241	163902	2910					1	93	934	56				
陕　　西	9	47542	3932388	43322	8	9139	191560	8448	3	1911	19110	1527				
甘　　肃	18	40913	887203	30583	3	1673	22577	1312	6	2303	17587	1483	1	703	14069	1407
青　　海	4	11503	447354	6470	2	293	3560	151					2	1110	22207	1637
宁　　夏	3	5340	167546	5340	3	2070	63985	2007	4	2662	58558	3257	1	247	3705	296
新　　疆	8	21989	760764	19713	13	14447	726691	10240	20	8283	119164	5104	2	1513	21699	1276

全国少数民族文字报纸出版数量

	种数（种）	平均期印数（万份）	总印数（万份）	总印张（千印张）	总金额（万元）
全国总计	**103**	**117.52**	**21443**	**317683**	**13724**
中　央	**4**	**11.00**	**1897**	**19330**	**802**
地　方	**99**	**106.52**	**19546**	**298353**	**12922**
内蒙古	13	10.24	2262	32506	2208
辽　宁	2	0.61	54	1003	47
吉　林	8	5.56	684	12317	549
黑龙江	2	2.10	369	6880	279
广　西	1	0.40	20	200	14
四　川	3	1.71	252	2518	164
云　南	7	2.49	127	1024	8
西　藏	11	15.17	2841	51733	1710
甘　肃	1	0.35	50	504	49
青　海	7	4.04	169	1232	193
新　疆	44	63.85	12718	188435	7702

全国少数民族文字报纸出版数量与去年相比增减百分比

	种数	平均期印数	总印数	总印张	总金额
全　国	1.98	7.12	2.16	-4.97	16.68
中　央	33.33	83.03	2534.36	1689.48	1013.58
地　方	1.02	2.72	-6.55	-10.47	10.54

四、音像、电子出版物出版

按载体形式分类全国各地区录音制品出版品种、数量及发行数量

单位：种、万盒（张）

	录音制品合计					录音带（AT）			
	合计		其中：新版		发行数量	合计		其中：新版	
	种数	数量	种数	数量		种数	数量	种数	数量
全国总计	**9505**	**22385.10**	**4543**	**7671.78**	**28230.40**	**2108**	**15957.17**	**827**	**4578.66**
中　　央	**3517**	**15602.23**	**1732**	**5573.70**	**17502.74**	**1017**	**12360.40**	**295**	**3895.68**
地　　方	**5988**	**6782.87**	**2811**	**2098.08**	**10727.66**	**1091**	**3596.77**	**532**	**682.98**
北　　京	301	252.55	292	237.69	26.54	78	6.19	78	6.19
天　　津	37	9.17	36	9.07	6.72	4	0.40	4	0.40
河　　北	69	363.74	69	363.74	508.55	60	349.42	60	349.42
山　　西	83	20.55	83	20.55	285.01	2	0.60	2	0.60
内 蒙 古	27	10.85	27	10.85	10.00	1	0.30	1	0.30
辽　　宁	92	127.88	64	91.51	342.16	12	7.90	12	7.90
吉　　林	100	18.50	94	17.20	84.20	20	10.17	20	10.17
黑 龙 江									
上　　海	3042	3174.83	657	444.30	2866.04	352	1872.77	27	36.99
江　　苏	274	967.63	96	71.01	581.00	83	838.75	26	41.90
浙　　江	71	297.90	28	17.51	351.20	25	151.43	11	6.95
安　　徽	56	18.26	48	16.17	56.45	33	13.64	28	12.07
福　　建	54	18.81	54	18.81	59.60	6	6.71	6	6.71
江　　西	240	123.02	73	31.60	1468.05	44	25.40	44	25.40
山　　东	112	29.66	107	23.55	919.56	38	8.52	33	6.37
河　　南	23	3.95	23	3.95	27.40	8	0.80	8	0.80
湖　　北	45	28.64	44	25.14	247.65	19	10.52	19	10.52
湖　　南	230	578.90	139	278.15	1573.83	64	70.32	18	29.43
广　　东	656	440.88	539	191.00	1049.93	106	107.66	53	43.87
广　　西	117	46.69	106	34.66	36.12	39	7.83	39	7.83
海　　南	14	10.10	14	10.10	2.60				
重　　庆	78	32.00	26	10.87	61.48	20	5.73	5	3.00
四　　川	38	17.34	34	16.44	19.54	3	6.00	3	6.00
贵　　州	1	0.40	1	0.40	0.20				
云　　南	69	17.00	34	15.41	70.35	32	1.49	9	0.47
西　　藏	52	14.30	52	14.30	0.30	10	2.66	10	2.66
陕　　西	91	157.23	55	122.00	68.89	32	91.56	16	67.03
甘　　肃	7	0.40	7	0.40	0.10				
青　　海	3	0.40	3	0.40	1.50				
宁　　夏									
新　　疆	6	1.30	6	1.30	2.69				

按载体形式分类全国各地区录音制品出版品种、数量及发行数量（续表）

单位：种、万盒（张）

	激光唱盘（CD）				高密度激唱盘（DVD－A）及其他			
	合计		其中：新版		合计		其中：新版	
	种数	数量	种数	数量	种数	数量	种数	数量
全国总计	**5693**	**4823.24**	**2816**	**2571.71**	**1704**	**1604.69**	**900**	**521.41**
中　央	**1462**	**2500.54**	**935**	**1415.74**	**1038**	**741.29**	**502**	**262.28**
地　方	**4231**	**2322.70**	**1881**	**1155.97**	**666**	**863.40**	**398**	**259.13**
北　京	192	157.30	190	154.50	31	89.06	24	77.00
天　津	22	6.15	22	6.15	11	2.62	10	2.52
河　北	9	14.32	9	14.32				
山　西	81	19.95	81	19.95				
内蒙古	25	10.45	25	10.45	1	0.10	1	0.10
辽　宁	23	75.90	23	75.90	57	44.08	29	7.71
吉　林	57	7.91	51	6.61	23	0.42	23	0.42
黑龙江								
上　海	2301	814.69	446	281.14	389	487.36	184	126.17
江　苏	175	124.03	54	24.26	16	4.85	16	4.85
浙　江	46	146.47	17	10.56				
安　徽	10	3.68	8	3.31	13	0.94	12	0.79
福　建	48	12.10	48	12.10				
江　西	182	96.22	15	4.80	14	1.40	14	1.40
山　东	74	21.14	74	17.18				
河　南	15	3.15	15	3.15				
湖　北	26	18.12	25	14.62				
湖　南	147	319.88	108	243.56	19	188.70	13	5.16
广　东	543	320.03	480	134.24	7	13.19	6	12.89
广　西	78	38.86	67	26.83				
海　南	12	5.90	12	5.90	2	4.20	2	4.20
重　庆	35	15.06	9	3.67	23	11.21	12	4.20
四　川	20	11.19	17	10.34	15	0.15	14	0.10
贵　州	1	0.40	1	0.40				
云　南	34	10.29	22	9.72	3	5.22	3	5.22
西　藏	41	11.44	41	11.44	1	0.20	1	0.20
陕　西	24	56.07	11	48.87	35	9.60	28	6.10
甘　肃	1	0.30	1	0.30	6	0.10	6	0.10
青　海	3	0.40	3	0.40				
宁　夏								
新　疆	6	1.30	6	1.30				

按内容分类全国录音制品出版品种、数量

单位：种、万盒（张）

	AT				DVD－A			
	合计		其中：新版		合计		其中：新版	
	种数	数量	种数	数量	种数	数量	种数	数量
全国总计	**2108**	**15957.17**	**827**	**4578.66**	**46**	**44.34**	**31**	**20.63**
其中：少儿	197	127.18	147	96.83	8	6.87	7	4.81
一、自编节目	**2064**	**15904.81**	**816**	**4561.86**	**44**	**44.03**	**29**	**20.32**
歌曲	35	38.36	9	5.45	4	0.90	4	0.90
乐曲					4	1.52	4	1.52
戏曲					1	0.20	1	0.20
曲艺	1	0.06	1	0.06	2	0.60	2	0.60
教育	1726	6810.90	673	1502.84	20	28.86	11	9.40
语言	385	9055.00	124	3047.05	8	1.14	3	0.81
科技								
经济								
体育	3	0.14						
文学								
医药卫生								
军事								
综合					4	6.90	4	6.90
其他								
二、引进节目	**44**	**52.36**	**11**	**16.80**	**2**	**0.31**	**2**	**0.31**
歌曲								
乐曲								
戏曲								
曲艺								
教育	41	52.26	11	16.80	1	0.10	1	0.10
语言	3	0.10						
科技								
经济								
体育								
文学								
医药卫生								
军事								
综合					1	0.21	1	0.21
其他								
三、对外合作								

按内容分类全国录音制品出版品种、数量（续表）

单位：种、万盒（张）

	CD				其他			
	合计		其中：新版		合计		其中：新版	
	种数	数量	种数	数量	种数	数量	种数	数量
全国总计	**5693**	**4823.24**	**2810**	**2571.71**	**1658**	**1560.35**	**869**	**500.78**
其中：少儿	467	382.61	234	241.19	37	9.88	33	7.41
一、自编节目	**4708**	**4396.22**	**2391**	**2209.08**	**1637**	**1444.96**	**861**	**495.70**
歌曲	1369	615.52	857	486.18	141	69.70	228	4.79
乐曲	473	182.00	267	79.92	27	23.94	16	3.37
戏曲	251	19.75	66	15.80	8	1.12	8	1.12
曲艺	88	9.07	10	7.54				
教育	1782	1857.80	857	769.62	526	510.09	265	169.86
语言	577	1655.94	254	803.34	914	753.61	349	238.66
科技	2	0.40	2	0.40	1	0.11		
经济	12	5.54	12	5.54				
体育	3	0.50	1	0.31				
文学	66	6.23	9	4.46				
医药卫生	2	0.55	1	0.25	1	0.05	1	0.05
军事								
综合	51	28.59	47	28.38	10	79.40	9	77.85
其他	3	4.56	3	4.56				
二、引进节目	**984**	**406.02**	**418**	**362.33**	**21**	**115.39**	**8**	**5.08**
歌曲	497	260.92	268	234.23	5	0.38	5	0.38
乐曲	123	111.43	115	109.21				
戏曲	9	0.35	2	0.30				
曲艺	4	0.32	1	0.25				
教育	55	29.19	30	15.42	4	107.30	1	0.50
语言	2	1.01			12	7.71	2	4.20
科技								
经济								
体育	2	0.80						
文学	50	1.29	1	0.40				
医药卫生								
军事								
综合	1	0.70						
其他								
三、对外合作	**1**	**0.30**	**1**	**0.30**				

按内容分类全国各地区录音制品出版品种、数量
（AT）

单位：种、万盒

	自编节目合计		歌曲		乐曲		戏曲	
	种数	出版数量	种数	出版数量	种数	出版数量	种数	出版数量
全国总计	**2064**	**15904.81**	**35**	**38.36**				
中　　央	**990**	**12326.18**	**18**	**8.67**				
地　　方	**1074**	**3578.63**	**17**	**29.69**				
北　　京	78	6.19						
天　　津	4	0.40						
河　　北	60	349.42						
山　　西	2	0.60						
内 蒙 古	1	0.30	1	0.30				
辽　　宁	12	7.90						
吉　　林	20	10.17						
黑 龙 江								
上　　海	339	1855.23	6	0.17				
江　　苏	83	838.75						
浙　　江	25	151.43						
安　　徽	33	13.64						
福　　建	6	6.71						
江　　西	44	25.40						
山　　东	38	8.52						
河　　南	8	0.80						
湖　　北	19	10.52						
湖　　南	64	70.32	10	29.22				
广　　东	102	107.06						
广　　西	39	7.83						
海　　南								
重　　庆	20	5.73						
四　　川	3	6.00						
贵　　州								
云　　南	32	1.49						
西　　藏	10	2.66						
陕　　西	32	91.56						
甘　　肃								
青　　海								
宁　　夏								
新　　疆								

按内容分类全国各地区录音制品出版品种、数量（续表1）
（AT）

单位：种、万盒

	经济		体育		文学		医药卫生		军事		综合	
	种数	出版数量	种数	出版数量	种数	出版数量	种数	出版数量	种数	出版数量	种数	出版数量
全国总计			**3**	**0.14**								
中　　央			**1**	**0.10**								
地　　方			**2**	**0.04**								
北　　京												
天　　津												
河　　北												
山　　西												
内 蒙 古												
辽　　宁												
吉　　林												
黑 龙 江												
上　　海			2	0.04								
江　　苏												
浙　　江												
安　　徽												
福　　建												
江　　西												
山　　东												
河　　南												
湖　　北												
湖　　南												
广　　东												
广　　西												
海　　南												
重　　庆												
四　　川												
贵　　州												
云　　南												
西　　藏												
陕　　西												
甘　　肃												
青　　海												
宁　　夏												
新　　疆												

按内容分类全国各地区录音制品出版品种、数量（续表2）
（AT）

单位：种、万盒

	曲艺		教育		语言		科技		其他		其中：少儿	
	种数	出版数量	种数	出版数量	种数	出版数量	种数	出版数量	种数	出版数量	种数	出版数量
全国总计	**1**	**0.06**	**1726**	**6810.90**	**385**	**9055.00**					**197**	**127.18**
中　　央			**633**	**3360.20**	**338**	**8957.20**					**6**	**26.90**
地　　方	**1**	**0.06**	**1093**	**3450.70**	**47**	**97.79**					**191**	**100.28**
北　　京	1	0.06	77	6.13							78	6.19
天　　津			4	0.40							4	0.40
河　　北			60	349.42								
山　　西			2	0.60								
内 蒙 古												
辽　　宁			12	7.90								
吉　　林			20	10.17								
黑 龙 江												
上　　海			338	1854.80	1	0.40						
江　　苏			77	838.15							13	2.32
浙　　江			25	151.43								
安　　徽			32	13.29	1	0.35						0.11
福　　建			6	6.71							6	6.71
江　　西			32	15.86	12	9.54						
山　　东			33	8.02	5	0.50					7	3.97
河　　南			8	0.80								
湖　　北			19	10.52								
湖　　南			48	20.77	6	20.33						
广　　东			102	107.06							19	5.00
广　　西			39	7.83							10	2.30
海　　南												
重　　庆			20	5.73								
四　　川			3	6.00							2	4.00
贵　　州												
云　　南			32	1.49							32	1.49
西　　藏			10	2.66							1	0.30
陕　　西			10	24.90	22	66.67					19	67.49
甘　　肃												
青　　海												
宁　　夏												
新　　疆												

按内容分类全国各地区录音制品出版品种、数量（续表3）
（AT）

单位：种、万盒

	引进节目合计		歌曲		乐曲		戏曲		曲艺		教育		语言	
	种数	出版数量	种数	出版数量	种数	出版数量	种数	出版数量	种数	出版数量	种数	出版数量	种数	出版数量
全国总计	**44**	**52.36**									**41**	**52.26**	**3**	**0.10**
中　央	**27**	**34.22**									**24**	**34.12**	**3**	**0.10**
地　方	**17**	**18.14**									**17**	**18.14**		
北　京														
天　津														
河　北														
山　西														
内蒙古														
辽　宁														
吉　林														
黑龙江														
上　海	13	17.54									13	17.54		
江　苏														
浙　江														
安　徽														
福　建														
江　西														
山　东														
河　南														
湖　北														
湖　南														
广　东	4	0.60									4	0.60		
广　西														
海　南														
重　庆														
四　川														
贵　州														
云　南														
西　藏														
陕　西														
甘　肃														
青　海														
宁　夏														
新　疆														

按内容分类全国各地区录音制品出版品种、数量（续表4）
（CD）

单位：种、万张

	自编节目合计		歌曲		乐曲		戏曲		曲艺	
	种数	出版数量	种数	出版数量	种数	出版数量	种数	出版数量	种数	出版数量
全国总计	**4708**	**4396.22**	**1369**	**615.52**	**473**	**182.00**	**251**	**19.75**	**88**	**9.07**
中　央	**1324**	**2380.53**	**260**	**93.54**	**51**	**46.40**	**8**	**4.92**	**2**	**2.10**
地　方	**3384**	**2016.09**	**1109**	**521.98**	**422**	**135.61**	**243**	**14.83**	**86**	**6.97**
北　京	111	79.00	75	66.77	9	3.20	1	0.10	1	0.60
天　津	22	6.15	4	1.60	6	0.85	4	0.70	1	0.60
河　北	9	14.32	3	1.60						
山　西	81	19.95	7	1.10	3	0.55	32	6.35	1	0.10
内蒙古	25	10.45	14	3.91	6	1.90			4	4.04
辽　宁	20	35.90	7	30.10	1	0.05				
吉　林	57	7.91	22	2.80	5	0.50				
黑龙江										
上　海	1666	666.83	488	76.12	255	66.25	192	5.67	78	1.53
江　苏	174	123.93	9	2.72	1	0.10	1	0.20		
浙　江	43	138.67	8	2.10			1	0.10		
安　徽	10	3.68			1	0.10				
福　建	13	10.35	4	0.80	2	0.25				
江　西	182	96.22								
山　东	74	21.14	28	4.73	10	1.75	3	0.40		
河　南	11	2.15	1	0.05	2	0.15	3	0.70		
湖　北	26	18.12	11	5.50	4	0.41				
湖　南	133	318.30	64	224.99	41	44.37				
广　东	495	300.73	335	80.80	68	13.91	6	0.61	1	0.10
广　西	78	38.86	1	0.20						
海　南	12	5.90	10	4.30	1	0.10				
重　庆	35	15.06	1	1.00						
四　川	20	11.19	11	8.44	2	0.10				
贵　州	1	0.40	1	0.40						
云　南	13	1.57	1	1.00						
西　藏	41	11.44	1	0.30						
陕　西	24	56.07	1	0.10	1	0.62				
甘　肃	1	0.30								
青　海	3	0.40			3	0.40				
宁　夏										
新　疆	4	1.10	2	0.55	1	0.05				

按内容分类全国各地区录音制品出版品种、数量（续表5）
（CD）

单位：种、万张

	经济		体育		文学		医药卫生		军事		综合	
	种数	出版数量	种数	出版数量	种数	出版数量	种数	出版数量	种数	出版数量	种数	出版数量
全国总计	**12**	**5.54**	**3**	**0.50**	**66**	**6.23**	**2**	**0.55**			**51**	**28.59**
中　　央	**11**	**5.48**			**2**	**0.30**	**1**	**0.30**			**29**	**20.50**
地　　方	**1**	**0.06**	**3**	**0.50**	**64**	**5.93**	**1**	**0.25**			**22**	**8.09**
北　　京											8	2.70
天　　津												
河　　北											1	0.60
山　　西												
内 蒙 古											1	0.60
辽　　宁												
吉　　林											1	0.20
黑 龙 江												
上　　海			3	0.50	58	1.83	1	0.25			7	2.64
江　　苏												
浙　　江												
安　　徽											1	0.90
福　　建												
江　　西												
山　　东											1	0.20
河　　南											1	0.05
湖　　北											1	0.20
湖　　南												
广　　东					6	4.10						
广　　西	1	0.06										
海　　南												
重　　庆												
四　　川												
贵　　州												
云　　南												
西　　藏												
陕　　西												
甘　　肃												
青　　海												
宁　　夏												
新　　疆												

按内容分类全国各地区录音制品出版品种、数量（续表6）
（CD）

单位：种、万张

	教育		语言		科技		其他		其中：少儿	
	种数	出版数量	种数	出版数量	种数	出版数量	种数	出版数量	种数	出版数量
全国总计	**1782**	**1857.80**	**577**	**1655.94**	**2**	**0.40**	**3**	**4.56**	**467**	**382.61**
中　央	**677**	**832.79**	**276**	**1371.79**	**1**	**0.30**			**78**	**116.84**
地　方	**1105**	**1025.00**	**301**	**284.15**	**1**	**0.10**	**3**	**4.56**	**389**	**265.77**
北　京	17	5.63							14	2.70
天　津	7	2.40								
河　北	5	12.12								
山　西	36	11.50								
内蒙古										
辽　宁	12	5.75								
吉　林	27	3.21	2	1.20					16	1.01
黑龙江										
上　海	338	293.66	242	213.72	1	0.10	3	4.56		
江　苏	147	114.70	3	1.20					36	14.06
浙　江	34	136.47							4	7.60
安　徽	4	1.55	4	1.13					1	1.00
福　建	6	9.20	1	0.10					14	9.60
江　西	176	94.12	6	2.10					177	95.22
山　东	29	13.86							23	13.06
河　南	3	0.60	1	0.60						
湖　北	7	9.62	2	2.00					5	4.50
湖　南	15	47.13	13	1.80					3	26.89
广　东	76	200.41	3	0.80					13	3.80
广　西	73	34.80	2	3.80					42	27.94
海　南										
重　庆	34	14.06								
四　川	7	2.65								
贵　州										
云　南	12	0.57							15	1.69
西　藏	38	10.54							5	1.50
陕　西	1	0.15	21	55.20					21	55.20
甘　肃	1	0.30								
青　海										
宁　夏										
新　疆			1	0.50						

按内容分类全国各地区录音制品出版品种、数量（续表7）
（CD）

单位：种、万张

	引进节目合计		歌曲		乐曲		戏曲		曲艺		教育		语言	
	种数	出版数量	种数	出版数量	种数	出版数量	种数	出版数量	种数	出版数量	种数	出版数量	种数	出版数量
全国总计	**984**	**426.72**	**497**	**260.92**	**123**	**111.43**	**9**	**0.35**	**4**	**0.32**	**55**	**29.19**	**2**	**1.01**
中　央	**137**	**118.71**	**81**	**82.00**	**21**	**11.09**					**31**	**23.12**	**1**	**1.00**
地　方	**847**	**308.01**	**416**	**178.92**	**102**	**100.34**	**9**	**0.35**	**4**	**0.32**	**24**	**6.07**	**1**	**0.01**
北　京	81	78.30	71	67.50	8	10.50	2	0.30						
天　津														
河　北														
山　西														
内蒙古														
辽　宁	3	40.00	3	40.00										
吉　林														
黑龙江														
上　海	635	147.86	271	35.60	52	86.71	7	0.05	4	0.32	13	4.97	1	0.01
江　苏	1	0.10	1	0.10										
浙　江	3	7.80	2	7.40										
安　徽														
福　建	35	1.75			27	1.35					8	0.40		
江　西														
山　东														
河　南	4	1.00	1	1.00										
湖　北														
湖　南	14	1.58			14	1.58								
广　东	48	19.30	45	18.90	1	0.20					2	0.20		
广　西														
海　南														
重　庆														
四　川														
贵　州														
云　南	21	8.72	20	8.22							1	0.50		
西　藏														
陕　西														
甘　肃														
青　海														
宁　夏														
新　疆	2	0.20	2	0.20										

按内容分类全国各地区录音制品出版品种、数量（续表 8）
（CD）

单位：种、万张

	文学		体育		医药卫生		军事	
	种数	出版数量	种数	出版数量	种数	出版数量	种数	出版数量
全国总计	**50**	**1.29**	**2**	**0.80**				
中　　央			**2**	**0.80**				
地　　方	**50**	**1.29**						
北　　京								
天　　津								
河　　北								
山　　西								
内 蒙 古								
辽　　宁								
吉　　林								
黑 龙 江								
上　　海	49	0.89						
江　　苏								
浙　　江	1	0.40						
安　　徽								
福　　建								
江　　西								
山　　东								
河　　南								
湖　　北								
湖　　南								
广　　东								
广　　西								
海　　南								
重　　庆								
四　　川								
贵　　州								
云　　南								
西　　藏								
陕　　西								
甘　　肃								
青　　海								
宁　　夏								
新　　疆								

按内容分类全国各地区录音制品出版品种、数量（续表9）
（CD）

单位：种、万张

	经济		科技		综合		其他		对外合作	
	种数	出版数量	种数	出版数量	种数	出版数量	种数	出版数量	种数	出版数量
全国总计					**1**	**0.70**			**1**	**0.30**
中　央					**1**	**0.70**			**1**	**0.30**
地　方										
北　京										
天　津										
河　北										
山　西										
内蒙古										
辽　宁										
吉　林										
黑龙江										
上　海										
江　苏										
浙　江										
安　徽										
福　建										
江　西										
山　东										
河　南										
湖　北										
湖　南										
广　东										
广　西										
海　南										
重　庆										
四　川										
贵　州										
云　南										
西　藏										
陕　西										
甘　肃										
青　海										
宁　夏										
新　疆										

按内容分类全国各地区录音制品出版品种、数量（续表10）
（DVD－A及其他）

单位：种、万张

	自编节目合计		歌曲		乐曲		戏曲		曲艺	
	种数	出版数量	种数	出版数量	种数	出版数量	种数	出版数量	种数	出版数量
全国总计	**1681**	**1488.99**	**145**	**70.60**	**31**	**25.46**	**9**	**1.32**	**2**	**0.60**
中　　央	**1027**	**737.28**	**97**	**4.51**	**7**	**19.02**			**1**	**0.40**
地　　方	**654**	**751.71**	**48**	**66.09**	**24**	**6.44**	**9**	**1.32**	**1**	**0.20**
北　　京	31	89.06								
天　　津	11	2.62					1	0.20	1	0.20
河　　北										
山　　西										
内 蒙 古	1	0.10	1	0.10						
辽　　宁	57	44.08								
吉　　林	21	0.11	20	0.10						
黑 龙 江										
上　　海	380	482.56	16	0.97	13	1.90	3	0.12		
江　　苏	16	4.85								
浙　　江										
安　　徽	13	0.94								
福　　建										
江　　西	14	1.40					2	0.20		
山　　东										
河　　南										
湖　　北										
湖　　南	18	82.12	9	64.22	5	4.44				
广　　东	7	13.19	1	0.10			3	0.80		
广　　西										
海　　南	2	4.20	1	0.60						
重　　庆	23	11.21								
四　　川	15	0.15								
贵　　州										
云　　南	3	5.22								
西　　藏	1	0.20								
陕　　西	35	9.60								
甘　　肃	6	0.10			6	0.10				
青　　海										
宁　　夏										
新　　疆										

按内容分类全国各地区录音制品出版品种、数量（续表11）
（DVD－A及其他）

单位：种、万张

	经济		体育		文学		医药卫生		军事		综合	
	种数	出版数量	种数	出版数量	种数	出版数量	种数	出版数量	种数	出版数量	种数	出版数量
全国总计							**1**	**0.05**			**14**	**86.30**
中　　央							**1**	**0.05**				
地　　方											**14**	**86.30**
北　　京											10	77.25
天　　津												
河　　北												
山　　西												
内 蒙 古												
辽　　宁												
吉　　林												
黑 龙 江												
上　　海											1	0.23
江　　苏												
浙　　江												
安　　徽												
福　　建												
江　　西												
山　　东												
河　　南												
湖　　北												
湖　　南												
广　　东												
广　　西												
海　　南											1	3.60
重　　庆												
四　　川												
贵　　州												
云　　南											2	5.22
西　　藏												
陕　　西												
甘　　肃												
青　　海												
宁　　夏												
新　　疆												

按内容分类全国各地区录音制品出版品种、数量（续表12）
（DVD－A及其他）

单位：种、万张

	教育		语言		科技		其他		其中：少儿	
	种数	出版数量	种数	出版数量	种数	出版数量	种数	出版数量	种数	出版数量
全国总计	**546**	**538.95**	**938**	**754.75**	**1**	**0.11**			**45**	**16.75**
中　　央	**151**	**76.49**	**766**	**625.54**					**28**	**5.99**
地　　方	**395**	**462.46**	**172**	**129.21**	**1**	**0.11**			**17**	**10.76**
北　　京	2	0.30	8	11.40	1	0.11			2	4.00
天　　津	9	2.22							1	0.30
河　　北										
山　　西										
内 蒙 古										
辽　　宁	1	0.10	56	43.98						
吉　　林			1	0.01					1	0.10
黑 龙 江										
上　　海	289	415.70	79	63.65						
江　　苏	16	4.85							2	0.70
浙　　江										
安　　徽	12	0.79	1	0.15					1	0.56
福　　建										
江　　西	12	1.20							3	1.20
山　　东										
河　　南										
湖　　北		0.40								
湖　　南	2	10.45	2	3.02						
广　　东	3	12.29							1	0.50
广　　西										
海　　南										
重　　庆	23	11.21							1	0.10
四　　川	15	0.15								
贵　　州										
云　　南										
西　　藏	1	0.20							1	0.20
陕　　西	10	2.60	25	7.00					4	3.10
甘　　肃										
青　　海										
宁　　夏										
新　　疆										

按内容分类全国各地区录音制品出版品种、数量（续表13）
（DVD－A 及其他）

单位：种、万张

	引进节目合计		歌曲		乐曲		教育		语言	
	种数	出版数量	种数	出版数量	种数	出版数量	种数	出版数量	种数	出版数量
全国总计	**23**	**115.70**	**5**	**0.38**			**5**	**107.40**	**12**	**7.71**
中　　央	**11**	**4.01**					**1**	**0.50**	**10**	**3.51**
地　　方	**12**	**111.69**	**5**	**0.38**			**4**	**106.90**	**2**	**4.20**
北　　京										
天　　津										
河　　北										
山　　西										
内 蒙 古										
辽　　宁										
吉　　林	2	0.31					1	0.10		
黑 龙 江										
上　　海	9	4.80	5	0.38			2	0.22	2	4.20
江　　苏										
浙　　江										
安　　徽										
福　　建										
江　　西										
山　　东										
河　　南										
湖　　北										
湖　　南	1	106.58					1	106.58		
广　　东										
广　　西										
海　　南										
重　　庆										
四　　川										
贵　　州										
云　　南										
西　　藏										
陕　　西										
甘　　肃										
青　　海										
宁　　夏										
新　　疆										

按内容分类全国各地区录音制品出版品种、数量（续表14）
（DVD－A及其他）

单位：种、万张

	文学		医药卫生		军事		综合		其他	
	种数	出版数量	种数	出版数量	种数	出版数量	种数	出版数量	种数	出版数量
全国总计							**1**	**0.21**		
中　央										
地　方							**1**	**0.21**		
北　京										
天　津										
河　北										
山　西										
内蒙古										
辽　宁										
吉　林							1	0.21		
黑龙江										
上　海										
江　苏										
浙　江										
安　徽										
福　建										
江　西										
山　东										
河　南										
湖　北										
湖　南										
广　东										
广　西										
海　南										
重　庆										
四　川										
贵　州										
云　南										
西　藏										
陕　西										
甘　肃										
青　海										
宁　夏										
新　疆										

按载体形式分类全国各地区录像制品出版品种、数量及发行数量

单位：种、万盒（张）

	录像制品合计					激光数码视盘（VCD）			
	合计		其中：新版		发行数量	合计		其中：新版	
	种数	数量	种数	数量		种数	数量	种数	数量
全国总计	**5850**	**10453.84**	**3976**	**8047.28**	**7937.47**	**1066**	**1838.96**	**433**	**895.19**
中　央	**2361**	**3857.96**	**1408**	**1827.58**	**4206.07**	**523**	**1456.70**	**134**	**650.18**
地　方	**3489**	**6595.88**	**2568**	**6219.70**	**3731.40**	**543**	**382.26**	**299**	**245.01**
北　京	54	286.96	50	279.00	29.90				
天　津	2	0.40	2	0.40	0.60				
河　北	61	34.98	61	34.98	7.62	10	6.40	10	6.40
山　西	44	7.88	26	4.20	51.09	3	0.29		
内蒙古	54	14.97	54	14.97	8.00				
辽　宁	158	4293.55	158	4293.55	1680.53	36	19.79	36	19.79
吉　林	93	54.10	90	52.80	39.00	73	27.80	72	27.60
黑龙江	7	1.45	7	1.45	1.45				
上　海	729	327.01	268	167.29	316.47	163	110.40	7	7.08
江　苏	167	96.95	113	70.08	66.90	32	15.97	6	9.32
浙　江	162	123.40	103	98.30	35.50	48	25.82	11	3.40
安　徽	55	12.92	55	12.92	17.25	7	0.70	7	0.70
福　建	35	29.65	23	12.65	212.14				
江　西	77	52.26	68	45.50	211.00	23	32.40	23	32.40
山　东	259	175.37	259	175.37	63.54	30	33.85	30	33.85
河　南	107	110.90	91	66.20	183.10	5	0.60		
湖　北	93	52.98	93	52.98	121.90	42	24.81	42	24.81
湖　南	265	126.57	248	111.89	82.06	1	0.50	1	0.50
广　东	637	563.59	400	508.64	246.49	12	42.90	12	42.90
广　西	58	52.32	55	45.79	57.14	14	22.86	14	22.86
海　南	4	4.40	4	4.40	4.70				
重　庆	16	2.50	2	0.57	43.16	10	0.72		
四　川	54	47.85	47	47.25	76.72	5	0.70	4	0.55
贵　州					0.20				
云　南	131	57.80	129	57.35	89.42	24	12.90	22	12.45
西　藏	63	23.66	63	23.66	4.16				
陕　西	54	24.23	50	21.48	35.31	5	2.85	2	0.40
甘　肃	12	2.35	12	2.35	2.80				
青　海	12	6.70	11	5.50	16.11				
宁　夏									
新　疆	26	8.18	26	8.18	27.14				

按载体形式分类全国各地区录像制品出版品种、数量及发行数量（续表）

单位：种、万盒（张）

	高密度激视盘（DVD－V）				录像带（VT）及其他			
	合计		其中：新版		合计		其中：新版	
	种数	数量	种数	数量	种数	数量	种数	数量
全国总计	**4654**	**8548.90**	**3417**	**7087.41**	**130**	**65.98**	**126**	**64.68**
中　　央	**1745**	**2382.79**	**1183**	**1159.13**	**93**	**18.47**	**91**	**18.27**
地　　方	**2909**	**6166.11**	**2234**	**5928.28**	**37**	**47.51**	**35**	**46.41**
北　　京	54	286.96	50	279.00				
天　　津	2	0.40	2	0.40				
河　　北	51	28.58	51	28.58				
山　　西	41	7.59	26	4.20				
内 蒙 古	54	14.97	54	14.97				
辽　　宁	116	4238.54	116	4238.54	6	35.22	6	35.22
吉　　林	20	26.30	18	25.20				
黑 龙 江					7	1.45	7	1.45
上　　海	559	216.21	254	159.81	7	0.40	7	0.40
江　　苏	135	80.98	107	60.76				
浙　　江	114	97.58	92	94.90				
安　　徽	47	12.12	47	12.12	1	0.10	1	0.10
福　　建	35	29.65	23	12.65				
江　　西	53	19.76	44	13.00	1	0.10	1	0.10
山　　东	229	141.52	229	141.52				
河　　南	102	110.30	91	66.20				
湖　　北	51	28.17	51	28.17				
湖　　南	264	126.07	247	111.39				
广　　东	623	515.51	386	460.56	2	5.18	2	5.18
广　　西	43	29.36	40	22.83	1	0.10	1	0.10
海　　南	4	4.40	4	4.40				
重　　庆	3	0.12	1	0.01	3	1.66	1	0.56
四　　川	47	46.95	41	46.50	2	0.20	2	0.20
贵　　州								
云　　南	107	44.90	107	44.90				
西　　藏	63	23.66	63	23.66				
陕　　西	49	21.38	48	21.08				
甘　　肃	11	2.25	11	2.25	1	0.10	1	0.10
青　　海	12	6.70	11	5.50				
宁　　夏								
新　　疆	20	5.18	20	5.18	6	3.00	6	3.00

按内容分类全国录像制品出版品种、数量

单位：种、万盒（张）

	VT				DVD－V			
	合计		其中：新版		合计		其中：新版	
	种数	数量	种数	数量	种数	数量	种数	数量
全国总计	**2**	**0.38**	**2**	**0.38**	**4654**	**8548.90**	**3417**	**7087.41**
其中：少儿	1	0.10	1	0.10	486	440.40	346	368.48
一、自编节目	**2**	**0.38**	**2**	**0.38**	**3911**	**8244.71**	**3068**	**6886.89**
故事片					107	70.49	103	57.38
电视剧					256	4899.99	342	4892.99
戏曲片					235	51.11	229	50.70
风光片					34	27.96	33	26.96
卡通片					110	158.91	75	139.61
音乐舞蹈					226	68.03	148	37.66
卡拉 OK					20	5.00	20	5.00
MTV					58	24.08	56	22.28
社会科学					167	137.67	149	122.82
教育	2	0.38	2	0.38	1401	1954.21	1004	934.54
语言					135	45.27	97	23.53
科技					31	35.54	25	7.68
经济					28	45.93	23	32.63
体育					57	25.86	45	17.43
文学					4	0.50	4	0.50
医药卫生					187	126.57	140	35.87
农业科学					126	33.32	85	24.77
工业技术					14	5.17	14	5.17
交通					2	1.20	2	1.20
航空								
军事					3	0.25	2	0.25
综合					174	114.66	168	108.93
其他					361	328.65	293	273.68
二、引进节目					**742**	**304.16**	**348**	**200.49**
故事片					241	55.76	131	33.18
电视剧					5	0.90	3	0.60
戏曲片					56	1.10	2	0.20
风光片					39	4.95	7	1.75
卡通片					159	63.87	50	25.59
音乐舞蹈					39	29.20	19	22.55
卡拉 OK								
MTV					58	24.15	57	23.95
社会科学					9	4.80	9	4.80
教育					38	24.51	21	16.93
语言					8	12.99		
科技					1	1.50	1	1.50
经济								
体育					29	37.78	25	27.50
文学								
医药卫生					1	1.00	1	1.00
农业科学					1	0.10	1	0.10
工业技术								
交通								
航空								
军事								
综合					54	36.81	17	36.11
其他					4	4.73	4	4.73
三、对外合作					**1**	**0.03**	**1**	**0.03**

按内容分类全国录像制品出版品种、数量（续表）

单位：种、万盒（张）

	VCD				其他			
	合计		其中：新版		合计		其中：新版	
	种数	数量	种数	数量	种数	数量	种数	数量
全国总计	**1066**	**1838.96**	**433**	**895.19**	**128**	**65.60**	**124**	**64.30**
其中：少儿	163	713.35	152	683.70	5	0.46	5	0.46
一、自编节目	**945**	**1763.91**	**402**	**842.14**	**58**	**55.86**	**63**	**54.56**
故事片	4	4.80	4	4.80				
电视剧	1	1.20	1	1.20	3	39.80	3	39.80
戏曲片	21	24.96	21	24.96	1	0.10	1	0.10
风光片	1	0.47	1	0.47				
卡通片	7	5.91	4	5.85				
音乐舞蹈	43	4.00	8	2.85				
卡拉 OK	9	9.00	9	9.00				
MTV					1	0.05	1	0.05
社会科学	3	0.01	3	0.01	1	0.40		
教育	615	1608.14	230	719.75	33	9.34	31	8.64
语言	26	13.22	11	5.00	2	0.40	1	0.10
科技	2	0.11	1	0.10				
经济	4	10.01						
体育	3	1.30	3	1.30				
文学								
医药卫生	26	12.60	22	8.80	1	0.10	1	0.10
农业科学	100	22.85	14	1.04	1	2.00	1	2.00
工业技术	3	1.30	3	1.30				
交通								
航空								
军事								
综合	60	26.61	57	26.60				
其他	15	4.04	7	2.00	13	3.67	13	3.67
二、引进节目	**121**	**75.05**	**31**	**53.05**	**70**	**9.74**	**70**	**9.74**
故事片					60	7.94	61	7.94
电视剧					1	0.30	1	0.30
戏曲片	3	2.40	3	2.40				
风光片					4	1.00	4	1.00
卡通片	3	32.50	3	32.50				
音乐舞蹈	89	19.80			1	0.10	1	0.10
卡拉 OK								
MTV	4	4.10	4	4.10				
社会科学								
教育	22	16.25	21	14.05	4	0.40	4	0.40
语言								
科技								
经济								
体育								
文学								
医药卫生								
农业科学								
工业技术								
交通								
航空								
军事								
综合								
其他								
三、对外合作								

按内容分类全国各地区录像制品出版品种、数量
（VT及其他）

单位：种、万盒

	自编节目合计		故事片		电视剧		音乐舞蹈		卡拉OK. MTV	
	种数	出版数量	种数	出版数量	种数	出版数量	种数	出版数量	种数	出版数量
全国总计	**60**	**56.24**			**3**	**39.80**			**1**	**0.05**
中　央	**30**	**9.13**							**1**	**0.05**
地　方	**30**	**47.11**			**3**	**39.80**				
北　京										
天　津										
河　北										
山　西										
内蒙古										
辽　宁	6	35.22			2	35.00				
吉　林										
黑龙江	7	1.45								
上　海										
江　苏										
浙　江										
安　徽	1	0.10								
福　建										
江　西	1	0.10								
山　东										
河　南										
湖　北										
湖　南										
广　东	2	5.18			1	4.80				
广　西	1	0.10								
海　南										
重　庆	3	1.66								
四　川	2	0.20								
贵　州										
云　南										
西　藏										
陕　西										
甘　肃	1	0.10								
青　海										
宁　夏										
新　疆	6	3.00								

按内容分类全国各地区录像制品出版品种、数量（续表1）
（VT 及其他）

单位：种、万盒

	科技		经济		体育		文学		医药卫生	
	种数	出版数量	种数	出版数量	种数	出版数量	种数	出版数量	种数	出版数量
全国总计									**1**	**0.10**
中　　央										
地　　方									**1**	**0.10**
北　　京										
天　　津										
河　　北										
山　　西										
内 蒙 古										
辽　　宁									1	0.10
吉　　林										
黑 龙 江										
上　　海										
江　　苏										
浙　　江										
安　　徽										
福　　建										
江　　西										
山　　东										
河　　南										
湖　　北										
湖　　南										
广　　东										
广　　西										
海　　南										
重　　庆										
四　　川										
贵　　州										
云　　南										
西　　藏										
陕　　西										
甘　　肃										
青　　海										
宁　　夏										
新　　疆										

按内容分类全国各地区录像制品出版品种、数量（续表2）
（VT及其他）

单位：种、万盒

	农业科学		戏曲片		风光片		卡通片	
	种数	出版数量	种数	出版数量	种数	出版数量	种数	出版数量
全国总计	**1**	**2.00**	**1**	**0.10**				
中　　央	**1**	**2.00**						
地　　方			**1**	**0.10**				
北　　京								
天　　津								
河　　北								
山　　西								
内 蒙 古								
辽　　宁								
吉　　林								
黑 龙 江								
上　　海								
江　　苏								
浙　　江								
安　　徽								
福　　建								
江　　西			1	0.10				
山　　东								
河　　南								
湖　　北								
湖　　南								
广　　东								
广　　西								
海　　南								
重　　庆								
四　　川								
贵　　州								
云　　南								
西　　藏								
陕　　西								
甘　　肃								
青　　海								
宁　　夏								
新　　疆								

按内容分类全国各地区录像制品出版品种、数量（续表3）
（VT及其他）

单位：种、万盒

	社会科学		教育		语言		其他		其中：少儿	
	种数	出版数量	种数	出版数量	种数	出版数量	种数	出版数量	种数	出版数量
全国总计	**1**	**0.40**	**35**	**9.72**	**2**	**0.40**	**13**	**3.67**	**6**	**0.56**
中　　央	**1**	**0.40**	**20**	**6.01**	**1**	**0.30**	**5**	**0.37**	**4**	**0.40**
地　　方			**15**	**3.71**	**1**	**0.10**	**8**	**3.30**	**2**	**0.16**
北　　京										
天　　津										
河　　北										
山　　西										
内 蒙 古										
辽　　宁			3	0.12						
吉　　林										
黑 龙 江			7	1.45						
上　　海										
江　　苏										
浙　　江										
安　　徽			1	0.10					1	0.10
福　　建										
江　　西										
山　　东										
河　　南										
湖　　北										
湖　　南										
广　　东			1	0.38						
广　　西							1	0.10		
海　　南										
重　　庆			3	1.66					1	0.06
四　　川							1	0.20		
贵　　州										
云　　南										
西　　藏										
陕　　西										
甘　　肃					1	0.10				
青　　海										
宁　　夏										
新　　疆							6	3.00		

按内容分类全国各地区录像制品出版品种、数量（续表4）
（VT及其他）

单位：种、万盒

	引进节目合计		故事片		教育		卡拉OK		卡通片		MTV	
	种数	出版数量	种数	出版数量	种数	出版数量	种数	出版数量	种数	出版数量	种数	出版数量
全国总计	**70**	**9.74**	**60**	**7.94**	**4**	**0.40**						
中　央	**63**	**9.34**	**53**	**7.54**	**4**	**0.40**						
地　方	**7**	**0.40**	**7**	**0.40**								
北　京												
天　津												
河　北												
山　西												
内蒙古												
辽　宁												
吉　林												
黑龙江												
上　海	7	0.40	7	0.40								
江　苏												
浙　江												
安　徽												
福　建												
江　西												
山　东												
河　南												
湖　北												
湖　南												
广　东												
广　西												
海　南												
重　庆												
四　川												
贵　州												
云　南												
西　藏												
陕　西												
甘　肃												
青　海												
宁　夏												
新　疆												

按内容分类全国各地区录像制品出版品种、数量（续表5）
（VT及其他）

单位：种、万盒

	电视剧		戏曲片		风光片		音乐舞蹈		其他		对外合作	
	种数	出版数量	种数	出版数量	种数	出版数量	种数	出版数量	种数	出版数量	种数	出版数量
全国总计	**1**	**0.30**			**4**	**1.00**	**1**	**0.10**				
中　　央	**1**	**0.30**			**4**	**1.00**	**1**	**0.10**				
地　　方												
北　　京												
天　　津												
河　　北												
山　　西												
内 蒙 古												
辽　　宁												
吉　　林												
黑 龙 江												
上　　海												
江　　苏												
浙　　江												
安　　徽												
福　　建												
江　　西												
山　　东												
河　　南												
湖　　北												
湖　　南												
广　　东												
广　　西												
海　　南												
重　　庆												
四　　川												
贵　　州												
云　　南												
西　　藏												
陕　　西												
甘　　肃												
青　　海												
宁　　夏												
新　　疆												

按内容分类全国各地区录像制品出版品种、数量（续表6）
（DVD－V）

单位：种、万张

	自编节目合计		故事片		电视剧		戏曲片		音乐舞蹈		卡拉 OK. MTV	
	种数	出版数量	种数	出版数量	种数	出版数量	种数	出版数量	种数	出版数量	种数	出版数量
全国总计	**3911**	**8244.71**	**107**	**70.49**	**256**	**4899.99**	**235**	**51.11**	**226**	**68.03**	**78**	**29.08**
中　　央	**1672**	**2317.13**	**43**	**34.12**	**19**	**86.20**	**11**	**6.13**	**59**	**13.24**	**7**	**3.62**
地　　方	**2239**	**5927.58**	**64**	**36.37**	**237**	**4813.79**	**224**	**44.98**	**167**	**54.79**	**71**	**25.46**
北　　京	49	280.58			8	186.80	2	0.21	2	0.40		
天　　津	2	0.40							1	0.10		
河　　北	51	28.58	2	10.00					1	0.20		
山　　西	41	7.59	1	0.30								
内 蒙 古	54	14.97									1	1.00
辽　　宁	116	4238.54			83	4225.00			2	0.40		
吉　　林	18	6.30							5	0.90		
黑 龙 江												
上　　海	376	171.94	42	11.37			26	4.12	84	30.40		
江　　苏	129	78.68	1	0.10			8	1.00	2	0.20		
浙　　江	103	81.58					17	7.90	2	0.20	1	1.15
安　　徽	47	12.12					1	0.15				
福　　建	23	12.65	2	0.20			1	0.05	1	0.10	3	0.45
江　　西	53	19.76	1	0.80			5	0.50				
山　　东	226	140.36	1	0.25	58	96.90	16	2.25	6	1.15		
河　　南	101	109.30	3	2.90			12	5.55	4	0.23		
湖　　北	51	28.17							2	1.80		
湖　　南	264	126.07	1	0.25	18	33.49	111	11.43	14	11.36		
广　　东	260	418.79	5	6.60	68	268.10	15	3.00	27	4.80	35	9.50
广　　西	43	29.36	1	0.51			3	8.40				
海　　南	4	4.40									1	0.20
重　　庆	3	0.12										
四　　川	46	46.75							7	1.55	2	0.40
贵　　州												
云　　南	32	12.15	1	0.03							18	9.00
西　　藏	63	23.66			1	2.70	1	0.31	1	0.20	2	0.91
陕　　西	49	21.38	1	2.46					4	0.75	1	0.20
甘　　肃	11	2.25	1	0.10			1	0.10			1	0.20
青　　海	12	6.70			1	0.80					5	2.30
宁　　夏												
新　　疆	15	4.43	1	0.50					1	0.05	1	0.15

按内容分类全国各地区录像制品出版品种、数量（续表7）
（DVD－V）

单位：种、万张

	科技		经济		体育		文学	
	种数	出版数量	种数	出版数量	种数	出版数量	种数	出版数量
全国总计	**31**	**35.54**	**28**	**45.93**	**57**	**25.86**	**4**	**0.50**
中　央	**20**	**7.29**	**25**	**28.15**	**40**	**21.48**	**3**	**0.40**
地　方	**11**	**28.25**	**3**	**17.78**	**17**	**4.38**	**1**	**0.10**
北　京			1	1.50				
天　津								
河　北								
山　西	3	0.60						
内蒙古							1	0.10
辽　宁	1	0.10			3	0.90		
吉　林			1	0.20				
黑龙江								
上　海			1	16.08	4	1.98		
江　苏								
浙　江								
安　徽								
福　建								
江　西								
山　东								
河　南	4	27.00			4	0.60		
湖　北								
湖　南								
广　东					5	0.80		
广　西	1	0.20						
海　南								
重　庆								
四　川	2	0.35						
贵　州								
云　南								
西　藏								
陕　西					1	0.11		
甘　肃								
青　海								
宁　夏								
新　疆								

按内容分类全国各地区录像制品出版品种、数量（续表8）
（DVD－V）

单位：种、万张

	医药卫生		农业科学		风光片		卡通片	
	种数	出版数量	种数	出版数量	种数	出版数量	种数	出版数量
全国总计	**187**	**126.57**	**126**	**33.32**	**34**	**27.96**	**110**	**158.91**
中　央	**152**	**110.22**	**82**	**27.85**	**4**	**1.02**	**40**	**89.80**
地　方	**35**	**16.35**	**44**	**5.47**	**30**	**26.94**	**70**	**69.11**
北　京								
天　津								
河　北							2	1.40
山　西	1	0.40	1	0.20				
内蒙古							1	10.00
辽　宁	1	2.00			1	0.10	1	0.50
吉　林					2	1.10		
黑龙江								
上　海	15	10.85			10	17.36	30	0.24
江　苏					3	0.40		
浙　江	9	0.90	18	2.30	1	0.20	3	2.80
安　徽							1	5.60
福　建							2	6.23
江　西	1	0.70	15	1.50			8	0.80
山　东	4	0.90	3	0.35			5	0.95
河　南					1	0.30	2	4.40
湖　北								
湖　南	2	0.40			2	0.30	2	1.62
广　东	1	0.10	1	0.10	7	4.68	11	29.20
广　西							1	5.06
海　南			2	0.60				
重　庆								
四　川			1	0.10	1	1.50		
贵　州								
云　南			3	0.32				
西　藏							1	0.31
陕　西					2	1.00		
甘　肃								
青　海								
宁　夏								
新　疆	1	0.10						

按内容分类全国各地区录像制品出版品种、数量（续表9）（DVD－V）

单位：种、万张

	社会科学		教育		医药卫生		语言		其他		其中：少儿	
	种数	出版数量	种数	出版数量	种数	出版数量	种数	出版数量	种数	出版数量	种数	出版数量
全国总计	**167**	**137.67**	**1401**	**1954.21**	**187**	**126.57**	**135**	**45.27**	**361**	**328.65**	**486**	**440.40**
中　央	**120**	**87.83**	**746**	**1452.01**	**152**	**110.22**	**64**	**34.02**	**158**	**238.74**	**84**	**203.92**
地　方	**47**	**49.84**	**655**	**502.20**	**35**	**16.35**	**71**	**11.25**	**203**	**89.91**	**402**	**236.48**
北　京	7	38.20	24	48.52					5	2.85	4	13.62
天　津												
河　北	3	3.00	6	9.80					36	3.41	2	1.40
山　西			33	5.69	1	0.40						
内蒙古									42	2.26	1	10.00
辽　宁			9	4.35	1	2.00			3	1.00	3	2.50
吉　林			6	2.50					4	1.60	3	2.40
黑龙江												
上　海			122	65.47	15	10.85	3	0.57	11	1.80	16	4.81
江　苏	3	0.90	68	26.27					6	3.90	37	10.72
浙　江	1	0.10	42	65.03	9	0.90	2	0.20	2	0.30	4	4.00
安　徽	3	0.75	30	3.22			11	2.10			26	9.71
福　建	6	1.37	6	3.40					1	0.80	19	26.45
江　西			14	8.86	1	0.70			1	5.40	18	8.16
山　东	5	1.60	37	8.90	4	0.90			11	1.35	28	6.86
河　南	4	0.90	61	64.02			1	0.10				
湖　北	1	0.10	46	24.17					1	1.20	42	18.96
湖　南	1	0.15	56	49.52	2	0.40	40	4.00	3	2.43	4	1.94
广　东	5	1.60	44	51.41	1	0.10	1	0.10	31	37.98	161	96.20
广　西			23	8.15			5	1.08	9	5.97	8	4.19
海　南												
重　庆			3	0.12								
四　川	5	0.45	20	39.70					2	2.70		
贵　州												
云　南			1	0.50					7	1.61	3	2.30
西　藏	3	0.72	11	3.61								
陕　西			19	8.34			8	3.10	9	4.92	22	12.21
甘　肃			4	0.65					2	1.20		
青　海									6	3.60		
宁　夏												
新　疆					1	0.10			11	3.63	1	0.05

按内容分类全国各地区录像制品出版品种、数量（续表10）
（DVD－V）

单位：种、万张

	引进节目合计		故事片		卡通片		教育		航空		军事	
	种数	出版数量	种数	出版数量	种数	出版数量	种数	出版数量	种数	出版数量	种数	出版数量
全国总计	**742**	**304.16**	**241**	**55.76**	**159**	**63.87**	**38**	**24.51**				
中　央	**72**	**65.14**	**24**	**13.10**	**7**	**2.70**	**10**	**6.27**				
地　方	**670**	**239.02**	**217**	**42.66**	**152**	**61.17**	**28**	**18.25**				
北　京	5	6.38										
天　津												
河　北												
山　西												
内蒙古												
辽　宁												
吉　林	2	20.00										
黑龙江												
上　海	186	44.76	34	2.01			16	10.13				
江　苏	6	2.30	2	0.30			1	0.20				
浙　江	11	16.00										
安　徽												
福　建	12	17.00	1	0.50	11	16.50						
江　西												
山　东	3	1.16			1	0.44	1	0.52				
河　南	1	1.00										
湖　北												
湖　南												
广　东	363	96.72	173	38.15	140	44.23	7	6.30				
广　西												
海　南												
重　庆												
四　川	1	0.20										
贵　州												
云　南	75	32.75	7	1.70			2	0.60				
西　藏												
陕　西												
甘　肃												
青　海												
宁　夏												
新　疆	5	0.75					1	0.50				

按内容分类全国各地区录像制品出版品种、数量（续表11）
（DVD－V）

单位：种、万张

	电视剧		戏曲片		风光片		音乐舞蹈		卡拉 OK		MTV	
	种数	出版数量	种数	出版数量	种数	出版数量	种数	出版数量	种数	出版数量	种数	出版数量
全国总计	**5**	**0.90**	**56**	**1.10**	**39**	**4.95**	**39**	**29.20**			**58**	**24.15**
中　　央							**6**	**10.00**			**1**	**0.20**
地　　方	**5**	**0.90**	**56**	**1.10**	**39**	**4.95**	**33**	**19.20**			**57**	**23.95**
北　　京			1	0.20							1	1.50
天　　津												
河　　北												
山　　西												
内 蒙 古												
辽　　宁												
吉　　林												
黑 龙 江												
上　　海			55	0.90	3		22	7.75				
江　　苏												
浙　　江					1	0.20	3	4.80			1	0.10
安　　徽												
福　　建												
江　　西												
山　　东												
河　　南							1	1.00				
湖　　北												
湖　　南												
广　　东	5	0.90			32	3.55	2	0.70				
广　　西												
海　　南												
重　　庆												
四　　川					1	0.20						
贵　　州												
云　　南					2	1.00	3	4.80			55	22.35
西　　藏												
陕　　西												
甘　　肃												
青　　海												
宁　　夏												
新　　疆							2	0.15				

按内容分类全国各地区录像制品出版品种、数量（续表12）
（DVD－V）

单位：种、万张

	社会科学		语音		科技		经济		体育		文学	
	种数	出版数量	种数	出版数量	种数	出版数量	种数	出版数量	种数	出版数量	种数	出版数量
全国总计	**9**	**4.80**	**8**	**12.99**	**1**	**1.50**			**29**	**37.78**		
中　央			**8**	**12.99**					**9**	**12.28**		
地　方	**9**	**4.80**			**1**	**1.50**			**20**	**25.50**		
北　京												
天　津												
河　北												
山　西												
内蒙古												
辽　宁												
吉　林												
黑龙江												
上　海									14	19.00		
江　苏					1	1.50						
浙　江	3	2.30							2	3.60		
安　徽												
福　建												
江　西												
山　东	1	0.20										
河　南												
湖　北												
湖　南												
广　东									4	2.90		
广　西												
海　南												
重　庆												
四　川												
贵　州												
云　南	5	2.30										
西　藏												
陕　西												
甘　肃												
青　海												
宁　夏												
新　疆												

按内容分类全国各地区录像制品出版品种、数量（续表13）
（DVD－V）

单位：种、万张

	医药卫生		农业科学		工业技术		交通		综合		其他		对外合作	
	种数	出版数量	种数	出版数量	种数	出版数量	种数	出版数量	种数	出版数量	种数	出版数量	种数	出版数量
全国总计	**1**	**1.00**	**1**	**0.10**					**54**	**36.81**	**4**	**4.73**	**1**	**0.03**
中　　央			**1**	**0.10**					**6**	**7.50**			**1**	**0.03**
地　　方	**1**	**1.00**							**48**	**29.31**	**4**	**4.73**		
北　　京											3	4.68		
天　　津														
河　　北														
山　　西														
内 蒙 古														
辽　　宁														
吉　　林									2	20.00				
黑 龙 江														
上　　海	1	1.00							42	3.96				
江　　苏									2	0.30				
浙　　江									1	5.00				
安　　徽														
福　　建														
江　　西														
山　　东														
河　　南														
湖　　北														
湖　　南														
广　　东														
广　　西														
海　　南														
重　　庆														
四　　川														
贵　　州														
云　　南														
西　　藏														
陕　　西														
甘　　肃														
青　　海														
宁　　夏														
新　　疆									1	0.05	1	0.05		

按内容分类全国各地区录像制品出版品种、数量（续表14）
（VCD）

单位：种、万张

	自编节目合计		故事片		电视剧		音乐舞蹈		卡拉OK. MTV	
	种数	出版数量	种数	出版数量	种数	出版数量	种数	出版数量	种数	出版数量
全国总计	**945**	**1763.91**	**4**	**4.80**	**1**	**1.20**	**43**	**4.00**	**9**	**9.00**
中　　央	**519**	**1448.80**	**1**	**0.30**					**9**	**9.00**
地　　方	**426**	**315.11**	**3**	**4.50**	**1**	**1.20**	**43**	**4.00**		
北　　京										
天　　津										
河　　北	10	6.40								
山　　西	3	0.29								
内 蒙 古										
辽　　宁	36	19.79								
吉　　林	73	27.80					1	0.20		
黑 龙 江										
上　　海	74	90.60					4	0.95		
江　　苏	32	15.97								
浙　　江	45	23.42								
安　　徽	7	0.70								
福　　建										
江　　西	23	32.40								
山　　东	30	33.85			1	1.20				
河　　南	5	0.60								
湖　　北	42	24.81					2	1.20		
湖　　南	1	0.50	1	0.50						
广　　东	9	10.40	2	4.00			1	1.00		
广　　西	14	22.86								
海　　南										
重　　庆	10	0.72								
四　　川	5	0.70					4	0.55		
贵　　州										
云　　南	2	0.45								
西　　藏										
陕　　西	5	2.85					1	0.10		
甘　　肃										
青　　海										
宁　　夏										
新　　疆										

按内容分类全国各地区录像制品出版品种、数量（续表15）
（VCD）

单位：种、万张

	科技		经济		体育		文学		医药卫生		农业科学		戏曲片		风光片	
	种数	出版数量	种数	出版数量	种数	出版数量	种数	出版数量	种数	出版数量	种数	出版数量	种数	出版数量	种数	出版数量
全国总计	**2**	**0.11**	**4**	**10.01**	**3**	**1.30**			**26**	**12.60**	**100**	**22.85**	**21**	**24.96**	**1**	**0.47**
中　　央	**2**	**0.11**	**4**	**10.01**					**4**	**3.80**	**100**	**22.85**	**1**	**1.50**	**1**	**0.47**
地　　方					**3**	**1.30**			**22**	**8.80**			**20**	**23.46**		
北　　京																
天　　津																
河　　北																
山　　西																
内 蒙 古																
辽　　宁					3	1.30			21	8.60						
吉　　林																
黑 龙 江																
上　　海																
江　　苏																
浙　　江													2	0.40		
安　　徽																
福　　建																
江　　西																
山　　东									1	0.20						
河　　南																
湖　　北																
湖　　南																
广　　东													4	0.20		
广　　西													14	22.86		
海　　南																
重　　庆																
四　　川																
贵　　州																
云　　南																
西　　藏																
陕　　西																
甘　　肃																
青　　海																
宁　　夏																
新　　疆																

按内容分类全国各地区录像制品出版品种、数量（续表 16）
（VCD）

单位：种、万张

	工业技术		交通		航空		军事		综合	
	种数	出版数量	种数	出版数量	种数	出版数量	种数	出版数量	种数	出版数量
全国总计	**3**	**1.30**							**60**	**26.61**
中　　央										
地　　方	**3**	**1.30**							**60**	**26.61**
北　　京										
天　　津										
河　　北										
山　　西										
内 蒙 古										
辽　　宁	3	1.30								
吉　　林									52	25.60
黑 龙 江										
上　　海									3	0.01
江　　苏										
浙　　江										
安　　徽										
福　　建										
江　　西										
山　　东									5	1.00
河　　南										
湖　　北										
湖　　南										
广　　东										
广　　西										
海　　南										
重　　庆										
四　　川										
贵　　州										
云　　南										
西　　藏										
陕　　西										
甘　　肃										
青　　海										
宁　　夏										
新　　疆										

按内容分类全国各地区录像制品出版品种、数量（续表17）
（VCD）

单位：种、万张

	社会科学		教育		语言		其他		其中：少儿	
	种数	出版数量	种数	出版数量	种数	出版数量	种数	出版数量	种数	出版数量
全国总计	**3**	**0.01**	**615**	**1608.14**	**26**	**13.22**	**15**	**4.04**	**163**	**713.35**
中　　央	**3**	**0.01**	**302**	**1380.32**	**12**	**5.62**	**8**	**2.54**	**56**	**599.90**
地　　方			**313**	**227.83**	**14**	**7.60**	**7**	**1.50**	**107**	**113.45**
北　　京										
天　　津										
河　　北			10	6.40						
山　　西			3	0.29						
内 蒙 古										
辽　　宁			9	8.60					9	8.60
吉　　林			20	2.00					1	0.20
黑 龙 江										
上　　海			70	89.65						
江　　苏			30	13.96			1	0.90	1	0.05
浙　　江			37	22.42			6	0.60	6	0.60
安　　徽			7	0.70					7	0.70
福　　建										
江　　西			17	29.40	6	3.00			6	27.90
山　　东			21	31.10					7	1.65
河　　南			5	0.60						
湖　　北			36	21.61	4	2.00			41	24.00
湖　　南										
广　　东									4	37.70
广　　西										
海　　南										
重　　庆			10	0.72						
四　　川					1	0.15				
贵　　州										
云　　南			2	0.45					21	9.30
西　　藏										
陕　　西					3	2.45			4	2.75
甘　　肃										
青　　海										
宁　　夏										
新　　疆										

按内容分类全国各地区录像制品出版品种、数量（续表18）
（VCD）

单位：种、万张

	引进节目合计		故事片		卡通片		教育		卡拉 OK		MTV	
	种数	出版数量	种数	出版数量	种数	出版数量	种数	出版数量	种数	出版数量	种数	出版数量
全国总计	**121**	**75.05**			**3**	**32.50**	**22**	**16.25**			**4**	**4.10**
中　　央	**4**	**7.90**					**4**	**7.90**				
地　　方	**117**	**67.15**			**3**	**32.50**	**18**	**8.35**			**4**	**4.10**
北　　京												
天　　津												
河　　北												
山　　西												
内 蒙 古												
辽　　宁												
吉　　林												
黑 龙 江												
上　　海	89	19.80										
江　　苏												
浙　　江	3	2.40										
安　　徽												
福　　建												
江　　西												
山　　东												
河　　南												
湖　　北												
湖　　南												
广　　东	3	32.50			3	32.50						
广　　西												
海　　南												
重　　庆												
四　　川												
贵　　州												
云　　南	22	12.45					18	8.35			4	4.10
西　　藏												
陕　　西												
甘　　肃												
青　　海												
宁　　夏												
新　　疆												

按内容分类全国各地区录像制品出版品种、数量（续表19）
（VCD）

单位：种、万张

	电视剧		戏曲片		风光片		音乐舞蹈		其它		对外合作	
	种数	出版数量	种数	出版数量	种数	出版数量	种数	出版数量	种数	出版数量	种数	出版数量
全国总计			**3**	**2.40**			**89**	**19.80**				
中　　央												
地　　方			**3**	**2.40**			**89**	**19.80**				
北　　京												
天　　津												
河　　北												
山　　西												
内 蒙 古												
辽　　宁												
吉　　林												
黑 龙 江												
上　　海							89	19.80				
江　　苏												
浙　　江			3	2.40								
安　　徽												
福　　建												
江　　西												
山　　东												
河　　南												
湖　　北												
湖　　南												
广　　东												
广　　西												
海　　南												
重　　庆												
四　　川												
贵　　州												
云　　南												
西　　藏												
陕　　西												
甘　　肃												
青　　海												
宁　　夏												
新　　疆												

全国电子出版物出版品种、数量汇总表

单位：种、万张

	电子出版物					只读光盘（CD－ROM）			
	合计		其中：新版		发行数量	合计		其中：新版	
	种数	数量	种数	数量		种数	数量	种数	数量
全国总计	**11823**	**35048.82**	**7158**	**12687.25**	**31422.94**	**6766**	**30187.53**	**3656**	**9810.93**
中　　央	**7632**	**26588.72**	**4207**	**10100.71**	**21845.45**	**4176**	**23109.85**	**2065**	**8375.57**
地　　方	**4191**	**8460.10**	**2951**	**2586.54**	**9577.49**	**2590**	**7077.68**	**1591**	**1435.36**
北　　京	92	27.92	92	27.92	37.87	27	13.09	27	13.09
天　　津	82	25.50	82	25.50	24.20	21	7.50	21	7.50
河　　北	79	164.48	79	164.48	304.54	50	142.04	50	142.04
山　　西	266	32.33	266	32.33	2.60	49	15.03	49	15.03
内 蒙 古	10	0.95	10	0.95	1.00	9	0.90	9	0.90
辽　　宁	287	365.33	185	126.18	383.76	261	356.75	168	120.41
吉　　林	60	8.40	60	8.40	64.50	9	3.30	9	3.30
黑 龙 江									
上　　海	797	1656.62	358	249.15	1595.67	529	1462.80	191	174.83
江　　苏	458	2812.59	109	199.79	1698.45	361	2734.69	90	194.58
浙　　江	366	839.52	366	839.51	248.90	76	138.20	76	138.20
安　　徽	23	74.30	23	74.30	17.23	13	2.32	13	2.32
福　　建	32	8.05	23	5.32	12.90	32	8.05	23	5.32
江　　西	32	19.14	32	19.14	32.88	15	13.78	15	13.78
山　　东	489	254.62	428	98.82	1411.48	246	194.15	186	48.14
河　　南	91	29.63	91	29.63	68.80	29	9.27	29	9.27
湖　　北	216	489.75	158	303.41	429.77	186	381.91	133	196.93
湖　　南	51	198.70	22	15.51	902.13	47	192.50	19	14.51
广　　东	209	1217.60	110	219.34	1494.30	190	1208.92	99	216.33
广　　西	12	1.21	5	0.53	5.01	5	0.53	5	0.53
海　　南	1	0.20			0.20				
重　　庆	121	116.15	58	85.71	545.18	69	88.15	34	70.19
四　　川	334	96.41	312	40.07	91.83	309	88.48	289	32.99
贵　　州									
云　　南	28	4.54	28	4.54	57.43	10	1.97	10	1.97
西　　藏									
陕　　西	44	14.71	43	14.56	146.28	40	12.90	39	12.75
甘　　肃	3	0.10	3	0.10		3	0.10	3	0.10
青　　海	4	1.00	4	1.00	0.58				
宁　　夏	4	0.35	4	0.35		4	0.35	4	0.35
新　　疆									

全国电子出版物出版品种、数量汇总表（续表）

单位：种、万张

	密度只读光盘（DVD－ROM）				交互式光盘（CD－I）及其他			
	合计		其中：新版		合计		其中：新版	
	种数	数量	种数	数量	种数	数量	种数	数量
全国总计	**3587**	**2637.68**	**2621**	**1771.54**	**1470**	**2223.61**	**881**	**1104.78**
中　央	**2536**	**2013.92**	**1797**	**1377.53**	**920**	**1464.95**	**345**	**347.61**
地　方	**1051**	**623.76**	**824**	**394.01**	**550**	**758.66**	**536**	**757.17**
北　京	46	13.23	46	13.23	19	1.60	19	1.60
天　津	54	15.90	54	15.90	7	2.10	7	2.10
河　北	6	1.10	6	1.10	23	21.34	23	21.34
山　西	217	17.30	217	17.30				
内蒙古	1	0.05	1	0.05				
辽　宁	25	8.48	16	5.67	1	0.10	1	0.10
吉　林	45	4.50	45	4.50	6	0.60	6	0.60
黑龙江								
上　海	160	172.49	72	54.18	108	21.33	95	20.14
江　苏	95	77.60	17	4.90	2	0.30	2	0.30
浙　江	8	1.01	8	1.01	282	700.31	282	700.31
安　徽	10	71.98	10	71.98				
福　建								
江　西	17	5.36	17	5.36				
山　东	152	51.07	151	41.28	91	9.40	91	9.40
河　南	62	20.36	62	20.36				
湖　北	30	107.84	25	106.48				
湖　南	4	6.20	3	1.00				
广　东	18	8.58	10	2.91	1	0.10	1	0.10
广　西	7	0.68						
海　南	1	0.20						
重　庆	52	28.00	24	15.52				
四　川	23	7.62	22	7.07	2	0.31	1	0.01
贵　州								
云　南	10	1.40	10	1.40	8	1.17	8	1.17
西　藏								
陕　西	4	1.81	4	1.81				
甘　肃								
青　海	4	1.00	4	1.00				
宁　夏								
新　疆								

五、出版物发行

全国新华书店系统、出版社自办发行单位出版物发行进、销、存情况

单位：万册（张、份、盒）、万元

	购进		销售		库存	
	数量	金额	数量	金额	数量	金额
全国总计	**1998604**	**24478617**	**1990456**	**24155210**	**663851**	**10101107**
中　央	**243088**	**5206239**	**233630**	**5070072**	**145292**	**4017186**
地　方	**1755516**	**19272378**	**1756826**	**19085138**	**518560**	**6083921**
北　京	14811	406204	14398	374645	8568	256860
天　津	11136	147089	11136	155669	4601	92768
河　北	110572	1006431	104184	1007583	54845	164471
山　西	48788	641449	48470	607284	12587	154644
内蒙古	14601	174366	14047	178765	5712	30153
辽　宁	26777	332142	26874	320064	11862	259822
吉　林	21141	285411	22426	299121	6586	107396
黑龙江	20106	223812	20730	223104	6938	83465
上　海	45112	790641	43619	772411	24844	540158
江　苏	174089	1790383	179705	1773118	59123	731246
浙　江	112414	1507988	114377	1463449	56832	874188
安　徽	103463	1031192	108726	1062675	30401	217303
福　建	33499	362119	33357	357440	8391	88054
江　西	79242	841182	77269	840529	10210	124914
山　东	156984	1528683	147732	1413841	63401	522146
河　南	138140	1130477	140209	1139992	11960	160862
湖　北	74228	835245	72496	825652	15154	207019
湖　南	127629	1588673	129650	1569355	31817	361226
广　东	63832	796499	62536	786615	25846	225331
广　西	66341	515192	65482	511706	4562	53741
海　南	11886	146074	12731	150707	796	17379
重　庆	30007	391232	28767	413462	11415	149298
四　川	68667	703987	68667	703987	15338	227689
贵　州	37661	280953	38568	283685	1779	15590
云　南	37606	442286	42186	476019	6155	98755
西　藏	3262	25166	2511	23179	3680	12979
陕　西	60096	572211	60373	559866	14848	173792
甘　肃	31459	309879	32872	323247	2686	38727
青　海	3758	31053	3638	31603	975	7350
宁　夏	4553	71570	4746	74034	612	12368
新　疆	23655	362788	24343	362333	6037	74227

注：本表中购进、销售为总购进、总销售（按国家商品流通企业统计口径，包括新华书店系统内购销）。

全国新华书店系统、出版社自办发行单位出版物纯销售情况

单位：万元

	总计	零售			批给县以下单位或个人	其他	出口
		合计	市、县	县以下			
全国总计	**7779914**	**7178775**	**5958658**	**1220117**	**232693**	**344459**	**23986**
中　央	**446985**	**328387**	**326913**	**1474**	**19098**	**81843**	**17658**
地　方	**7332929**	**6850388**	**5631746**	**1218642**	**213595**	**262617**	**6328**
北　京	137822	131650	130389	1261	22	5092	1058
天　津	45564	44917	44728	189		220	427
河　北	287042	286646	198471	88175	389	6	
山　西	289301	276820	207923	68897	9697	2784	
内蒙古	52085	52026	51986	40	59		
辽　宁	110965	97941	91697	6244	2543	10452	30
吉　林	93428	90803	90418	385	2110	514	
黑龙江	91805	91607	91205	402		198	
上　海	193648	186995	186927	68	3426	681	2546
江　苏	656362	553417	346582	206835	26854	76059	32
浙　江	593242	581028	561980	19048	4189	7983	42
安　徽	412947	403855	333583	70272	287	7845	961
福　建	166124	161036	139696	21340	2071	2214	803
江　西	344919	329618	298960	30658	11284	4018	
山　东	572193	482567	387394	95174		89625	
河　南	412750	410420	225178	185243	1013	1317	
湖　北	174867	172866	152023	20843	1071	710	220
湖　南	627381	624698	498263	126435	241	2441	
广　东	267384	226488	212478	14010	40507	179	210
广　西	186297	108728	79354	29374	76888	681	
海　南	6544	6544	6544				
重　庆	197459	162212	138879	23333		35247	
四　川	471335	460447	460138	309	2088	8800	
贵　州	130049	115042	72876	42166	11310	3697	
云　南	215360	215360	150437	64923			
西　藏	8533	8533	5877	2656			
陕　西	233912	216461	164719	51743	16690	761	
甘　肃	138494	136766	88676	48090	636	1092	
青　海	10837	10617	10617		220		
宁　夏	2592	2592	2592				
新　疆	201686	201686	201154	532			

注：纯销售额：指向读者实际销售的出版物以及直接向国外出口的出版物。

全国新华书店系统、出版社自办发行单位出版物销售分类情况

单位：万（册、张、份、盒）、万元

	2013 年		2014 年		增减（%）		2013 年各类所占百分比		2014 年各类所占百分比	
	数量	金额	数量	金额	数量	金额	数量	金额	数量	金额
销售总计	**1993343**	**23461488**	**1990456**	**24155210**	**0**	**3**	**—**	**—**	**—**	**—**
零售合计	**643453**	**6879350**	**649818**	**7178775**	**1**	**4**	**100.00**	**100.00**	**100.00**	**100.00**
图书	634671	6591508	639268	6844800	1	4	98.02	95.24	98.38	95.35
哲学、社会科学	26163	423533	24383	443147	-7	5	4.13	7.09	3.75	6.17
文化、教育	520784	4840052	532245	5162382	2	7	80.18	68.23	81.91	71.91
其中：中小学课本及教参	283108	2238837	286329	2274008	1	2	45.74	35.26	44.06	31.68
教辅读物	165402	1616989	163364	1665623	-1	3	24.59	21.94	25.14	23.20
文学、艺术	27620	436056	23333	403083	-16	-8	4.10	5.99	3.59	5.61
自然科学、技术	17141	326772	15119	279560	-12	-14	2.94	5.27	2.33	3.89
综合	42964	565095	44188	556627	3	-1	6.67	8.66	6.80	7.75
少年儿童读物	19472	274758	19020	241627	-2	-12	3.02	3.69	2.93	3.37
大中专教材、业余教育及教参	10671	186403	9702	203790	-9	9	1.66	2.82	1.49	2.84
期刊	1939	104275	1827	100658	-6	-3	0.32	1.81	0.28	1.40
报纸	1345	14944	2068	21515	54	44	0.30	0.29	0.32	0.30
音像制品	4387	78563	5508	91510	26	16	1.04	1.30	0.85	1.27
电子出版物	1111	57313	1147	83595	3	46	0.30	1.34	0.18	1.16
数字出版物	—	32746	—	36697	—	12				0.51
非出版物商品		1456465		1787163		23				

注：非出版物商品销售额不含在销售总额中。

全国出版发行网点数量和人数

单位：处、人

	发行网点								新华书店系统出版社自办发行从业人数	
	合计	新华书店及其发行网点	供销社	出版社	网上书店	文化教育广电邮政系统	新华书店系统外批发网点	集个体零售	全部职工	其中：新华书店及发行网点
全国总计	**169619**	**8922**	**700**	**444**	**724**	**37785**	**8462**	**112582**	**140674**	**130471**
中　央	**127**	**3**		**124**					**2743**	**1448**
地　方	**169492**	**8919**	**700**	**320**	**724**	**37785**	**8462**	**112582**	**137931**	**129023**
北　京	9555	124		18	602	2347	1960	4504	5146	4634
天　津	2415	63		13			170	2169	1402	1292
河　北	7273	376		8		2107	214	4568	7593	6796
山　西	2832	392		7		309	147	1977	6085	5468
内蒙古	1329	179		7			60	1083	1263	1191
辽　宁	6112	291		12		481	417	4911	6130	5834
吉　林	2344	103		14	3	985	157	1082	4702	3102
黑龙江	2185	189	67	5	1	377	129	1417	2769	2667
上　海	7785	170		80	41	2214	329	4951	2494	1814
江　苏	14177	896		18	2	2220	276	10765	7038	6896
浙　江	11453	649		15	1	2551	304	7933	7662	7553
安　徽	8742	630		11	31	3657	305	4108	5075	4923
福　建	4289	183		5	22	1170	291	2618	3805	3800
江　西	3555	337	28	6		21	176	2987	3570	3427
山　东	8020	485		4		690	201	6640	7654	7634
河　南	8596	1062		12		2290	323	4909	11965	10654
湖　北	4676	99		16	12	600	500	3449	4316	4001
湖　南	8754	316		13		4588	181	3656	8100	6924
广　东	10281	413	605	4			669	8590	8410	8381
广　西	4429	250		3		1728	78	2370	3983	3930
海　南	723	27		4		373	41	278	1287	1229
重　庆	5036	267		3		852	208	3706	2554	2554
四　川	10668	154			1	3160	233	7120	8223	8223
贵　州	3900	220		3		875	133	2669	1320	1279
云　南	8301	235		8		1810	134	6114	3550	3536
西　藏	159	76		1		12		70	386	382
陕　西	4385	206		24		1595	269	2291	4811	4500
甘　肃	2381	277		1	2	82	218	1801	2829	2767
青　海	982	58				189	30	705	595	595
宁　夏	1016	31		1	6	392	47	539	673	658
新　疆	3139	161		4		110	262	2602	2541	2379

六、出版物印刷

全国出版物印刷生产情况

指标名称	企业家数	工业销售产值	印刷产量		装订产量	用纸量
			黑白	彩色		
计量单位	个	万元	万令	万对开色令	万令	万令
全国总计	**9079**	**15047217.11**	**31936.28**	**252658.60**	**31965.32**	**65406.06**
北　京	794	1269704.30	2471.60	17818.47	3316.47	5115.43
天　津	124	199679.92	2648.02	74796.12	182.93	3844.13
河　北	773	747515.18	1487.29	3601.80	3005.84	4023.17
山　西	167	170124.55	316.96	1766.79	297.69	630.96
内蒙古	86	62908.86	89.95	519.96	76.19	216.99
辽　宁	221	266153.01	2216.73	3251.31	916.23	662.66
吉　林	213	270278.30	1193.84	2134.13	410.54	1188.01
黑龙江	169	134399.00	310.66	2677.32	354.82	608.79
上　海	246	1082188.43	563.23	14930.83	633.76	1448.81
江　苏	415	753150.45	1207.19	6370.09	1278.05	3139.44
浙　江	928	2129530.68	1631.28	23892.18	1766.68	5371.28
安　徽	280	479430.66	838.72	4399.58	997.17	1624.50
福　建	332	450297.78	402.50	1854.19	330.78	720.74
江　西	139	315370.83	1012.18	1554.58	948.01	1043.48
山　东	489	1003362.42	3524.03	29890.63	4613.94	10085.98
河　南	428	393738.87	1104.78	3857.28	1190.58	2401.11
湖　北	357	443443.29	1285.45	3236.75	1468.91	2598.74
湖　南	498	863970.89	1130.36	5736.50	1308.43	4489.12
广　东	874	2217429.80	3191.44	32583.07	4447.76	7425.93
广　西	171	236835.22	1925.78	4574.24	1026.92	3162.48
海　南	28	38896.61	75.44	586.88	63.86	153.15
重　庆	197	283871.00	479.22	1150.01	454.14	685.24
四　川	201	237057.00	1310.58	3549.59	1148.42	1454.13
贵　州	165	84345.36	147.41	1683.94	129.21	358.62
云　南	164	235753.31	325.78	1708.43	337.73	743.53
西　藏	29	17439.92	33.56	66.60	27.29	67.64
陕　西	214	436080.88	622.39	2910.27	720.97	1259.34
甘　肃	105	70731.08	208.10	420.73	197.13	328.26
青　海	52	22257.15	29.72	175.03	30.79	91.20
宁　夏	87	34031.07	49.48	129.11	50.94	115.11
新　疆	133	97241.30	102.61	832.18	233.15	348.06

全国出版物印刷企业财务情况

地区	单位数（家）	资产年末合计（万元）	负债年末合计（万元）	所有者权益年末合计（万元）	主营业务收入（万元）	营业利润（万元）	利润总额（万元）	年末平均人数（人）	增加值（万元）
全国总计	**9079**	**21160520**	**11129290**	**10031230**	**15142897**	**1184337**	**1305678**	**488462**	**5121982**
北　京	794	1291565	1398677	1092892	1333341	87047	99996	39591	546365
天　津	124	204461	210795	115049	176009	1314	4883	6717	49003
河　北	773	26066	437054	592090	806648	122228	130136	33615	337906
山　西	167	5364	142359	131054	156498	4005	6920	10067	54029
内蒙古	86	1778	44042	19867	64058	3460	3827	2512	19452
辽　宁	221	5784	187535	122899	143930	7643	9890	7886	65096
吉　林	213	7400	294051	384794	207932	33669	45425	8012	89833
黑龙江	169	137043	110534	87752	132329	1423	2043	6539	44196
上　海	246	1121566	803337	828338	1087893	15663	40859	20003	292794
江　苏	415	31618	641255	599888	807466	58460	65719	24181	284385
浙　江	928	33670	1023458	814556	1313693	55288	62477	33323	321913
安　徽	280	21878	327617	384654	530517	52770	56694	16515	176999
福　建	332	8909	251360	294373	500128	30870	36301	15231	134334
江　西	139	306080	212510	204269	301201	22902	24160	9526	91343
山　东	489	1550383	732757	539156	1716733	282863	285581	33017	555236
河　南	428	52829690	386668	374185	486382	21395	25625	25541	158450
湖　北	357	11489	378001	265582	426027	10912	13154	18730	141411
湖　南	498	290636	528161	589159	1054088	138544	142906	22342	331089
广　东	874	396286	1352406	1180915	1905003	92477	91994	71675	621803
广　西	171	10419	223743	215664	260923	15749	17958	9848	86313
海　南	28	622	28430	28803	38135	3483	3545	1405	12842
重　庆	197	346886	257697	207795	358343	30160	31635	14053	201328
四　川	201	9896	214113	175136	282397	31183	32705	12249	102814
贵　州	165	3311	75073	63547	80428	7120	7603	4477	34006
云　南	164	15117	289116	280638	362118	25965	29646	11792	148613
西　藏	29	806	10408	11716	17249	519	1156	999	7639
陕　西	214	436708	327171	260868	365934	24682	25659	15875	120470
甘　肃	105		85669	75156	90533	786	1322	4743	32839
青　海	52	2397	24001	15297	26589	370	1188	1651	11375
宁　夏	87	642	24913	4928	32461	1351	2113	2631	15185
新　疆	133	3372	106380	70209	77912	38	2558	3716	32919

七、出版物进出口

全国图书、期刊、报纸进出口情况

		出口		进口	
		数量（万册、份）	金额（万美元）	数量（万册、份）	金额（万美元）
总　计		**1689.42**	**5649.66**	**2538.85**	**28381.57**
图书	合　计	1465.75	5060.59	977.81	12588.38
	哲学、社会科学	111.65	1677.83	69.09	1937.54
	文化、教育	216.22	940.68	202.70	2211.28
	文学、艺术	143.87	918.84	127.67	1431.67
	自然、科学技术	41.53	302.77	47.12	2716.90
	少儿读物	807.08	547.68	172.45	689.53
	综合性图书	145.40	672.78	358.78	3601.45
期　刊		188.07	544.35	396.68	14232.07
报　纸		35.60	44.73	1164.36	1561.13

注：以上数据为全国有出版物进口经营许可证的出版物进出口经营单位数据。

全国音像、电子出版物、数字出版物进出口情况

		出口		进口	
		数量（盒、张）	金额（万美元）	数量（盒、张）	金额（万美元）
总　计		**20692.00**	**156.46**	**134380.00**	**21000.13**
录音	合　计	937.00	0.09	130769.00	99.32
	录音带（AT）	0.00	0.00	0.00	0.00
	激光唱片（CD）	937.00	0.09	130769.00	99.32
	数码激光唱盘（DVD－A）	0.00	0.00	0.00	0.00
录像	合　计	19755.00	27.62	3611.00	5.22
	录像带（VT）	0.00	0.00	0.00	0.00
	数码激光视盘（DVD－V）	19755.00	27.62	3611.00	5.22
	数码激光视盘（VCD）	0.00	0.00	0.00	0.00
电子出版物		0.00	0.00	0.00	0.00
数字出版物		——	128.75	——	20895.59

注：以上数据为全国有出版物进口经营许可证的出版物进出口经营单位数据。

八、版权管理及贸易

全国版权合同登记情况

单位：份

	合计	图书	期刊	音像制品	电子出版物	软件	电影	电视节目	其他
合计	**17376**	**16214**	**148**	**130**	**194**	**276**		**10**	**404**
北京	**8792**	8555	145		61	31			
天津	**564**	531			1	32			
河北	**117**	116				1			
山西	**47**	47							
内蒙古									
辽宁	**238**	233				5			
吉林	**152**	152							
黑龙江	**90**	90							
上海	**1333**	1074		127	127	5			
江苏	**1615**	1224				6			385
浙江	**526**	344				182			
安徽	**361**	360			1				
福建	**51**	50		1					
江西	**361**	361							
山东	**396**	396							
河南	**344**	344							
湖北	**390**	390							
湖南	**284**	269	3	2	4	1		4	1
广东	**213**	186				3		6	18
广西	**318**	318							
海南	**186**	186							
重庆	**281**	281							
四川	**217**	217							
贵州	**4**	4							
云南	**120**	120							
西藏									
陕西	**349**	339				10			
甘肃	**1**	1							
青海									
宁夏	**1**	1							
新疆	**25**	25							

全国作品自愿登记情况

单位：份

	合计	文字	口述	音乐	曲艺	舞蹈	杂技	美术	摄影	建筑	影视	设计图	地图	模型	其他
合　　计	**997350**	**349885**		**6094**	**73**	**19**	**26**	**187408**	**424449**	**116**	**11222**	**4116**	**101**	**59**	**13782**
中国版权保护中心	**84950**	11802		1477	1	7	1	58032	1464	9	4916	1130		2	6109
北　　京	**510843**	185321		2660		3		3276	318191		489	155	32	12	704
天　　津	**87**	25		5	2			49			2	2			2
河　　北	**237**	96		5				133	1				1		1
山　　西	**541**	24		22		1		28	457		3	2			4
内 蒙 古	**111**	23		5	3	1		65			10	1			3
辽　　宁	**10348**	4677		304	53			1182	255		1074	12			2791
吉　　林	**716**	66		90				404						4	152
黑 龙 江	**3080**	2935		71		1	22	30	1		10	3		1	6
上　　海	**187835**	120614		84				19351	43171		3796	161	19	11	628
江　　苏	**53010**	8670		181	1	1		30319	12085		5	1137	18	6	587
浙　　江	**15287**	243		22				14761	39		73	10	5		134
安　　徽	**1292**	169		7				280			26	808			2
福　　建	**24917**	213		214				24230	105	97	10	18			30
江　　西	**1680**	68		150		1		1364	57		2		8	7	23
山　　东	**40402**	10012		7	2			14248	16042	1	26	21		1	42
河　　南	**792**	239		8	1			424	1		18	36			65
湖　　北	**2015**	524		32	1			964	353		8	125	2	1	5
湖　　南	**1842**	228		19	2			1039	2	7	488	3			54
广　　东	**15782**	386		133		1		9320	4161	2	186	421	9	14	1149
广　　西	**173**	80		26	1		3	55				2			6
海　　南	**87**	20		3				30			26				8
重　　庆	**36288**	1719		390				5481	27442						1256
四　　川	**2023**	738		35		1		769	433		36	11			
贵　　州	**122**	13		1	1			105							2
云　　南	**238**	83		50				101	4						
西　　藏															
陕　　西	**1002**	669		29	5			173	105		15	1	2		3
甘　　肃	**161**	25		6				124				2			4
青　　海	**31**	13						17	1						
宁　　夏	**136**	93		3				36			3		1		
新　　疆	**1322**	97		55		2		1018	79			55	4		12

引进版权汇总表

	合计	图书	录音制品	录像制品	电子出版物	软件	电影	电视节目	其他
引进版权总数（项）	**16695**	**15542**	**208**	**451**	**120**	**46**	**8**	**316**	**4**
原版权所在国家或地区名称									
美国	5451	4840	41	404	25	19	6	116	
英国	2842	2655	2	37	27	5		115	1
德国	841	807	18		7	6		2	1
法国	779	754			6	6	1	10	2
俄罗斯	98	97			1				
加拿大	165	160			1	1		3	
新加坡	213	211			1			1	
日本	1783	1736	11	7	20	2		7	
韩国	1216	1160	12	3	11	1		29	
香港地区	229	181	37		2		1	8	
澳门地区	8	8							
台湾地区	1270	1171	81		6	1		11	
其他	1800	1762	6		13	5		14	

输出版权汇总表

	合计	图书	录音制品	录像制品	电子出版物	软件	电影	电视节目	其他
输出版权总数（项）	**10293**	**8088**	**139**	**73**	**433**	**5**		**1555**	
版权购买者所在国家或地区名称									
美国	1216	734	53	66	139	5		219	
英国	507	410			38			59	
德国	408	304			46			58	
法国	371	313						58	
俄罗斯	226	177	9		40				
加拿大	129	67	1					61	
新加坡	416	248	12		36			120	
日本	388	346			27			15	
韩国	642	623	6		11			2	
香港地区	437	277	34		1			125	
澳门地区	107	13						94	
台湾地区	2412	2284	9		54			65	
其他	3034	2292	15	7	41			679	

全国版权执法情况表

案件查处情况				收缴盗版品情况			
项　目	上年度数量	本年度数量	同比增减（%）	项　目	上年度数量	本年度数量	同比增减（%）
行政处罚数量（件）	7019	4728	-32.64	**合 计**	**17666712**	**16665890**	**-5.67**
案件移送数量（件）	539	366	-32.10	书 刊	6426681	6117975	-4.80
检查经营单位数量（个）	1032721	1063061	2.94	软 件	413632	673163	62.74
取缔违法经营单位数量（个）	10208	8686	-14.91	音像制品	9921835	9224736	-7.03
查获地下窝点数量（个）	543	482	-11.23	电子出版物	272516	333876	22.52
其中：地下光盘生产线（条）	15	4	-73.33	其 他	362048	316140	-12.68
违法经营网站服务器（个）	937	794	-15.26	未分类项	270000		
罚款金额（人民币元）	14182263.58	13499937	-4.81				

九、出版机构、人员及单位名录

各地区图书、音像、出版物印刷、物资机构数及职工人数

单位：处、人

	图书出版社		出版物印刷厂	印刷物资公司		音像出版单位	
	机构数	职工人数	机构数	机构数	职工人数	机构数	职工人数
全国总计	**583**	**66074**	**9079**	**23**	**1344**	**371**	**4926**
中　央	**221**	**29730**				**148**	**1289**
地　方	**362**	**36344**	**9079**	**23**	**1344**	**223**	**3637**
北　京	18	901	794			9	85
天　津	12	885	124	1	47	7	66
河　北	8	821	773			5	45
山　西	8	646	167	2	154	3	80
内蒙古	7	545	86			1	14
辽　宁	18	1632	221			13	75
吉　林	15	1830	213			8	81
黑龙江	13	808	169	1	39	4	16
上　海	38	3732	246	1	74	27	688
江　苏	18	2820	415	1	223	7	138
浙　江	14	1108	928	1		7	73
安　徽	11	1030	280			7	104
福　建	11	712	332	1	16	5	235
江　西	7	1026	139	1	56	5	126
山　东	17	1653	489	4	275	13	290
河　南	12	1311	428	1	74	5	338
湖　北	14	1848	357	1	136	7	132
湖　南	13	1292	498	1	157	12	121
广　东	19	1407	874	1	46	24	268
广　西	8	1100	171	1		5	52
海　南	4	391	28			2	5
重　庆	3	1882	197			6	45
四　川	16	1611	201	1		10	180
贵　州	6	285	165	2	47	2	3
云　南	8	746	164	1		8	68
西　藏	2	132	29			2	21
陕　西	17	1726	214			11	70
甘　肃	9	294	105			3	46
青　海	2	155	52			2	15
宁　夏	3	998	87			1	11
新　疆	11	1017	133	1		2	146

注：全国图书出版社583家，其中含副牌社33家，新疆包含新疆生产建设兵团数据。

全国图书出版单位名录

中央出版单位

单位名称	单位名称	单位名称
人民出版社	中国工商出版社	人民卫生出版社
东方出版社（副牌）	光明日报出版社	人民邮电出版社
生活·读书·新知三联书店	国际文化出版公司	社会科学文献出版社
人民文学出版社	国家行政学院出版社	石油工业出版社
天天出版社	海洋出版社	时事出版社
商务印书馆	中航出版传媒公司	世界知识出版社
中华书局	红旗出版社	台海出版社
人民美术出版社	华龄出版社	团结出版社
人民音乐出版社	华文出版社	外文出版社
华乐出版社（副牌）	华夏出版社	华语教学出版社
中国大百科全书出版社	化学工业出版社	海豚出版社
知识出版社（副牌）	机械工业出版社	万国学术出版社
中国对外翻译出版公司	教育科学出版社	世界图书出版公司
文化发展出版社	金城出版社	文化艺术出版社
现代出版社	经济管理出版社	文物出版社
荣宝斋出版社	经济科学出版社	五洲传播出版社
连环画出版社（副牌）	经济日报出版社	西苑出版社
中国书籍出版社	九州出版社	线装书局
中国盲文出版社	开明出版社	新华出版社
求真出版社（副牌）	中国科技出版传媒公司	新世界出版社
中国 ISBN 中心	龙门书局（副牌）	新星出版社
商务印书馆国际有限公司	科学技术文献出版社	学习出版社
东方出版中心	科学普及出版社	学苑出版社
国家图书馆出版社	中国科学技术出版社（副牌）	冶金工业出版社
兵器工业出版社	煤炭工业出版社	中国宇航出版社
朝华出版社	民主与建设出版社	语文出版社
书法出版社	民族出版社	中国原子能出版传媒公司
当代世界出版社	企业管理出版社	中共党史出版社
当代中国出版社	气象出版社	中共中央党校出版社
党建读物出版社	群言出版社	中国标准出版社
地震出版社	群众出版社	中国财政经济出版社
地质出版社	人民法院出版社	中国藏学出版社
电子工业出版社	人民交通出版社	中国城市出版社
法律出版社	人民教育出版社	中国大地出版社
方志出版社	人民日报出版社	中国地图出版社
高等教育出版社	人民体育出版社	测绘出版社（副牌）

全国图书出版单位名录（续表 1）

中央出版单位

单位名称	单位名称	单位名称
中华地图学社	中国少年儿童出版社	北京大学医学出版社
中国电力出版社	中国摄影出版社	对外经济贸易大学出版社
中国电影出版社	中国社会出版社	清华大学出版社
中国商务出版社	中国社会科学出版社	外语教学与研究出版社
中国发展出版社	中国时代经济出版社	中国农业大学出版社
中国法制出版社	中国石化出版社	中国人民大学出版社
中国方正出版社	中国水利水电出版社	中国人民公安大学出版社
中国纺织出版社	中国税务出版社	中国政法大学出版社
中国妇女出版社	中国铁道出版社	中央广播电视大学出版社
中国工人出版社	中国统计出版社	中央民族大学出版社
中国广播影视出版社	中国文联出版社	解放军出版社
中国国际广播出版社	中国文史出版社	长虹出版公司（副牌）
中国和平出版社	中国市场出版社	解放军文艺出版社
中国华侨出版社	中国物资出版社	昆仑出版社（副牌）
中国画报出版社	中国戏剧出版社	金盾出版社
中国环境出版社	中国协和医科大学出版社	军事科学出版社
中国计划出版社	中国言实出版社	军事医学科学出版社
中国质检出版社	中国医药科技出版社	军事谊文出版社
中国检察出版社	中国友谊出版公司	蓝天出版社
中国建材工业出版社	中国致公出版社	人民军医出版社
中国建筑工业出版社	中国中医药出版社	星球地图出版社
中国金融出版社	中华工商联合出版社	长城出版社
中国经济出版社	中信出版社	长征出版社
中国劳动社会保障出版社	中央编译出版社	国防大学出版社
中国林业出版社	中央文献出版社	国防工业出版社
中国旅游出版社	中医古籍出版社	新时代出版社（副牌）
中国民航出版社	知识产权出版社	海潮出版社
中国民主法制出版社	故宫出版社	中国航海图书出版社（副牌）
中国民族摄影艺术出版社	宗教文化出版社	华艺出版社
中国农业出版社	作家出版社	研究出版社
农村读物出版社（副牌）	北京大学出版社	中国海关出版社
中国农业科学技术出版社	中国传媒大学出版社	北京交通大学出版社
中国青年出版社	北京航空航天大学出版社	人民武警出版社
中国轻工业出版社	北京理工大学出版社	中国长安出版社
中国人口出版社	北京师范大学出版社	中央音乐学院出版社
中国人事出版社	北京体育大学出版社	现代教育出版社
中国三峡出版社	北京邮电大学出版社	生活书店出版公司
中国商业出版社	北京语言大学出版社	

全国图书出版单位名录（续表2）

地方出版单位

单位名称	单位名称	单位名称
北京	**河北**	辽宁科学技术出版社
北京出版社	河北人民出版社	辽宁美术出版社
北京人民出版社（副牌）	河北教育出版社	辽宁民族出版社
北京教育出版社（副牌）	河北科学技术出版社	辽宁少年儿童出版社
北京美术摄影出版社（副牌）	河北美术出版社	大连出版社
北京少年儿童出版社（副牌）	河北少年儿童出版社	沈阳出版社
北京十月文艺出版社（副牌）	花山文艺出版社	大连海事大学出版社
文津出版社（副牌）	河北大学出版社	大连理工大学出版社
同心出版社	燕山大学出版社	东北财经大学出版社
北京科学技术出版社	**山西**	东北大学出版社
北京工艺美术出版社	山西人民出版社	辽宁大学出版社
北京燕山出版社	书海出版社（副牌）	辽宁师范大学出版社
北京联合出版公司	北岳文艺出版社	白山出版社
中国书店	三晋出版社	**吉林**
北京工业大学出版社	山西教育出版社	吉林出版集团
首都经济贸易大学出版社	山西经济出版社	吉林人民出版社
首都师范大学出版社	山西科学技术出版社	北方妇女儿童出版社
旅游教育出版社	希望出版社	吉林教育出版社
北京时代华文书局	**内蒙古**	吉林科学技术出版社
天津	内蒙古人民出版社	吉林美术出版社
天津人民出版社	内蒙古科学技术出版社	吉林摄影出版社
百花文艺出版社	内蒙古少年儿童出版社	吉林文史出版社
天津古籍出版社	内蒙古文化出版社	时代文艺出版社
天津教育出版社	远方出版社	长春出版社
新蕾出版社	内蒙古大学出版社	延边人民出版社
天津科学技术出版社	内蒙古教育出版社	延边教育出版社
天津人民美术出版社	**辽宁**	东北师范大学出版社
天津社会科学院出版社	辽宁人民出版社	吉林大学出版社
天津杨柳青画社	春风文艺出版社（副牌）	延边大学出版社
天津科技翻译出版公司	辽海出版社	**黑龙江**
南开大学出版社	万卷出版公司	黑龙江人民出版社
天津大学出版社	辽宁教育出版社	北方文艺出版社

全国图书出版单位名录（续表3）

地方出版单位

单位名称	单位名称	单位名称
黑龙江朝鲜民族出版社	上海科学普及出版社	苏州大学出版社
黑龙江教育出版社	立信会计出版社	中国矿业大学出版社
黑龙江美术出版社	上海财经大学出版社	广陵书社
黑龙江少年儿童出版社	上海社会科学院出版社	**浙江**
哈尔滨出版社	文汇出版社	浙江人民出版社
哈尔滨地图出版社	复旦大学出版社	杭州出版社
黑龙江科学技术出版社	华东理工大学出版社	宁波出版社
东北林业大学出版社	华东师范大学出版社	浙江古籍出版社
黑龙江大学出版社	上海交通大学出版社	浙江教育出版社
哈尔滨工程大学出版社	上海外语教育出版社	浙江科学技术出版社
哈尔滨工业大学出版社	同济大学出版社	浙江人民美术出版社
上海	上海大学出版社	浙江少年儿童出版社
上海人民出版社	上海浦江教育出版社	浙江摄影出版社
上海中西书局	东华大学出版社	浙江文艺出版社
格致出版社	第二军医大学出版社	西泠印社出版社
上海人民美术出版社	上海音乐学院出版社	浙江大学出版社
上海三联书店	中国福利会出版社	中国美术学院出版社
上海辞书出版社	**江苏**	浙江工商大学出版社
上海古籍出版社	江苏人民出版社	**安徽**
上海锦绣文章出版社	凤凰出版社	安徽人民出版社
上海教育出版社	江苏教育出版社	安徽教育出版社
上海科技教育出版社	江苏科学技术出版社	安徽科学技术出版社
上海科学技术出版社	江苏美术出版社	安徽美术出版社
上海书店	江苏少年儿童出版社	安徽少年儿童出版社
上海书画出版社	江苏文艺出版社	安徽文艺出版社
上海文艺出版社	译林出版社	黄山书社
上海文化出版社	南京出版社	安徽大学出版社
上海音乐出版社	古吴轩出版社	中国科学技术大学出版社
上海译文出版社	东南大学出版社	合肥工业大学出版社
上海远东出版社	河海大学出版社	安徽师范大学出版社
少年儿童出版社	江苏大学出版社	**福建**
学林出版社	南京大学出版社	福建人民出版社
上海科学技术文献出版社	南京师范大学出版社	鹭江出版社（副牌）

全国图书出版单位名录（续表4）

地方出版单位

单位名称	单位名称	单位名称
福建科学技术出版社	中国石油大学出版社	湖南教育出版社
福建美术出版社	黄河出版社	湖南科学技术出版社
福建少年儿童出版社	**河南**	湖南美术出版社
海峡书局出版社	河南人民出版社	湖南少年儿童出版社
海峡文艺出版社	文心出版社（副牌）	湖南文艺出版社
福建教育出版社	大象出版社	岳麓书社
福建地图出版社	海燕出版社	湖南大学出版社
厦门大学出版社	河南科学技术出版社	湖南师范大学出版社
海风出版社	河南美术出版社	中南大学出版社
江西	河南文艺出版社	国防科技大学出版社
江西人民出版社	中原农民出版社	湘潭大学出版社
百花洲文艺出版社	中州古籍出版社	**广东**
二十一世纪出版社	河南大学出版社	广东人民出版社
江西教育出版社	郑州大学出版社	广东教育出版社
江西科学技术出版社	黄河水利出版社	广东经济出版社
江西美术出版社	**湖北**	广东科技出版社
江西高校出版社	湖北人民出版社	花城出版社
山东	崇文书局	岭南美术出版社
山东人民出版社	长江文艺出版社	广东新世纪出版社
齐鲁书社	湖北教育出版社	广东高等教育出版社
明天出版社	湖北科学技术出版社	广东旅游出版社
山东画报出版社	湖北美术出版社	广东地图出版社
山东教育出版社	长江少年儿童出版社	广州出版社
山东科学技术出版社	武汉出版社	海天出版社
山东美术出版社	中国地质大学出版社	汕头大学出版社
山东文艺出版社	华中科技大学出版社	中山大学出版社
山东友谊出版社	华中师范大学出版社	华南理工大学出版社
泰山出版社	武汉大学出版社	暨南大学出版社
济南出版社	武汉理工大学出版社	羊城晚报出版社
青岛出版社	长江出版社	南方日报出版社
山东地图出版社	**湖南**	深圳报业集团出版社
中国海洋大学出版社	湖南人民出版社	**广西**
山东大学出版社	湖南地图出版社	广西人民出版社

全国图书出版单位名录（续表5）

地方出版单位

单位名称
漓江出版社
广西教育出版社
广西科学技术出版社
广西美术出版社
接力出版社
广西民族出版社
广西师范大学出版社
海南
海南出版社
三环出版社（副牌）
南方出版社
南海出版公司
重庆
重庆出版社
重庆大学出版社
西南师范大学出版社
四川
四川人民出版社
巴蜀书社
成都地图出版社
成都时代出版社
四川辞书出版社
四川教育出版社
四川科学技术出版社
四川美术出版社
四川民族出版社
四川少年儿童出版社
四川文艺出版社
天地出版社
电子科技大学出版社
四川大学出版社
西南财经大学出版社
西南交通大学出版社
贵州
贵州人民出版社
贵州教育出版社
贵州科学技术出版社
贵州民族出版社
贵州大学出版社
孔学堂书局
云南
云南人民出版社
晨光出版社
云南教育出版社
云南科学技术出版社
云南美术出版社
德宏民族出版社
云南民族出版社
云南大学出版社
西藏
西藏人民出版社
藏文古籍出版社
陕西
陕西人民出版社
三秦出版社
陕西科学技术出版社
陕西人民教育出版社
陕西人民美术出版社
太白文艺出版社
未来出版社
西安出版社
陕西旅游出版社
西安地图出版社
陕西师范大学出版社
西安电子科技大学出版社
西安交通大学出版社
西北大学出版社
西北工业大学出版社
第四军医大学出版社
西北农林科技大学出版社
甘肃
甘肃人民出版社
甘肃少年儿童出版社（副牌）
甘肃教育出版社（副牌）
甘肃科学技术出版社（副牌）
甘肃民族出版社（副牌）
甘肃人民美术出版社（副牌）
敦煌文艺出版社（副牌）
甘肃文化出版社
兰州大学出版社
青海
青海人民出版社
青海民族出版社（副牌）
宁夏
宁夏人民出版社
阳光出版社（副牌）
宁夏人民教育出版社（副牌）
新疆
新疆人民出版社
喀什维吾尔文出版社
新疆人民卫生出版社
新疆科学技术出版社
新疆美术摄影出版社
克孜勒苏柯尔克孜文出版社
新疆教育出版社
新疆青少年出版社
伊犁人民出版社
新疆大学出版社
新疆生产建设兵团出版社

全国音像出版单位名录

中央出版单位

单位名称	单位名称	单位名称
人民卫生电子音像出版社	中国妇女音像出版社	中央文献音像出版社
地质出版社(国土资源电子音像出版社)	中国对外翻译音像出版公司	中影音像出版发行有限责任公司
北京语言大学出版社有限公司	（中国对外翻译出版公司）	北京中科新世纪音像出版社有限责任公司
生活读书新知三联书店	中国少年儿童音像电子出版社	中纺音像出版社
三辰影库音像出版社有限公司	宗教文化出版社	中经录音录像中心
世图音像电子出版社有限公司	中国广播影视音像出版中心	九洲音像出版公司
北京世界知识音像电子出版社	中国广播音像出版社	五洲传播音像出版社
东方音像电子出版社	中国录音录像出版总社	中国人民大学出版社有限公司
中信出版股份有限公司	中国文采声像出版公司	人民交通音像电子出版社
中华书局有限公司	中国旅游出版社	人民体育音像出版社
中华医学电子音像出版社	中国时代经济音像电子出版社	人民教育电子音像出版社
中国人口出版社	中国检察出版社	人民法院电子音像出版社
中国人民公安大学出版社	中国民族音像出版社	人民邮电出版社
中国传媒大学出版社	中国汽车报社	人民音乐电子音像出版社
中国农影音像出版社	中国电力音像电子出版社	农业教育声像出版社
中国劳动社会保障出版社	中国电子音像出版社	北京中电电子出版社
中国华侨出版社	中国盲文出版社有声读物部	北京东方影音公司
中国卫生科教音像出版社	中国科学文化音像出版社有限公司	北京中轻生活音像出版社
中国原子能出版传媒有限公司	中国职工音像出版社	北京交通大学电子音像出版社
中国和平出版社有限责任公司	中国质检出版社（原中国标准出版社）	北京体育大学音像电子出版社
（中国和平音像电子出版社）	中国青少年音像出版社	北京协和医学音像电子出版社
中国国际传播音像出版社	中国青年出版社	北京南海音像出版社
中国国际广播音像出版社	中国青年教育音像出版社	北京国际音像出版社
中国国际电视总公司（节目代理部）	中央广播电视大学音像出版社有限责任公司	北京外语音像出版社
中国大百科全书电子音像出版社	中央教育科学研究所音像出版社	北京大学音像出版社有限公司

全国音像出版单位名录（续表1）

中央出版单位

单位名称	单位名称	单位名称
北京天盛科学技术音像出版社	新影音像出版社	中国音乐家音像出版社
北京对外经济贸易大学出版社有限责任公司	红旗音像电子出版社	中国医药科技音像出版社
北京师范大学音像出版社	民族音像出版社	清华同方光盘电子出版社
北京环球音像出版社	中共中央党校求索音像出版社	中国康艺音像出版社
北京科影音像出版社	清华大学出版社有限公司	建设音像出版社
北京科海电子出版社	现代教育出版社	北京伟地电子音像出版社
中航出版传媒有限责任公司	电化教育电子音像出版社有限责任公司	煤炭工业音像出版社
（原北京航宇音像出版社）	北京社科智库电子音像出版社	时代传播音像出版社
北京财经电子音像出版社	科学普及出版社	人民出版社
北京北影录音录像公司	纵横电子音像出版社	中国方正出版社
华信音像出版社	中电报（北京）音像出版社有限公司	中国文联音像出版公司
华录出版传媒有限公司	英华电子音像出版社	北京卓众出版有限公司
华盛音像出版社	语文音像出版社	海豚出版社有限责任公司
商务印书馆国际有限公司	金城音像出版社	中国书店
商务印书馆电子音像出版中心	金报电子音像出版中心	北京电影学院音像出版社
国家行政学院音像出版社	隆兴音像出版社	**总政**
国际文化交流音像出版社	中国唱片总公司	中国华艺音像实业有限公司
外文出版社有限责任公司	高等教育电子音像出版社有限公司	武警音像出版社
奔流电子音像出版社	法制音像出版社	解放军卫生音像出版社
中国建筑工业出版社	先行音像出版社	解放军外语音像出版社
开明文教音像出版社	中国金融出版社	解放军音像出版社
当代中国音像出版社	学习出版社	金盾音像出版社
文物出版社	北京理工大学出版社	国防工业音像出版社
新世界出版社有限责任公司音像部	大恒电子音像出版社	南海潮音像出版社
新华音像中心	中国电影音像出版社	中国三环音像社
中国石化出版社有限公司	中国石油大学出版社	

全国音像出版单位名录（续表2）

地方出版单位

单位名称	单位名称	单位名称
北京	**内蒙古**	黑龙江文化电子音像出版社
北京市青少年音像出版社有限责任公司	内蒙古文化音像出版社	**上海**
北京文化艺术音像出版有限责任公司	**辽宁**	上海中医药大学音像出版社
北京电子音像出版社	东北大学音像出版社	上海同济大学电子音像出版社有限公司
北京联合出版有限责任公司	半岛音像出版社	上海城市动漫出版传媒有限公司
北京音像公司	大连理工大学电子音像出版社	上海声像出版社有限公司
北京高教电子音像出版社有限责任公司	大连音像出版社有限公司	上海外语音像出版社有限公司
北京旅游教育出版社有限责任公司	实用医学音像出版社	上海尚世影业有限公司
北京电视艺术中心音像出版社有限公司	沈阳电子出版社	上海世纪出版股份有限公司教育声像出版社
北京科学技术出版社有限公司	辽宁广播电视音像出版社	上海教育音像出版社有限责任公司
天津	辽宁教育出版社	上海文艺音像电子出版社有限公司
天津北洋音像出版社有限公司	辽宁教育电子音像出版社	上海海文音像出版社
南开大学出版社电子音像部	辽宁文化艺术音像出版社	上海世纪出版股份有限公司科技音像出版社（上海科技音像出版社）
天津大学出版社	辽宁科学技术出版社有限责任公司	上海电影音像出版社
天津外语电子音像出版社有限责任公司	辽宁辽沈音像电子出版社	上海科学技术文献出版社有限公司
天津市文化艺术音像出版社有限公司	辽宁音像出版社有限责任公司	上海世纪出版股份有限公司译文电子音像出版社
天津音像公司	**吉林**	上海音像出版社有限公司
新蕾音像出版社	长春音像电子出版社	上海音像有限公司
河北	吉林音像出版社	上海高教电子音像出版社有限公司
方圆电子音像出版社有限责任公司	东北师范大学音像出版社	东方出版中心
河北教育音像出版社有限责任公司	吉林大学音像出版社	中国唱片上海公司
河北文化音像出版社	吉林教育音像出版社	华东师范大学电子音像出版社有限公司
河北百灵音像出版社	吉林民族音像出版社	华东理工大学电子音像出版社
河北音像出版社	吉林文化音像出版社	上海复旦大学电子音像出版社有限公司
山西	吉林银声音像出版社有限公司	上海世纪出版股份有限公司少年儿童电子音像出版社
山西教育音像出版社有限责任公司	**黑龙江**	浦东电子出版社
山西广电音像出版有限责任公司	哈尔滨工业大学音像教材出版社	上海交通大学电子音像出版社有限公司
山西春秋电子音像出版社	哈尔滨商业大学音像教材出版社	上海科学普及出版社
	黑龙江省教育音像出版社	上海音乐学院出版社

全国音像出版单位名录（续表3）

地方出版单位

单位名称	单位名称	单位名称
江苏	福建电子音像出版社有限责任公司	华中科技大学电子音像出版社了
东南大学电子音像出版社	**江西**	湖北省扬子江影音有限责任公司
南京音像出版社	二十一世纪音像电子出版社	武汉大学音像出版社
南京大学电子音像出版社	江西教育音像电子出版社	武汉影视艺术传媒有限公司
苏州江南电子音像出版社	江西音像出版社	湖北音像艺术出版社
江苏凤凰电子音像出版社有限公司	江西高校出版社	湖北九通电子音像出版社有限公司
江苏文化音像出版社	红星电子音像出版社有限责任公司	**湖南**
江苏音像出版社	**山东**	中南大学音像出版社
浙江	大众音像出版社	湖南国风电子音像出版社有限责任公司
浙江音像出版社有限公司	黄海数字出版社	湖南大学出版社
浙江文艺音像出版社有限公司	明天出版社有限公司	湖南少年儿童音像出版社有限责任公司
浙江电子音像出版社有限公司	齐鲁电子音像出版社	湖南师范大学出版社
浙江大学电子音像出版社	青岛电子音像出版社	湖南教育音像电子出版社
杭州汉书数字出版传播有限公司	山东电子音像出版社有限公司	湖南文化音像出版社
宁波东海岸电子音像出版社	山东教育电子音像出版社	湖南电子音像出版社有限责任公司
嘉兴吴越电子音像出版有限公司	山东科学技术出版社有限公司	湖南科学技术电子音像出版社有限公司
安徽	山东商报电子音像出版社	湖南美术电子音像出版社有限责任公司
时代新媒体出版社有限责任公司	山东文化音像出版社	潇湘电影制片厂音像出版社
安徽音像出版社	中国石油大学音像电子出版社有限公司	湖南金蜂音像出版社
安徽教育电子音像出版社	山东农业大学电子音像出版社	**广东**
安徽新华音像出版社	山东大学音像出版社有限公司	中国唱片广州公司
中国科学技术大学音像出版社	**河南**	中国唱片深圳公司
安徽科技音像有限公司	河南教育电子音像出版社有限责任公司	中山大学音像出版社
合肥工业大学出版社有限责任公司	河南电子音像出版社有限公司	华南理工大学出版社有限公司
福建	河南省文化艺术音像出版有限责任公司	太平洋影音公司
厦门音像出版有限公司	黄河音像出版社	广东嘉应音像出版有限公司
海峡世纪（福建）影视文化有限公司	河南科学技术出版社有限公司	广东大音音像出版社
福建教育音像出版社有限责任公司	**湖北**	广东岭南美术出版社有限责任公司
福建省文艺音像出版社有限责任公司	三峡电子音像出版社有限责任公司	广东惠州音像出版社

全国音像出版单位名录（续表4）

地方出版单位

单位名称
广东新世纪音像电子出版社有限公司
广东珠江音像出版社
广东语言音像电子出版社有限公司
广东音像出版社有限公司
广东音像教材出版社有限公司
广州出版社有限公司
广州外语音像出版社有限公司
深圳市书城电子出版物有限责任公司
深圳市激光节目出版发行公司
深圳音像公司
珠江电影制片公司白天鹅音像出版社
珠海特区音像出版社
珠海百年电子音像出版社
广东海燕电子音像出版社有限公司
广东教育出版社有限公司
广西
广西工学院音像电子出版社有限责任公司
接力音像电子出版社
广西音像教材出版社有限公司
桂林贝贝特电子音像出版社
广西金海湾电子音像出版社有限公司
海南
南方音像出版社
海南省电子音像出版社
重庆
天健电子音像出版社（重庆天健电子音像出版有限公司）
重庆大学电子音像出版社有限公司
重庆中电电子音像出版有限责任公司
西南师范大学电子音像出版社
重庆音像出版社有限责任公司
重庆电子音像出版社有限公司
四川
四川党建音像出版社
华科音像出版社
四川大学出版社有限责任公司
四川文艺音像出版社
四川音像出版社
峨眉电影制片厂音像出版社
成都音像出版社有限公司
四川省教育电子音像出版社
四川数字出版传媒有限公司
成都西南交大出版社有限公司
贵州
贵州文化音像出版社
贵州省东方音像出版社有限公司
云南
云南科技出版社有限责任公司
云南人民电子音像出版社
云南教育音像电子出版社有限责任公司
晨光音像电子出版社
云南民族文化音像出版社有限责任公司
云南音像出版社
云南大学电子音像出版社
德宏民族出版社
西藏
西藏音像出版社
雪域音像电子出版社
陕西
陕西师范大学出版总社有限公司
陕西文化音像出版社
西安外语音像教材出版社有限公司
西安出版社有限责任公司
西北工业大学音像电子出版社
西安电影制片厂录音录像出版社
陕西电子音像出版社
陕西音像出版社
西安交通大学音像出版社有限责任公司
陕西科学技术出版社
陕西三秦出版社有限责任公司
甘肃
甘肃省音像出版社有限责任公司
飞天电子音像出版社
甘肃省声像教材出版社有限责任公司
青海
青海昆仑音像出版社
西海民族音像出版社
宁夏
宁夏黄河电子音像出版社有限公司
新疆
新疆电子音像出版社
新疆音像出版社

图书在版编目（CIP）数据

2015中国新闻出版统计资料汇编/国家新闻出版广电总局规划发展司编．—北京：中国书籍出版社，2015.9
ISBN 978-7-5068-5128-2

Ⅰ.①2… Ⅱ.①国… Ⅲ.①出版社-出版物-统计资料-汇编-中国-2015 Ⅳ.①G239.21

中国版本图书馆CIP数据核字（2015）第205163号

2015中国新闻出版统计资料汇编

国家新闻出版广电总局规划发展司 编

责任编辑 杨铠瑞
责任印制 孙马飞 马 芝
封面设计 汉石美迪
出版发行 中国书籍出版社
地 址 北京市丰台区三路居路97号（邮编：100073）
电 话 （010）52257143（总编室） （010）52257153（发行部）
电子邮箱 chinabp@vip.sina.com
经 销 全国新华书店
印 刷 河北高碑店鑫宏源印刷有限公司
开 本 787毫米×1092毫米 1/16
印 张 18.25
字 数 340千字
版 次 2015年9月第1版 2015年9月第1次印刷
书 号 ISBN 978-7-5068-5128-2
定 价 125.00元